David Lorimer

EL PRÍNCIPE RADICAL

La visión del mundo del príncipe de Gales

Traducción de Veronica Nugent-Head

editorial **K**airós

Numancia, 117-121
08029 Barcelona
www.editorialkairos.com

Título original: RADICAL PRINCE

© 2003 David Lorimer. Floris Books

© de la edición en castellano:
2006 by Editorial Kairós, S.A.

Primera edición: Abril 2006

I.S.B.N.: 84-7245-616-1
Depósito legal: B- 18.558/2006

Fotocomposición: Pacmer, S.L. Alcolea, 106-108, bajos. 08014 Barcelona
Impresión y encuadernación: Romanyà-Valls. Verdaguer, 1. 08786 Capellades

Para Jane
y en memoria de
Kathleen Raine
(1908-2003)

¿Dónde está la sabiduría que hemos perdido con el conocimiento?
¿Dónde el conocimiento que hemos perdido con la información?
En veinte siglos, los ciclos del cielo nos llevan más lejos de Dios
y más cerca de la oscuridad.

T.S. ELIOT
Chorus I, the Rock

SUMARIO

PREFACIO

El príncipe radical debe su origen a un paseo otoñal por la A9 desde Inverness a Perth, durante el cual me asaltó la idea de que nadie hasta entonces había presentado el alcance y contexto de las ideas y el trabajo del príncipe Carlos en su totalidad. El lector descubrirá que yo mismo comparto muchas de las ideas y preocupaciones del príncipe, pero intento situarlas dentro de un contexto contemporáneo más amplio, y respondo a las críticas expresadas por aquellos que entienden el mundo de modo diferente. Mi actitud es por lo tanto ampliamente benévola. Aun si los lectores no comparten las ideas del príncipe, espero que al menos se sientan impresionados por la amplitud de su trabajo práctico. He mantenido al príncipe y a su despacho de Clarence House informados acerca del progreso de este libro, pero ellos en ningún momento me han dado indicaciones de carácter editorial. El concepto, el contexto, los análisis y las conclusiones son enteramente responsabilidad mía.

El príncipe adopta una visión espiritual de la realidad con la que yo coincido, mientras que muchos de sus críticos entienden el mundo como un sistema enteramente material vacío de propósito y contenido, aduciendo que ésta es la única posición que apoya la ciencia moderna. No obstante, esa misma ciencia moderna está basada en asunciones filosóficas que están abiertas a debate. Yo aduzco que una comprensión espiritual de la realidad ofrece una visión del mundo más completa y adecuada, y en coherencia con los descubrimientos científicos.

Quiero dar las gracias a los amigos y colegas –muchos de ellos de la Scientific and Medical Network– que me han ayudado de muy diferentes formas y me han ofrecido sus comentarios sobre este libro. Emilios Bourantinos ha leído con paciencia el manuscrito y me ha brindado el beneficio de sus considerables conocimientos históricos, linguísticos y filosóficos. Los doctores Peter Fenwick, Larry Dossey y James Witchalls me han ayudado con los capítulos médicos; Rod Parker y el profesor Jules Pretty, con los capítulos sobre agricultura, y la doctora Kathleen Raine, que falleció cuando el libro entraba en imprenta, con el capítulo sobre arquitectura. En Floris Books, mi editor Christopher Moore me ha brindado perspicaces consejos editoriales. También he recibido enormes alientos por parte de amigos a quienes hablé de este libro. Finalmente, mi mayor deuda la tengo con mi esposa, Jane, por su apoyo constante, y mis hijos, Charlotte y George, por avenirse a un padre que trabajaba los fines de semana y tenía por ello menos tiempo que dedicarles.

La edición original en rústica de *El príncipe radical* fue publicada en el otoño de 2003 y contiene gran cantidad de material de trabajo técnico, además de extensas notas y referencias que han sido omitidas en esta edición abreviada. Los lectores que deseen un tratamiento más comprehensivo deben pues referirse a esa edición original.

En julio de 2004 el príncipe de Gales publicó su primera *Annual Review*, un informe muy completo acerca de sus actividades. *Annual Review* es un admirable documento de 48 páginas ilustrado con fotografías. Está dividido en cinco secciones: «Introducción», «Apoyo a la reina», «Empresario caritativo», «Promoción y protección» e «Ingresos, gastos y personal». El príncipe recauda alrededor de cien millones de libras al año sólo para sus 17 organizaciones benéficas fundamentales, lo que le convierte en la empresa benéfica para fines diversos más importante del país, y cuyos elementos quedan reflejados en este libro. Además de su trabajo en favor de obras benéficas y su trabajo oficial (517 actos y 150 despachos formales), el príncipe se ocupa de un inmenso trabajo de papeleo y escribe más de 2.000 cartas personales, además de otras 10.000 escritas en su nombre por su despacho en respuesta a unas 33.000 cartas enviadas por diferentes personas. *Annual Review* puede ser encargada directamente a:

Oficina del Príncipe de Gales
Clarence House
Londres SW1A 1BA.

Puede leerse una versión *on-line* en la siguiente dirección de Internet: www.princeofwales.gov.uk bajo el encabezamiento «About the Prince».

INTRODUCCIÓN:
UN TIEMPO PARA CURAR

Considérense los siguientes titulares:

- «Los expertos desprecian la Cruzada NHS* del príncipe.»
- «El príncipe rural. Pensamientos útiles acerca del campo.»
- «Los científicos condenan la "aburrida" conferencia del príncipe sobre los alimentos genéticamente modificados.»
- «Príncipe y populista sofisticado.»

¿Por qué han provocado las ideas del príncipe de Gales reacciones tan intensas y contradictorias? Una de las respuestas es que no ha sido adecuadamente comprendido. Otra, tal vez más significativa, es que estas contradicciones representan una profunda división en el centro de nuestra sociedad en lo que respecta a la comprensión de las bases mismas de la realidad y por ello del significado de la vida humana. Este libro ha sido inspirado no sólo por un deseo de exponer la filosofía del

---

* NHS: National Health Service, el equivalente a nuestra Seguridad Social. (*N. de la T.*)

príncipe de Gales de un modo coherente y comprensible, sino también para ayudar a comprender el origen de esa división y el desequilibrio que ésta representa. ¿Está dirigida la filosofía del príncipe a contribuir a la restauración de ese equilibrio? ¿Son las reacciones contrarias a sus ideas un signo evidente de la polaridad misma que éstas intentan modificar?

Como demostraremos más adelante, el príncipe tiene una amplia gama de intereses, pero el público sólo alcanza a ver atisbos de sus inquietudes en ocasión de sus discursos más importantes y de la reacción de la prensa que sigue a éstos. Un mes habla de medicina; unos meses más tarde de agricultura; al año siguiente de actividades comunitarias. La naturaleza misma de los discursos más importantes los hace ocasionales, y por ello la cobertura de las ideas del príncipe es no sólo episódica, sino que la comprensión pública del modo en que estos intereses se relacionan entre sí queda inevitablemente fragmentada. Este libro pretende, en primer lugar, mostrar de qué modo las ideas del príncipe sobre ecología, agricultura, religión, arquitectura, medicina, economía y educación reflejan corrientes de pensamiento más amplias y son la expresión de su filosofía personal y, en segundo lugar, ilustrar cómo esta filosofía se traduce en acción a través de innumerables proyectos prácticos. El príncipe no es un filósofo de poltrona, sino un hombre de acción cuya pasión es la de ayudar a aportar mejoras en sus diversos campos de interés.

Los últimos cincuenta años han sido testigos de extraordinarios logros científicos y técnicos, pero éstos se han visto entorpecidos por una amarga filosofía que considera el universo y la vida humana como despojados de sentido y propósito más allá del mundo material. Es posible que el marxismo haya sido en su mayor parte abandonado, pero el materialismo impera por todas partes. No obstante, al menos en Occidente, obligadas a vivir a un ritmo frenético, las personas han perdido sus bases tradicionales, y a un sentimiento de triunfo tecnológico se une una profunda inquietud espiritual. Como dijo un piloto de avión: «¡Estoy perdido, pero consiguiendo un tiempo récord!». El príncipe es profundamente consciente de estas tensiones, y en repetidas ocasiones ha denunciado las carencias de los puntos de vista modernistas y mecanicistas al tiempo que ha defendido la restauración del lugar del alma y la vida interior espiritual.

La actitud del príncipe es radical en tres aspectos. Primero, insiste en que debemos volver a descubrir nuestras raíces en una tradición viviente para conservar el significado y la dirección de nuestras existencias. En este sentido puede llamársele un tradicionalista radical. Segundo, el príncipe identifica la causa original de muchos de nuestros problemas actuales con la filosofía unilateral del modernismo, de la que hablaremos más adelante. Si el origen está en la filosofía y los valores, esto se manifiesta en nuestras actitudes en relación con el medio ambiente, la agricultura y la medicina, entre otras cosas. Esto significa que se requiere un cambio de pensamiento o filosofía antes de que se tomen las medidas correspondientes. En tercer lugar, el príncipe es radical en cuanto a su creencia de que la clase de acción que se requiere es la que se dirige a las causas antes que la que se ocupa de los síntomas, y que una de las mejores maneras de demostrar esto es a través del ejemplo.

Esto ha afectado a «las bases mismas de nuestro ser, que habían sido alimentadas durante tanto tiempo de aquello que sólo puedo llamar sabiduría perenne. Creo que esta destrucción fue total, que lo abarcó todo, y que afectó particularmente a los cuatro campos por las cuales yo he luchado durante los últimos veinticinco años: la agricultura, la arquitectura, la medicina y la educación».

El príncipe especifica:

En lo que se refiere a la agricultura, recuerdo que, en mi adolescencia, muchas millas de setos eran arrancados, antiguos prados y bosques eran cultivados y desaparecían en cuestión de días. Intentar reconstruir esto lleva años, pero yo lo estoy intentando.

La tierra se agotaba a la fuerza y se la rociaba con productos químicos de toda clase. Vean los problemas que hay ahora. Lugares conocidos, antiguas zonas céntricas de pueblos que habían escapado a las bombas de Hitler, calles enteras que albergaban a comunidades muy unidas, grandes complejos de fábricas de algodón de los siglos XVIII y XIX, por ejemplo, fueron desmantelados y reformados totalmente.

En medicina, como en arquitectura, la doctrina del hombre como máquina ha perseverado. A Dios se le declaró muerto. Yo recuerdo cuándo fue eso. Al alma se la declaró moribunda y superflua. Antiguas y probadas terapias y técnicas de diagnóstico fueron simplemente abandonadas y desechadas. El equilibrio entre lo racional y lo intuitivo fue destruido.

Y en mi opinión, también en lo referente a la educación reinó la misma brutalidad doctrinal, y ello dio como resultado un completo erial en lo tocante al relativismo moral y la destrucción deliberada de un modo de abordar las cosas que siempre había asegurado la transmisión de una generación a otra de unos conocimientos compartidos, de una herencia cultural, histórica y moral. ¿Y cuál ha sido el resultado de todo este brutal vandalismo en nombre de, según creo, un gigantesco experimento social?

Opino que esto ha creado una grave enfermedad, una profunda inquietud, una desintegración y una disfunción de la armonía natural de la existencia humana, y todo porque la ideología modernista exige que toda historia y toda tradición sean arrancadas de raíz de modo que podamos empezar de nuevo con lo que a ellos les gusta llamar *tabula rasa*, o sea, a partir de cero.

Muchos de nosotros compartimos el sentimiento de inquietud del príncipe sobre los excesos del modernismo, y apoyamos los esfuerzos, como veremos, por restaurar el equilibrio en el entorno, la agricultura, la medicina, la arquitectura, la filosofía, la educación, los negocios y la comunidad.

Sabiduría e información

> *¿Dónde está la vida que hemos perdido viviendo?*
> *¿Dónde la sabiduría que hemos perdido con el conocimiento?*
> *¿Dónde el conocimiento que hemos perdido con la información?*

La cita de T.S. Eliot que sirve como introducción es indiscutiblemente más relevante ahora que cuando él la escribió hace más de setenta años. Eliot no tuvo que vivir en nuestro mundo, un mundo en el que se lucha durante las veinticuatro horas los siete días de la semana para procesar una sobrecarga de información. Tal vez esté usted leyendo estas líneas con una copa en la mano y sentado en un cómodo sillón, pero lo más seguro es que se encuentre en un tren abarrotado en el que un teléfono móvil podría sonar en cualquier instante, momento en el cual la gente suele proporcionar una gráfica información de dónde se encuentra y de lo tarde que llega a una cita. Es posible que su vecino esté trabajando con un ordenador portátil o leyendo un libro sobre cómo gestionar el tiempo para llevar a cabo todo lo que le resulta prioritario en su vida e incluir en ella más actividades aún («el interminable ciclo de idea y acción»). De modo que ¿dónde están los momentos para la reflexión tranquila, para apreciar más la quietud que la acción, el silencio más que las palabras, como decía Eliot?

Esta cuestión nos lleva al tema central de las ideas del príncipe de Gales: la necesidad de equilibrio y armonía entre la mente y el corazón, la razón y la intuición, lo exterior y lo interior, la acción y la contemplación. Eliot reflexiona también acerca de la eterna naturaleza cíclica de la primavera y el otoño, el nacimiento y la muerte, la luz y la oscuridad. La mayoría de nosotros somos menos conscientes de estos ciclos que nuestros antepasados, pero no obstante ellos enmarcan nuestras vidas –especialmente si tenemos la suerte de vivir en el campo– y nos permiten seguir conectados a los perennes ciclos de la naturaleza.

Como dijo el príncipe en el discurso que pronunció durante las Conferencias Reith 2000:

> Opino que necesitamos restaurar el equilibrio entre la razón de la sabiduría instintiva dictada por el corazón y el conocimiento racional del análisis científico. Ninguna de las dos cosas, creo, es útil por sí sola. De modo que solamente empleando ambas mitades de nuestra naturaleza, la racional y la intuitiva –nuestro corazón y nuestra mente–, viviremos a la altura de la confianza sagrada que ha puesto en nosotros nuestro Creador, o nuestro "Sustentador", palabra ésta última ma con que la antigua sabiduría se refería al Creador.

En este análisis del príncipe queda implícito que la cultura occidental moderna está actualmente en un estado de desequilibrio. Se pone demasiado énfasis en la razón y el análisis científico en detrimento de la intuición y la sabiduría. En el peor de los casos, la razón se escinde de sus raíces en una zona más profunda de la mente humana. Es importante enfatizar la insistencia del príncipe en que él «no está sugiriendo que la información procedente de la investigación científica no sea esencial». Sus críticos científicos a menudo ignoran tales cuidadosas especificaciones y se lanzan a atacar impulsivamente sus discursos, acusándolos de querer volver atrás «a la superstición y la ignorancia», y acusando al príncipe de estar en contra de la ciencia. A pesar de que el príncipe mismo aboga por la importancia de la intuición y la sabiduría, defiende claramente un acercamiento que valore al mismo tiempo la intuición y la razón, y que no privilegie a un modo de conocimiento en detrimento de otro. Este enfoque inclusivo se refleja a lo largo y a lo ancho de todos sus campos de interés. El príncipe promulga una combinación de lo mejor de lo antiguo o tradicional y lo mejor de lo nuevo e innovador. Deplora el culto a lo nuevo cuando éste implica un total repudio de la sabiduría tradicional, y a menudo se refiere a los peligros de «tirar al bebé de la tradición junto con el agua del baño de la superstición».

En un discurso más reciente el príncipe va más allá de la armonización de los contrarios, insistiendo en que su motivación más profunda es la de curar:

> Durante toda mi vida he sentido el deseo de curar las heridas abiertas producidas por lo que yo creo es, y se demostrará que es, una aberración en el alma de la humanidad. En otras palabras, curar el paisaje, curar la tierra, volver a trabajar una vez más en armonía con la naturaleza. Construir de modo que se respete el carácter sagrado de la tierra y se conecte de nuevo al hombre con las raíces orgánicas de su ser, con los antiguos principios del urbanismo tradicional que reflejan nuestra escala humana con respecto a la sanadora intemporalidad de una tradición viviente, y no con algo muerto. No es un lenguaje muerto; puede ser una tradición viva, contemporánea a cada generación, y no una disrupción genéticamente modificada de los patrones invisibles de nuestra existencia.
>
> Tratar con el individuo en su totalidad, no simplemente con una parte de él; devolver el alma al lugar que le corresponde; integrar: esto es lo más importante, lo mejor de la medicina moderna junto con lo mejor de la antigua sabiduría terapéutica. Reorientar la psique dañada por el estrés, los traumas y los problemas asociados con estilos de vida frenéticos.
>
> En cuanto a la educación, volver a conectar a nuestros jóvenes con sus raíces literarias, históricas y morales. Proporcionarles el encuadre disciplinado que, paradójicamente, ofrece genuinas oportunidades para la creatividad.

21

El príncipe de Gales no está solo al adelantar un diagnóstico del desequilibrio de la vida moderna. No es simplemente el equilibrio entre la vida y el trabajo lo que está en juego aquí, sino, a un nivel más profundo, el equilibrio entre la contemplación y la acción, entre el ser y el hacer. El filósofo René Guénon se refiere a la mayor parte de nuestras acciones como «agitación tan poco provechosa como trivial». Prosigue (y esto lo escribió nada menos que en 1942):

> Ésta, ciertamente, es la característica más conspicua de los tiempos modernos: un ansia por la agitación sin fin, por el cambio continuo, por la velocidad cada vez mayor con la que los acontecimientos se siguen unos a otros. Por todas partes vemos dispersión que va a dar en multiplicidad, una multiplicidad ya no unificada por la conciencia de algún alto principio; en la vida diaria, como en el pensamiento científico, el análisis es llevado hasta sus extremos, lo que resulta en una infinita subdivisión, una auténtica desintegración de la actividad humana en todas las esferas en las que esa actividad puede ser ejercitada, y de ahí la incapacidad para la síntesis y para cualquier forma de concentración que resulta tan singular a ojos de los orientales.

Desde los tiempos de Guénon la situación se ha deteriorado. Los períodos de atención se han reducido aún más y decenas de miles de niños padecen el llamado "trastorno de déficit de atención" al tiempo que se encuentran expuestos a innumerables fuentes de estímulo y distracción. Es significativo el hecho de que nos refiramos a una "sobrecarga de información" y no a una "sobrecarga de conocimiento", mientras que la expresión "sobrecarga de sabiduría" parecería una contradicción terminológica. Tendemos a confundir lo urgente con lo importante, y dedicamos nuestro tiempo en proporción inversa a la importancia respectiva de la información, el conocimiento y la sabiduría. Nos esforzamos por absorber montones (o pan-

Si desea estar al corriente de la salida de nuestras novedades envíenos esta tarjeta cumplimentada.

TÍTULO DEL LIBRO que contenía este tarjetón: ....

NOMBRE Y APELLIDOS: ....

DIRECCIÓN: ....

CÓDIGO POSTAL/CIUDAD: ....

PAÍS: ....   E-MAIL: ....

SUGERENCIAS: ....
....
....

tallas) de información cada vez mayores, lo que nos deja poco tiempo para el estudio recreativo y prácticamente ninguno para la contemplación o la lectura reflexiva. Nos indigestamos mentalmente pero no alimentamos nuestras raíces más profundas. Corremos pues el peligro de semejarnos a ese paciente de Elisabeth Kübler-Ross que, cuando se enteró de que le quedaban seis semanas de vida poco antes de su jubilación, dijo: «Me he ganado muy bien la vida, pero nunca he vivido realmente». O, recordando a Eliot, «¿Dónde está la vida que hemos perdido viviendo?».

La consecuencia de esta velocidad exorbitante y la dominación de la información instantánea es que nuestro conocimiento no está templado o equilibrado por la sabiduría. La sabiduría procede de la experiencia de la vida, aunque no hay garantías de que la experiencia de la vida traiga consigo sabiduría. La sabiduría es una cualidad intemporal pero elusiva arraigada en la profundidad del carácter y el conocimiento de la vida. Tradicionalmente se asocia con los grandes sabios de la religión y la filosofía y, aunque en menor grado, con reyes y jueces. Los sabios dedican largos períodos de tiempo a la meditación y la contemplación silenciosas, y de ellas obtienen lo que Eliot llama el conocimiento del silencio y la quietud, lo que a su vez dicta las acciones del sabio. Esto puede ser un consejo de perfección para profesionales o padres abrumados, pero todos nos sentimos mejor cuando nuestras vidas están en un mayor estado de equilibrio.

La división fundamental

Antes me referí a una profunda división en nuestra sociedad, que creo tiene su origen en un conjunto de interpretaciones fundamentalmente diferentes de la naturaleza de la realidad. ¿Puede ser explicada nuestra existencia, como muchos científicos de boquilla quieren darnos a entender, enteramente en términos materiales, o existe una subyacente realidad espiritual? ¿Es el universo una ocurrencia casual –"una de esas cosas que pasan de vez en cuando"– o tiene la vida una suerte de propósito intrínseco? ¿Es la percatación de la conciencia sencillamente un subproducto de la función del cerebro, o nuestra experiencia más profunda sugiere que podría en cierto modo trascender el tiempo y el espacio físico? ¿Es la muerte del cerebro la extinción de la persona o una puerta a una nueva forma de existencia?

El contexto más amplio de los discursos del príncipe –y las reacciones que éstos suscitan– puede encontrarse en la relación entre ciencia y religión y las cuestiones afines con respecto a la autoridad, el alcance y la validez de las distintas clases de conocimiento. La comprensión pública de la relación entre ciencia y religión es lamentablemente mucho más burda que el estado actual de lo que se enseña. Desde muchos programas de radio y televisión se alienta a la gente a pensar que existe una colosal batalla entre la ciencia y la religión, que evidentemente está ganando la ciencia. Se argumenta que la ciencia ha desmentido la mayor parte de las doctrinas que la Iglesia previamente había tenido por infalibles. Se asume que la teoría moderna de la evolución ha desplazado por completo a Dios. Se supone que la neurología ha negado la existencia del alma. Cualquiera que esté en desacuerdo con estos puntos de vista, proponen quienes los mantienen, debe ser o científicamente analfabeto o estar imbuido de una anacrónica superstición.

Mientras que es verdad que los avances científicos han mejorado de forma inconmensurable nuestros conocimientos del universo físico, no es cierto que, del mismo modo, hayan eliminado comprehensivamente la posible existencia de una dimensión espiritual. Los hombres de ciencia que dan esta impresión no hacen la distinción crucial entre los descubrimientos científicos y las asunciones filosóficas que apuntalan todo el sistema científico. Suponen que el hecho de que algo no pueda ser medido significa que no existe. No obstante, la ciencia no necesita casar lógicamente con las suposiciones materialistas actualmente de moda acerca de la naturaleza de la realidad. Puede expandirse para incluir la experiencia interior. De hecho, el zoólogo sir Alister Hardy hizo precisamente esto hace más de treinta años cuando analizó las experiencias religiosas que describió en su libro *La naturaleza espiritual del hombre*. Y Wiliam Blake establece este hecho: «Los deseos y las percepciones del hombre desarrollados por los sentidos corporales deben estar limitados por estos sentidos». De modo que ir más allá de estos órganos del sentido puede ampliar los horizontes de la realidad, como el mismo príncipe mantiene.

Nuestra situación moderna es más grave si estamos de acuerdo con Bede Griffiths en que lo esencial es mantener el contacto con lo Trascendente de modo que la vida humana no se cierre sobre sí misma: «Pero el mundo moderno ha eliminado todos esos puntos de contacto [...], allí donde se extiende la civilización moderna, toda santidad, todo sentido de lo sagrado, toda percatación de una realidad trascendente desaparecen». Una de las pasiones del príncipe de Gales, compartida por todos los aspirantes y buscadores espirituales serios, es la de encontrar modos de recuperar este sentido de lo sagrado en nuestra época, y la de explorar sus implicaciones para el modo en que vivimos y nos tratamos unos a otros y a la tierra.

Desde esta perspectiva, la filosofía del príncipe es una respuesta hondamente sentida a nuestra crisis cultural, y es la articulación de una visión espiritual del mundo, cuyas implicaciones afectan a la medicina, la arquitectura, la educación, la ecología, la agricultura y la jardinería. Este libro argumentará que es esencial que en todo el mundo se adopte esta clase de filosofía integrada por la que aboga el príncipe si queremos restaurar el equilibrio interior y exterior tan necesarios para nuestra vida.

Dirigir con el ejemplo

La actual y futura posición constitucional del príncipe de Gales le impone un papel de liderazgo acerca del cual él ha reflexionado extensamente. La cuestión no es tanto la de dirigir sino la de cómo hacerlo. Su punto de partida es el servicio (el lema del príncipe de Gales es *Ich Dien* [«yo sirvo»]) y un interés auténtico en las personas, en su bienestar y su potencial. El príncipe podría haber elegido una vida más tranquila sencillamente no expresando sus opiniones sobre determinados temas, pero, como él mismo escribe, «hay algo en alguna parte que me dice que no puedo hacer eso, y que no sería honrado conmigo mismo si me callara y no asumiera el riesgo o aceptara el desafío [...]. En todo caso, espero que lo que he dicho ayude a reavivar el debate y despierte la conciencia de algunos».

En otra carta, escrita en 1993 a Tom Shebbeare, el príncipe comenta: «Para devolverle el apelativo de "grande" [a Gran Bretaña], siempre he pensado que es vital hacer que la gente se una, y empecé a darme cuenta de que al menos una de las ventajas que tiene mi posición por encima de las de los demás es que puedo hacer de catalizador para ayudar a obtener una respuesta mejor y más equilibrada a diversos problemas. Yo no tengo una agenda "política", sino tan sólo un deseo de que la gente alcance su máximo potencial.» Reflexionando sobre la sobrecogedora respuesta que tuvo el discurso que pronunció en la Asociación Médica Británica, declaró que «la gente a menudo guarda silencio acerca de lo que piensa realmente. Temen decir ciertas cosas en público».

El príncipe de Gales considera la monarquía una tradición viva, tejida en la tela de nuestra vida nacional. Ésta hace las veces de vínculo con todo aquello del pasado que es valioso y merece la pena conservar, y simboliza la continuidad entre el pasado, el presente y el futuro. El príncipe siempre nos ha recordado el valor de preservar lo mejor del pasado, pero también le preocupa el bienestar futuro no sólo del país sino del planeta. Debido al papel que desempeña, el príncipe debe adoptar un plan de trabajo a largo pazo y por tanto sostenible. Las plantas del presente crecen en el suelo del pasado, y el príncipe, por encima de todo, es consciente de la importancia de la calidad del suelo para obtener un crecimiento saludable.

En este contexto es importante conocer sus ideas acerca de la tradición, que tienen mucho más peso de lo que piensan sus críticos:

> No estoy interesado en volver al pasado, y eso puede aplicarse –más vale que lo diga– en todos los casos, me refiera al trabajo en las granjas, a la arquitectura, a la educación o a la medicina complementaria. Sí creo, y apasionadamente, que debemos aprender del pasado, aceptar el hecho de que existen cosas tales como los principios intemporales, obrar a escala humana, plantearse seriamente objetivos a largo plazo, respetar las condiciones y las tradiciones locales, y sentirnos profundamente escépticos ante aquellos que sugieren que todo lo que es nuevo es bueno de forma automática. Esto último casi siempre resulta ser una corriente de moda de corta duración.

Habla muy bien en favor del príncipe el hecho de que jamás ha evitado defender sus opiniones ante el público e incluso crear polémica con miras a ampliar el debate y encontrar maneras constructivas de avanzar en los campos antes mencionados. El ridículo o la burda mala interpretación de sus esfuerzos que ha hecho la prensa son compensados en parte por la avalancha de cartas que recibe de la gente –la mayoría de las cuales le apoyan– después de cualesquiera de sus discursos más importantes. Esta respuesta pública demuestra que el príncipe está mucho más en contacto con la gente común y que está utilizando su papel como una manera constructiva de dar voz a sus preocupaciones e intereses. Al príncipe también le satisface el hecho de ver cómo la opinión pública recoge y comprende lo que él mismo estaba diciendo hace una década, especialmente en relación con el entorno natural y la arquitectura, la agricultura orgánica, la jardinería y la medicina integrada.

No obstante, el príncipe de Gales hace algo más que hablar acerca de sus ideas. Las pone en práctica en todos los sentidos. Albert Schweitzer dijo una vez que había tres modos de cambiar el mundo: el primero es con el ejemplo, el segundo es con el ejemplo, y el tercero..., pues sí, lo han adivinado: con el ejemplo. La integridad y la coherencia entre la filosofía y las acciones del príncipe –su idealismo práctico– son verdaderamente admirables e inspiradoras. Ha hecho de su propiedad de Highgrove un famoso jardín orgánico y también ha dedicado la granja casera del ducado de Cornwall a la producción orgánica; fundó *Duchy Originals** para vender sus productos, y la compañía obtuvo unos beneficios de más de treinta y cinco millones de libras en su último año y ha donado más de tres millones y medio de libras de estos beneficios a la Prince's Charitable Foundation; el príncipe ha trabajado incansablemente a través del *Prince's Trust* [la Fundación del Príncipe] para proporcionar a los jóvenes mejores oportunidades de cumplir con sus potenciales; ha apoyado la regeneración de comunidades locales a través de sus planes en *Business in the Community* [Negocios en la Comunidad], y ahora está aplicando los mismos principios a la vida rural; a través de su fundación el príncipe ha sido responsable, por medio del *Phoenix Trust* [Fideicomiso Fénix] y *Regeneration through Heritage* [Regeneración a través del Patrimonio], de la preservación o restauración de muchos edificios históricos; fundó su propio instituto de arquitectura (ahora parte de la fundación); ha inspirado la construcción de Poundbury, en Dorset, y patrocina Temenos Academy para alentar el arte y la imaginación: en la fundación ha instaurado un estudio de dibujo y un curso de artes visuales y tradicionales del islam;

---

* Nombre de la marca de los productos del príncipe. (*N.de la T.*)

ha creado la *Prince of Wales' Foundation for Integrated Health* [Fundación del Príncipe de Gales para la Salud Integrada] para propiciar la investigación en medicina complementaria y forjar un futuro coherente para la atención sanitaria en general. Y la lista continúa.

Dije al principio de esta introducción que uno de los temas centrales de la actitud del príncipe con respecto a estos asuntos era la necesidad de equilibrio y armonía entre la cabeza y el corazón, la razón y la intuición, lo interior y lo exterior, la acción y la contemplación. Podría añadirse a esto el pasado y el presente, la tradición y el radicalismo, el individuo y la comunidad. Como explica el príncipe:

> Desde que era muy joven he sentido intensamente la necesidad de contribuir en todo lo posible a una renovada búsqueda de equilibrio y armonía en nuestra existencia y al modo en que utilizamos y disfrutamos del mundo que nos rodea. Lo he hecho desde la creencia profunda en que la tradición no es algo muerto o irrelevante, sino un medio crucial y vivo a través del cual podemos experimentar un sentido de pertenencia y significado en un mundo rápidamente cambiante. He intentado expresar esta honda creencia en una dimensión sagrada de un modo práctico en lo tocante a aquellos aspectos de la vida en los cuales más me he interesado a lo largo de los años, por ejemplo en arquitectura, medio ambiente, agricultura, medicina y educación. Esta creencia intenta comprender los profundos vínculos en la cadena de nuestra existencia para que no perdamos de vista la naturaleza más amplia de nuestro ser.

Con esta actitud, el príncipe ha forjado un papel único como heredero del trono al formular una filosofía personal que le proporciona el coraje y la convicción de alentar un debate, hacer que la gente se una y traducir sus ideas en proyectos prácticos que pueden inspirar a otros a hacer lo mismo. Sus ideas están arraigadas en las tradiciones vivas derivadas del pasado, al mismo tiempo que representan la cultura emergente del nuevo siglo, una visión del mundo centrada en principios espirituales que son también holísticos y ecológicos. Reflejando lo que Onora O'Neil llama la "cultura de la sospecha", los críticos del príncipe tienden a enfatizar negativamente sus problemas personales y de organización de un modo que sabotea la auténtica contribución ha hecho a nuestra vida nacional, en reconocimiento de la cual la reina le otorgó la Orden del Mérito el año de su jubileo. No obstante, su visión integrada, su pasión por las soluciones prácticas y su sincero interés por las personas lo destacan como un líder del nuevo siglo. Espero que este libro contribuya en cierta medida a explicar su filosofía y el trabajo que de ella se deriva.

DAVID LORIMER,
Fife, marzo de 2003

1. SUSTENTAR LA TRAMA DE LA VIDA

> *Los principales problemas del mundo son el resultado de la diferencia entre el modo en que funciona la naturaleza y el modo en que piensa el hombre*
>
> GREGORY BATESON

> *No podemos poner fin a la naturaleza; sólo podemos representar una amenaza para nosotros mismos.*
>
> LYNN MARGULIS

La trama de la vida

Los últimos años de la década de 1960 fueron significativos para nuestro planeta: el hombre pisó la Luna por primera vez en 1969 y empezamos a recibir imágenes, ahora ya de sobra conocidas, de la Tierra desde la Luna. Una de ellas era especialmente conmovedora –«Amanecer de la Tierra»–, y mostraba nuestro planeta levantándose sobre un árido paisaje lunar. Dos años antes, el profesor James Lovelock formulaba lo que más tarde fue conocido, gracias a su amigo el novelista sir William Golding, como la hipótesis Gaia, la teoría de que la Tierra se mantiene como un hábitat benigno para la vida gracias a las acciones de los organismos vivientes. La generación de posguerra, incluyendo al príncipe de Gales, accedió a su mayoría de edad durante ese mismo período. El príncipe celebró su vigésimo primer cumpleaños en 1969, y presidió por primera vez una reunión del Consejo del Príncipe, el cuerpo responsable de administrar el ducado de Cornwall, una propiedad destinada al heredero del trono desde su creación en 1337 por Eduardo III para su hijo Eduardo, el Príncipe Negro. Como veremos, el ducado de Cornwall tendrá un papel importante como expresión de la filosofía del píncipe de Gales a partir de 1980.

El príncipe pronunció uno de sus discursos más importantes en 1970 sobre el medio ambiente, y no sólo quedó demostrada su clarividencia en muchos de los temas que destacó sino que éstos también han vuelto a resurgir en su trabajo en defensa de la naturaleza a lo largo de los años siguientes. La ocasión fue la *Countryside Conference* [Conferencia sobre la Campiña] que tuvo lugar en Cardiff en febrero de ese año. Ya para entonces el príncipe estaba llamando la atención acerca de los problemas que representaban la superpoblación, las variadas formas de contaminación y los desechos. Pero en un aspecto demostró estar felizmente equivocado cuando citó al doctor Frank Fraser Darling cuando éste dijo que «la gente se cansará de la palabra "ecología" antes de saber lo que significa».

La actitud del príncipe en relación con los asuntos medioambientales y ecológicos refleja algunas amplias tendencias dentro de las disciplinas científicas de la biología y la ecología. Desde el descubrimiento de la hélice del ADN en la década de 1950, la biología ha estado dominada por la investigación molecular, lo que lleva directamente a la preocupación actual por la biotecnología y la ingeniería genética. Este punto de vista está sujeto a una filosofía y metodología reduccionista y mecanicista que se concentra en los elementos microscópicos, como las células y los genes, antes que en el organismo como un todo. Esta manera de enfocar las cosas, cuando se combina con datos acerca de la evolución, la neurociencia y la psicología cognitiva, ha llevado a una lúgubre visión materialista del ser humano que muchos, incluyendo el príncipe de Gales, encuentran insuficiente.

Sin embargo, hay una tradición alternativa que surge principalmente de la biología evolucionista y no de de la biología molecular. Aquí, el énfasis se pone en el crecimiento y no en la estructura, en los organismos antes que en los genes, en el todo y no en las partes. La metáfora básica de esta tradición no es el átomo o bloque de construcción, sino la *trama de la vida*, una imagen que evoca intensamente nuestra interconexión e interdependencia mutuas. No estamos separados de la naturaleza, sino que formamos una parte dinámica integral dentro de los sistemas terrestres mayores. Tampoco está el organismo totalmente formado y determinado por el entorno, sino que éste actúa de forma creativa con él. La dominación de la competitividad –"la naturaleza de dientes y zarpas ensangrentados"– de las ideas neodarwinistas ha oscurecido el papel que le corresponde en la naturaleza a la cooperación. La imagen de la trama de la vida es un todo complejo, dinámico, interactivo y autoorganizado en el que los seres humanos se hallan ampliamente inscritos.

Los biólogos Brian Goodwin, Elisabet Sahtouris y Mae-Wan Ho han sugerido que el tema esencial es una divergencia fundamental en los modos de pensar acerca de la vida y el mundo. Esto supone vastas implicaciones no sólo en lo referente a la ecología, la biología y la agricultura, sino también en nuestra visión general del mundo. Las metáforas ejercen una poderosa atención sobre la imaginación, de modo que el hecho de remplazar una metáfora cultural por otra no es asunto trivial. Sahtouris señala lo siguiente:

> Una de las características que distingue la biología holística es el uso de las metáforas que se utilizan para describir-

la. Los textos reduccionistas neodarwinistas están repletos de metáforas como la "información" en el ADN, el "programa" genético, las acciones "competitivas" entre las especies, la "supervivencia del más fuerte", los "genes egoístas" y las "estrategias" de supervivencia. En la perspectiva neodarwinista de la evolución, las especies trabajan, y por lo tanto sobreviven, o no trabajan y no sobreviven; no tienen un valor intrínseco ni cualidades holísticas, y estas metáforas lo revelan. En una biología holística, por contraste, encontramos metáforas como continuo, cooperación, altruismo, creatividad, agencia e intencionalidad.

En un sentido más amplio, la ciencia ha estado dominada por la metáfora de la máquina desde el siglo XVII. Los famosos experimentos de Galileo establecieron la ciencia de la mecánica y llevaron a las leyes del movimiento de Newton. Descartes consideraba a los animales como autómatas, y estaba fascinado, como Voltaire más tarde, por los artilugios mecánicos que imitaban las funciones orgánicas. En el siglo XVIII Vaucasson inventó un músico mecánico e incluso un pato que hacía sus necesidades, acerca del cual Voltaire, en célebre frase, dijo que sin él «¿qué habría para recordarnos las glorias de Francia?». Y en 1749 se publicó *El hombre máquina*, de Julien de la Mettrie, un libro que podría ser considerado el adalid de la cibernética y la inteligencia artificial modernas. La física de Newton, con su sistema de relojería mecánica, se convirtió en la metáfora dominante para las incipientes ciencias naturales. El Dios de Newton se convierte en el Divino Relojero responsable de dar comienzo a todo el proceso, y que interfiere con milagros de vez en cuando si el proceso sale mal. La idea de estas arbitrarias intervenciones era anatema para filósofos del Renacimiento como David Hume, y fue repudiada por pensadores posteriores como el astrónomo Laplace, que célebremente explicó a Napoleón que no tenía necesidad de la hipótesis de Dios en su sistema. La máquina funcionaba muy bien por sí sola.

Los últimos veinte años también han sido testigos de un resurgimiento del interés en la comprensión medieval de la naturaleza como un organismo, al mismo tiempo que la noción de la naturaleza como máquina ha empezado a perder su influjo sobre la imaginación. Durante el siglo XVII tuvo lugar un cataclísmico cambio de pensamiento, que dio como resultado que se dejase de pensar en la naturaleza como sagrada. Esto tuvo consecuencias de largo alcance, pero existe actualmente alguna esperanza de volver a sacralizar nuestra comprensión de la naturaleza. La esencia de este cambio la explica la historiadora medioambiental Carolyn Merchant en su libro seminal *The Death of Nature* cuando dice que «entre los siglos XVI y XVII la imagen de un cosmos orgánico con una tierra viviente femenina en su centro dio paso a una visión mecanicista del mundo en la que la naturaleza fue reconstruida como algo muerto y pasivo, para ser dominada y controlada por los seres humanos». Hay una transferencia correspondiente de metáforas orgánicas a metáforas mecanicistas, un apartamiento de la percepción de la inscripción y la pertenencia humanas en el mundo natural en favor de considerar a los seres humanos como observadores apartados de la naturaleza y como manipuladores económicos de sus recursos. Esta separación de la naturaleza lleva a su vez a un vasto sentido de la alienación. Ya no parecemos pertenecer al universo, sino que somos extraños a él.

Las opiniones del filósofo islámico Seyyed Hossein Nasr van más allá, al crear una íntima conexión entre esta actitud interior y la destrucción del medio ambiente:

La destrucción de la naturaleza es en última instancia la destrucción de nuestro propio ser interior y finalmente también la de nuestra vida externa. Naturalmente, desde el punto de vista de causa y efecto, es lo contrario: es la contaminación de nuestro ser interior lo que ha causado la contaminación del entorno natural. Es nuestra oscuridad interior lo que ahora se ha extendido hacia afuera, al mundo de la naturaleza. El caos del exterior refleja como un espejo lo que ha ocurrido dentro de nosotros.

Nasr no duda de que tenemos una grave crisis entre manos y que ningún truco rápido de carácter económico o tecnológico nos librará de ella. Tampoco será suficiente un reajuste de nuestras ideas sobre el desarrollo sostenible. Lo que se requiere –una opinión compartida por la mayor parte de otros autores espirituales– es «una transformación muy radical de nuestra conciencia, y esto no significa descubrir todo un nuevo estado de conciencia, sino retornar al estado de conciencia que la humanidad tradicional siempre ha tenido. Significa volver a descubrir el modo tradicional de considerar el mundo de la naturaleza como una presencia sagrada».

De modo que ahí está: alienación o pertenencia, separación o conexión, control y dominación o armonía y cooperación. ¿Significa todo esto volver atrás, a un idilio bucólico? En absoluto, dado que la nueva filosofía de la biología y la ecología, complementada por una resacralización de nuestra comprensión de la vida y la naturaleza, puede proporcionarnos un nuevo y necesario sistema conceptual. Como observa Fritjof Capra:

> Hay soluciones a los problemas más importantes de nuestra época; algunas de ellas incluso simples. Pero éstas requieren un cambio radical de nuestra percepción, de nuestro pensamiento, de nuestros valores. Y, ciertamente, nos encontramos ahora al principio de ese cambio fundamental de una visión del mundo en lo referente a la ciencia y a la sociedad, un cambio de paradigma tan radical como la revolución de Copérnico.

Aquí Capra señala inequívocamente la tesis central de este libro: que estamos experimentando gradualmente un cambio radical en nuestra visión del mundo, alejándonos de una comprensión puramente materialista y mecanicista de la vida en favor de otra basada en principios holísticos, ecológicos y espirituales. El príncipe de Gales es plenamente consciente de este cambio, y de hecho articula los elementos esenciales de una nueva visión. Las ideas clave del *holismo* pueden ser caracterizadas en términos de "conexión, relación, contexto", mientras que el *reduccionismo* afirma que los organismos pueden ser entendidos como máquinas (como motores de coches) que son simplemente la suma de sus partes. El príncipe es un holista comprometido que entiende las limitaciones inherentes al punto de vista reduccionista y lo combate vigorosamente cuando éste implica una visión empobrecida del ser humano. En la práctica, los puntos de vista holístico y reduccionista deberían ser complementarios, dado que necesitamos una comprensión del todo a la vez que de las partes. Es absurdo considerarlos como mutuamente exclusivos o afirmar que el organismo puede ser comprendido como una mera maquinaria de supervivencia para los genes "egoístas". De hecho, los organismos, *por propia definición, no son máquinas.*

Capra llega a la conclusión de que:

> [...] en vez de ser una máquina, la naturaleza en general tiende a parecerse más a la naturaleza humana [...], imprevisible, sensible al mundo que la rodea, influenciada por pequeñas fluctuaciones. Según esto, la manera apropiada de acercarse a la naturaleza para conocer su complejidad y belleza no es a través de la dominación y el control sino a través del respeto, la cooperación y el diálogo.

Ésta es una afirmación radical que desafía no sólo el consenso actual en lo referente a la biología sino también en lo referente a la economía (e incluso la política), en las que impera una ideología de dominación y control. De modo que esta nueva comprensión de la biología lleva directamente a lo que Capra llama los principios básicos de la ecología, que son un tema recurrente en los discursos del príncipe de Gales: «interdependencia, reciclaje, colaboración, flexibilidad, diversidad y, como consecuencia, sostenibilidad».

La Conferencia Reith 2000, una nueva visión de la sostenibilidad

> *Después de décadas de ignorar las implicaciones de lo que le estamos haciendo a la Tierra, sabemos ahora que nuestro actual modo de vida es totalmente insostenible. En términos evolucionistas, la insostenibilidad es en última instancia sinónimo de extinción. La sostenibilidad no es, por tanto, una opción; es un imperativo no negociable.*
>
> SIR JONATHON PORRITT

La declaración más comprehensiva de los puntos de vista del príncipe de Gales acerca del medio ambiente –y de hecho de su actitud en general– fue expresada en el discurso que pronunció en las Conferencias Reith del año 2000. Aunque el tema más ostensible era el desarrollo sostenible como asunto de autointerés inteligente, el príncipe prefirió enfatizar la importancia de la dimensión espiritual de la existencia. Él opina que el autointerés inteligente no va lo suficientemente lejos, y comenta que «necesitaremos profundizar bastante más para encontrar la inspiración, el sentido de urgencia y propósito moral que se requieren para enfrentarse a las difíciles elecciones que tenemos por delante en el largo camino hacia un desarrollo sostenible». Y continúa:

> La idea de que hay una encomienda sagrada entre nosotros y nuestro Creador, por la cual aceptamos un deber de servicio para con la Tierra, ha sido un aspecto importante de la

mayor parte del pensamiento religioso y espiritual a lo largo de los tiempos. Incluso aquéllos cuyas creencias no han incluido la existencia de un Creador han adoptado, no obstante, una postura similar en bases éticas y morales [...]. Yo creo que si hemos de alcanzar un crecimiento genuinamente sostenible tendremos primero que volver a descubrir, o a reconocer, un sentido de lo sagrado en nuestras actuaciones con el mundo natural, y los unos con los otros. Si nada, literalmente, se considera ya sagrado –porque esto sea interpretado como sinónimo de superstición, o de algún modo "irracional"–, ¿qué habrá que nos impida tratar al mundo entero como un "gran laboratorio de la vida", con consecuencias a largo plazo potencialmente desastrosas?

Aquí el príncipe entra de lleno en uno de los temas más cruciales del intercambio entre la ciencia, la sociedad y lo sagrado; en suma, entra en la cuestión de los límites de la ciencia y sus aplicaciones en la nueva tecnología. Refleja las opiniones de Seyyed Hossein Nasr cuando éste declara que, «aunque la ciencia es algo legítimo en sí mismo, su papel, su función y sus aplicaciones se han convertido en ilegítimos e incluso peligrosos gracias a la falta de una forma más alta de conocimiento en la que la ciencia pueda integrarse, y de la destrucción de los valores espirituales y sagrados de la naturaleza».

El príncipe prosigue explicando sus razones: «Fundamentalmente, una comprensión de lo sagrado nos ayuda a reconocer que hay dimensiones de equilibrio, orden y armonía en el mundo natural que ponen límites a nuestras ambiciones y definen los parámetros del desarrollo sostenible». Sin límite alguno, todo está permitido, especialmente cuando esto se ve impelido por presiones económicas de competitividad. Los límites de la ciencia deben ser decididos por la sociedad, pero la sociedad misma se ha secularizado y en realidad ha perdido sus bases morales en favor de compromisos estudiadamente pragmáticos. En un cierto nivel, los límites son más fáciles de definir:

En algunos casos, los límites de la naturaleza son bien comprendidos científica y racionalmente. Como ejemplo sencillo, sabemos que poner a pastorear muchas ovejas en un mismo prado resultará tarde o temprano perjudicial, ya sea para las ovejas, para el prado o para ambas cosas. En un sentido más amplio, entendemos que el abuso de insecticidas o antibióticos conduce a problemas de resistencia. Y estamos empezando a comprender las tremendas consecuencias de emitir demasiado dióxido de carbono a la atmósfera. Y sin embargo, las acciones que se llevan a cabo para detener el daño causado al exceder los límites de la naturaleza en éste y otros aspectos son insuficientes para asegurarnos un resultado sostenible.

Como todos sabemos, hay una falta de voluntad política para traducir los descubrimientos científicos sobre el cambio climático en una política practicable. Los esfuerzos parecen requerir un plazo demasiado largo para un horizonte político normalmente corto. Como dijo sir Martin Holgate: «La cura no sigue automáticamente al diagnóstico, del mismo modo que la gente no practica lo que predica».

El príncipe acentúa este inconveniente:

En otras áreas, como la transferencia artificial y no restringida de genes entre especies de plantas y animales, la falta de evidencia científica rotunda sobre las consecuencias dañinas que esto puede implicar se contempla, en muchos lugares, como razón suficiente para permitir que tales experimentos sigan adelante. La idea de adoptar una aproximación precavida, en ésta y en muchas otras situaciones potencialmente peligrosas, recibe el unánime apoyo del público, pero aún ha de enfrentarse con un cierto grado de oposición oficial, como si admitir la posibilidad de duda fuera un signo de debilidad o incluso un deseo de frenar el "progreso". Yo creo, por el contrario, que tal cosa sería una señal de fuerza y sabiduría. Parece que cuando de hecho tenemos evidencia científica de que estamos perjudicando a nuestro medio ambiente, no estamos haciendo lo suficiente para corregir las cosas, y cuando no tenemos esa evidencia, tendemos a no hacer nada en absoluto, sin importarnos los riesgos.

Esta conclusión está dirigida a dos grupos separados: acerca de los temas medioambientales existe un consenso científico que no es tenido en cuenta por los políticos, por ejemplo, en lo que respecta al calentamiento global, mientras que en el segundo caso se utiliza otro argumento: muchos científicos están convencidos, como en el caso de la biotecnología y especialmente en lo referente a los cultivos genéticamente manipulados, de que su metodología para calibrar los riesgos es muy rigurosa, un juicio vehementemente discutido por los biólogos holísticos independientes (véase www.indsp.org). El príncipe identifica con razón la ideología del reduccionismo mecanicista como un factor general significativo:

> Parte del problema es el punto de vista imperante que busca reducir el mundo natural, incluyéndonos a nosotros mismos, al nivel de poco menos que un proceso mecánico. Puesto que, mientras los teólogos naturalistas de los siglos XVIII y XIX, como Thomas Morgan, se referían a la "unidad, el orden, la sabiduría y el diseño perfectos" del mundo natural, algunos científicos, como Bertrand Russell, rechazaron esta idea tildándola de pamplina. «Yo creo que el universo –escribió– es todo manchas y saltos, sin unidad y sin continuidad, sin orden ni coherencia». Sir Julian Huxley escribió en *Creation: A Modern synthesis* que «la ciencia moderna debe dejar fuera a una creación especial o a la divina providencia». Pero ¿por qué? Como ha escrito el profesor Alan Linton, de la Universidad de Bristol, «la evolución es una "teoría" confeccionada por el hombre para explicar el origen y la continuidad de la vida en este planeta sin referencia alguna a un creador». Es gracias a nuestra incapacidad o a nuestra negación de aceptar la existencia de una mano guiadora por lo que la natura-

leza ha llegado a ser considerada como un sistema que puede ser gestionado para nuestra propia conveniencia, o como una molestia que debe ser evitada y manipulada, y en la cual cualquier cosa que suceda puede ser "solucionada" por medio de la tecnología o el ingenio humano. Fritz Schumacher reconoció los peligros inherentes a esta actitud cuando dijo que «hay dos ciencias: la ciencia de la manipulación y la ciencia de la comprensión».

En esta era guiada por la tecnología es demasiado fácil que olvidemos que la humanidad es parte de la naturaleza, y no algo separado de ella. Por esto deberíamos intentar trabajar a favor de la corriente de la naturaleza en todo aquello que hacemos.

Una filosofía viviente de la naturaleza es sin duda alguna la única opción viable a largo plazo:

> Esto, en mi opinión, es lo que se halla en el núcleo de lo que llamamos desarrollo sostenible. Por lo tanto necesitamos descubrir de nuevo una reverencia por el mundo natural, indiferentemente de la utilidad que éste pueda tener para nosotros. Volvernos conscientes, en palabras de Philip Sherrard, de la «relación de interdependencia, interpenetración y reciprocidad entre Dios, el hombre y la creación».
>
> Y, sobre todo, deberíamos mostrar un mayor respeto por el genio de los diseños de la naturaleza, rigurosamente probados y refinados a lo largo de millones de años. Esto significa ocuparnos de utilizar la ciencia para comprender cómo funciona la naturaleza, no cambiar lo que la naturaleza es, como hacemos cuando la manipulación genética busca transformar el proceso de evolución biológica en algo completamente diferente.

Aquí de nuevo se hacen aparentes dos actitudes dispares. La mayor parte de la ciencia moderna, y ciertamente la medicina, se centra en los defectos de la naturaleza que necesitan ser corregidos. En algunos casos, como en la terapia genética, ésta es una actitud loable, pero es peligroso, y a largo plazo letal, que la humanidad se encuentre en estado de guerra con la naturaleza, librando una batalla armada contra las bacterias y las plagas que pueden mutar más rápidamente que nosotros. Como dijo Woody Allen: «He visto al enemigo... y somos nosotros». La segunda actitud –lo que Schumacher, citado anteriormente, llama la "ciencia de la comprensión"– intenta trabajar a favor antes que en contra de la corriente.

> Como ejemplo de trabajar a favor de la naturaleza, yo creo que si una fracción del dinero que se invierte en la actualidad en desarrollar cultivos genéticamente manipulados fuera aplicada a comprender y mejorar los sistemas tradicionales de agricultura, que han soportado la prueba crucial del tiempo, los resultados serían notorios. Ya existe amplia evidencia de qué exactamente puede conseguirse aplicando mayores conocimientos y menores cantidades de productos químicos a diversos sistemas de cultivos. Éstos son métodos genuinamente sostenibles. Y están muy lejos de los sistemas basados en el monocultivo que se prestan a la explotación comercial a gran escala, y que Vandana Shiva condenó tan persuasiva y convincentemente en su conferencia.

Hablaremos de la agricultura más tarde en un capítulo aparte. Ante lo desconocido, el príncipe hace un llamamiento a la humildad:

> Nuestros científicos más eminentes aceptan que aún nos queda mucho por conocer de nuestro mundo y de las formas de vida que lo habitan. Como señala Martin Rees, el astrónomo real, es la complejidad, no el tamaño, lo que hace a las cosas difíciles de entender. En un comentario que sólo un astrónomo podría hacer, describe a una mariposa ¡como un desafío intelectual más temible que el cosmos! Otros, como Rachel Carson, nos han recordado elocuentemente que no sabemos cómo

fabricar una sola hoja de hierba. Y san Mateo, en su sabiduría, señaló que ni siquiera Salomón en toda su gloria se vestía como los lirios del campo [...].

Enfrentados a este desconocimiento, es difícil no experimentar un sentimiento de humildad, asombro y maravilla acerca de nuestro lugar en el orden natural. Y el hecho de sentir esto surge de esa razón interior, experimentada en el corazón que, a veces a pesar de nosotros mismos, nos dice que estamos íntimamente unidos a los misterios de la vida y que no tenemos todas las respuestas.

Aquí el príncipe hace un llamamiento a la utilización de la intuición como suplemento de la razón, facultad ésta utilizada creativamente por los más grandes físicos del siglo XX como Albert Einstein, Niels Bohr y Paul Dirac:

> De modo que ¿no sienten que, en lo más profundo de cada uno de nosotros, existe una conciencia instintiva, percibida desde el corazón, que nos proporciona –si se lo permitimos– la guía más confiable en cuanto a si nuestras acciones son realmente, a largo plazo, de interés para nuestro planeta y toda la vida que éste sostiene? Esta conciencia, esta sabiduría del corazón, puede no ser más que una vaga memoria de una armonía distante, susurrando como una brisa entre las hojas, pero no obstante suficiente para recordarnos que la Tierra es única y que tenemos el deber de cuidar de ella. La sabiduría, la empatía y la compasión no tienen sitio en el mundo empírico, y sin embargo las sabidurías tradicionales preguntarían si sin ellas somos verdaderamente humanos. Y ésta sería una buena pregunta. Fue Sócrates quien dijo, cuando se le pidió una definición de "sabiduría": «Saber que no sabemos».

El príncipe amplía sus explicaciones dejando claro que él aboga por una aproximación equilibrada:

Al sugerir que necesitaremos escuchar algo más al sentido común que emana de nuestro corazón si es que vamos a alcanzar un desarrollo sostenible, no estoy sugiriendo que la información obtenida a través de la investigación científica no sea esencial. Lejos de ello. Pero creo que necesitamos restablecer el equilibrio entre la razón de la sabiduría instintiva que se siente en el corazón y los conocimientos racionales del análisis científico. Ninguna de las dos cosas, en mi opinión, sirve de mucho por sí sola.

El príncipe enfatiza el hecho de que está abogando por un acercamiento al conocimiento que implique ambas cosas a la vez. Él opina que nuestra cultura se ha inclinado peligrosamente en dirección a un acercamiento exclusivamente racional a expensas de aquella sabiduría más profunda que es una parte vital de nuestra naturaleza. Muchos de sus críticos respondieron a este párrafo como si él estuviera desdeñando el análisis científico, algo que no está haciendo en absoluto. Lo que está diciendo es que los sentimientos tienen un papel importante que representar, especialmente motivándonos en dirección a la acción requerida para alcanzar un desarrollo sostenible. Y añade:

Como nos ha recordado Gro Harlem Brundtland, el desarrollo sostenible no sólo es aplicable al mundo natural, sino también a las personas. Esto es válido, ya sea que nos refiramos a las vastas cantidades de seres humanos que carecen de comida suficiente o de acceso a agua potable, o a aquellos que viven en la pobreza y sin posibilidad de trabajo. Mientras que no cabe duda de que la globalización ha traído consigo adelantos, también trae consigo peligros. Sin la humildad y la humanidad expresada por sir John Browne (ahora lord Browne of Madingley, director ejecutivo de BP-Amoco) en su noción de una "economía conectada" –una economía que reconoce el contexto social y medioambiental dentro del cual trabaja–, existe el riesgo de que los más pobres y más débiles no sólo vean muy pocos beneficios sino que, lo que es peor, se encuentren con que sus medios de vida y sus culturas se han perdido.

De modo que, si nos tomamos en serio el desarrollo sostenible, también debemos recordar que las lecciones de la historia son particularmente relevantes cuando empezamos a mirar hacia el futuro.

Este proceso implica también una nueva clase de educación:

> Naturalmente, nuestros descendientes disfrutarán de unos conocimientos científicos y tecnológicos sin parangón, pero ¿poseerán también la sabiduría y el autocontrol suficientes para utilizarlos inteligentemente, habiendo aprendido tanto de nuestros éxitos como de nuestros fracasos? Yo creo que no, a menos que se susciten renovados esfuerzos para desarrollar un acercamiento a la educación que equilibre lo racional y lo intuitivo. Sin esto, el desarrollo sostenible está condenado. Se convertirá sencillamente en un mantra de sonido hueco que se repite *ad nauseam* con el objeto de que todos nos sintamos mejor. No cabe duda, por lo tanto, de que necesitamos considerar la creación de un equilibrio mayor en el modo en que educamos a la gente, para que la sabiduría práctica e intuitiva del pasado se mezcle con los conocimientos y la tecnología apropiados del presente con el objeto de producir el tipo de practicante que es agudamente consciente a la vez de los mundos visible e invisible que informan todo el cosmos.

Aquí el príncipe refleja la preocupación cada vez más extendida acerca de los efectos desiguales de la globalización, un tema al cual volvió en 2001. Describió todo el concepto como gravemente defectuoso y completamente insostenible, «a menos que podamos encontrar maneras de alcanzar una aceptación mucho más amplia del hecho de que el comportamiento corporativo responsable incluye la necesidad de abordar estos temas comprehensivamente, en unión con los gobiernos y la sociedad civil».

Volviendo al extracto de la Conferencia Reith que figura más arriba, el príncipe también acentúa la importancia de la tradición, la de no deshacernos de nuestra sabiduría al mismo tiempo que de la superstición, lo cual le lleva al tema de la educación. La conclusión a la que llega aquí es la de que una comprensión espiritual de la vida y un desarrollo de nuestras facultades intuitivas suponen un elemento importante en la educación. Después de todo, la creatividad –ya sea científica o artística– depende de percepciones intuitivas; el análisis racional o matemático viene después al ocuparse de los detalles.

El príncipe, no obstante, va más allá del simple desarrollo de la intuición al decir que hay a la vez "mundos visibles e invisibles" que informan todo el cosmos, recogiendo el significado original griego de la palabra como "la ordenada totalidad del ser". Aquí se desliga de los racionalistas del Renacimiento –ya sea en lo referente a los departamentos de ciencias o de artes (o incluso de teología) de las universidades– presentando la existencia de una dimensión invisible, es decir, espiritual, de la vida. Todas las religiones están fundadas sobre estas bases; todos los grandes místicos afirman la existencia de regiones sutiles perceptibles por los sentidos sutiles, y de hecho las experiencias derivadas de la psicología transpersonal y de las experiencias cercanas a la muerte –en gran parte ignoradas por la ciencia imperante– señalan en la misma dirección. La noción de que el mundo es enteramente físico, de que no hay una dimensión espiritual en la existencia, no es tanto un descubrimiento científico como una asunción filosófica que se mantiene gracias al hecho de ignorar en su estudio toda evidencia de lo contrario.

El futuro necesitará a personas que comprendan que el desarrollo sostenible no trata solamente de unas cuantas correcciones técnicas, o de volver a diseñar la humanidad o reorganizar la naturaleza como extensión de una industrialización globalizada, sino de una re-conexión con la naturaleza y una profunda comprensión de los conceptos de cuidado, que son las bases de una vocación de servicio a largo plazo. Sólo descubriendo de nuevo la unidad y el orden esenciales del mundo viviente y espiritual –como en el caso de la agricultura orgánica o la medicina integrada, o en el modo en que construimos– y salvando el abismo destructivo entre el secularismo cínico y la intemporalidad de la religión tradicional, seremos capaces de evitar la desintegración de nuestro medio ambiente en general.

El príncipe termina con una exhortación a una nueva filosofía de la naturaleza, una comprensión de la unidad y el orden a la vez de los mundos natural y espiritual, comúnmente llamados el Camino, el Tao, Dharma o el Sendero, según la tradición de cada uno. Somos parte de la naturaleza, no algo separado de ella. Y, como señala el antiguo vicepresidente de Estados Unidos Al Gore en su libro *La Tierra en juego*, el hecho de no reconocer esto puede tener consecuencias drásticas:

Creer que estamos separados de la tierra significa no tener idea de cómo formamos parte del ciclo natural de la vida ni comprender los procesos naturales de cambio que nos afectan y a los que a la vez nosotros afectamos. Esto significa que intentamos marcar el rumbo de nuestra civilización sólo en referencia a nosotros mismos. No es de extrañar que nos hallemos perdidos y confusos. No es de extrañar que tantas personas sientan que están desperdiciando sus vidas. Nuestra especie solía florecer dentro de la intrincada e interdependiente trama de la vida, pero hemos elegido abandonar el jardín. A menos que encontremos un modo de cambiar espectacularmente nuestra civilización y nuestra manera de pensar acerca de la relación entre el ser humano y la tierra, nuestros hijos heredarán un erial.

El príncipe también establece conexiones con sus otros intereses, que serán examinados más adelante en este libro: la agricultura, la medicina y la arquitectura o el entorno construido. Aboga apasionadamente por nuestro papel como servidores de la creación y pone esta idea en el centro de su caso en favor de un desarrollo sostenible.

Las reacciones del público a este discurso fueron diversas. El especialista en medio ambiente Jonathon Porritt empezó su artículo en *Guardian* diciendo: «¿Qué reacción les provoca la palabra "sagrado"? ¿Les hace sentir un calorcito agradable, o un súbito ataque de ira incontenible?». Prosiguió haciendo notar que era la rabia lo que se apoderaba de los "grandes" y los "buenos" del *establishment* científico de la Gran Bretaña cuando el príncipe elegía organizar su contribución alrededor de la simple noción de volver a descubrir un "sentido de lo sagrado." Naturalmente, la prensa prefirió entrevistar a aquellos que más probablemente criticarían al príncipe con el objeto de generar las consabidas controversias. A Steve Jones, profesor de genética en la Universidad de Londres, se lo cita diciendo que el príncipe era «el clásico pensador vago e impreciso [...] que mezcla la teología con la ciencia». Prosiguió diciendo que no tenía tiempo para aquellos que «prefieren la ignorancia al conocimiento». Richard Dawkins aplaudió la preocupación del príncipe por la vocación de servicio al planeta a largo plazo, pero lamentó que su visión iluminada estuviera unida a «una hostilidad totalmente innecesaria hacia el racionalismo científico». Martin Bobrow, profesor de genética médica en Cambridge, dijo: «Yo creo que no ayuda en nada comunicar una actitud general de antagonismo al proceso científico. La ciencia es inventar cosas y comprender lo que sabemos y no sabemos».

Como observó Jonathon Porritt, la preocupación fundamental del príncipe es la de la imaginería y el lenguaje deshumanizador que transmite la ciencia genética. Cita a Jeremy Rifkin en su libro *El siglo de la biotecnología*: «Los seres vivientes ya no son percibidos como pájaros y abejas, zorros y gallinas, sino como paquetes de información genética. Ya no existe la cuestión de lo sagrado o lo especial. ¿Cómo podría existir, cuando ya no hay límites reconocibles en lo que concierne al respeto? ¿Cómo puede un ser viviente ser considerado sagrado cuando sólo es un patrón de información?». La posición que subyace tras las respuestas citadas es que la teología y la metafísica no tienen ninguna influencia sobre la ciencia, y que la ciencia misma es neutral en cuanto a valores y no asume presuposiciones filosóficas inherentes que le sean propias. Ninguna de estas proposiciones es verdad. Además, existe una asociación de la ciencia con la ideología del *"cientificismo"*, que es la ciencia más el materialismo. Es muy posible apoyar los procesos científicos de la apertura, el escepticismo y el rigor siendo al mismo tiempo crítico del *cientificismo* dogmático. Mucho de lo que pasa por ser "anti-ciencia" es, con más precisión, "anti-*cientificismo*".

Comisión Mundial sobre Medio Ambiente y Desarrollo

> *El tiempo no está del lado de la indecisión. Las decisiones importantes deben tomarse ahora, porque estamos en el umbral de una nueva era. Se necesita un liderazgo que sea proactivo, no simplemente reactivo; que sea inspirado, no meramente funcional; que contemple lo que ha de ocurrir a largo plazo y las futuras generaciones para las cuales el presente nos ha sido encomendado. Se necesitan líderes fortalecidos por la visión, sostenidos por la ética y revelados por el coraje político que mira más allá de las próximas elecciones.*
>
> *Our Global Neighbourhood*

El príncipe de Gales ha apoyado el trabajo de la Comisión Mundial sobre Medio Ambiente y Desarrollo desde su innovador informe de 1987, que ha impuesto la agenda para la mayor parte de las políticas y las ideas medioambientales y de economía ecológica que se han suscitado desde entonces. El príncipe pronunció un discurso importante ante la Comisión Brundtland en 1992 y una conferencia para la Agenda 21 local en 1995.

Su discurso de 1992 empieza con una nota irónica cuando admite que toda la zona está sembrada de trampas para elefantes y que lo más que él puede hacer es «explicar, con la mayor franqueza posible, por qué a ustedes les importan estos temas lo suficiente como para arriesgarse a que les acusen de exagerar los problemas, de ser excesivamente pesimistas o de equivocarse con los datos». El príncipe señala los progresos llevados a cabo desde 1987, pero su diagnóstico de la situación sigue siendo el mismo:

> En mi opinión vivimos tiempos peligrosos, y creo que merece la pena escuchar atentamente a todos aquellos observadores inteligentes del entorno natural que cada vez más a menudo se manifiestan en una única, agitada voz [esto es aún más cierto en 2004]. La dificultad, naturalmente, es que para la gran mayoría de observadores profanos todo parece funcionar a la perfección en nuestro entorno inmediato. En general, no podemos oler, experimentar, oír o sentir nada que nos resulte particularmente malo en el mundo que nos rodea. Sólo podemos guiarnos por lo que dice la ciencia, y muchos dirán: «La ciencia se ha equivocado muchas veces en el pasado, ¿no?». Y de todos modos, cuando todo ha sido dicho y hecho, la capacidad de la naturaleza de curarse a sí misma es infinita, y no debemos dejarnos ganar por el pánico tomando medidas apresuradas. A diferencia de la evidente amenaza de un holocausto nuclear, las amenazas medioambientales con las que nos enfrentamos son mucho menos claras.

El príncipe cita el informe de la Real Sociedad y la Academia de las Ciencias de los Estados Unidos para enfatizar la gravedad de nuestra situación ecológica, el primero en ser publicado conjuntamente por las dos sociedades científicas más importantes del mundo de habla inglesa:

> El futuro de nuestro planeta está en entredicho. El desarrollo sostenible puede alcanzarse, pero sólo si la degradación irreversible del medio ambiente es detenida a tiempo. La Real Sociedad y la Academia de las Ciencias de los Estados Unidos han expuesto con inteligencia sus razones para pensar de esta manera. Y cito de nuevo: «El consumo ilimitado de los recursos para la producción de energía y otros usos, especialmente si el mundo en vías de desarrollo se esfuerza por alcanzar unos niveles de vida basados en los mismos niveles de consumo que el mundo desarrollado, podría conducir a resultados catastróficos para el entorno global». ¿Qué podría ser más claro o tener más autoridad que esto? Ninguna de estas entidades es conocida por su tendencia a la exageración; más bien lo contrario. Esto hace mucho más asombroso el hecho de que tanta gente siga prefiriendo dar la espalda a las señales de agotamiento planetario, que a estas alturas son indiscutibles. Los temas que esto suscita jamás resultarán cómodos en las conversaciones amables e intrascendentes.

Dos de los temas clave –conectados entre sí– son el consumo de recursos y el crecimiento demográfico:

> Creo que debemos preguntarnos, en primer lugar, si podemos continuar ignorando la perspectiva de una virtual duplicación de la población mundial –en un número aproximado de diez mil millones [esta estimación ha disminuido desde entonces] para el año 2050–. Y, en segundo lugar, ¿podemos esperar alguna clase de seguridad auténtica al tiempo que la franja global entre los ricos y los pobres continúa ensanchándose? Si comparamos las rentas per cápita de Europa y China, o de la India, la proporción en 1890 era de 2:1. Para 1940, esa proporción era de 40:1; en la actualidad es de 70:1. Con estas estadísticas en la mente, ¿sorprende acaso que el "sur" aborde

la Conferencia de Río con claras demandas económicas? Para ellos, esta conferencia trata esencialmente del desarrollo y la justicia.

Yo no quiero añadir más a la controversia sobre causa y efecto con respecto a los problemas del Tercer Mundo. Baste decir que, en toda lógica, no veo cómo cualquier sociedad puede esperar mejorar su situación cuando el crecimiento de la población excede el crecimiento económico. Los factores que reducirán el crecimiento de la población están, a estas alturas, fácilmente identificados: un nivel de atención sanitaria que haga posible la planificación familiar, un aumento de la alfabetización de la mujer, una reducción de la mortalidad infantil y el acceso a agua potable. Alcanzar estas cosas, por supuesto, es más difícil, pero tal vez deberían escribirse dos simples verdades en grandes letras sobre los portales de todos los encuentros internacionales acerca del medio ambiente: no detendremos notablemente la tasa de la natalidad hasta que encontremos maneras de tratar con la pobreza. Y no protegeremos el medio ambiente hasta que no nos encaremos al mismo tiempo con los temas del crecimiento demográfico y la pobreza.

Gran parte de lo que el príncipe dice aquí podría haberse aplicado igualmente a la Conferencia de Johannesburgo que tuvo lugar diez años después. Prosiguió criticando a la Comisión por recomendar el crecimiento económico como panacea para los problemas del Tercer Mundo, comentando que esto bien puede ser incompatible con sus metas de sostenibilidad. Lo que es más, «el producto nacional bruto es sólo un indicador razonablemente bueno del nivel general de la actividad económica de una nación. Pero es un indicador completamente equívoco del bienestar nacional, por no hablar de la sostenibilidad. Está claro que necesitamos una cierta medida de "producto nacional bruto ecológico" que calcule el rendimiento de la nación después de deducir la depreciación del capital de la naturaleza». De hecho, se ha trabajado mucho en una nueva cualidad de los indicadores de vida en los últimos diez años, pero este trabajo aún debe tener sus efectos sobre la política imperante. La actitud del príncipe se basa en un concepto dual de la vocación de servicio:

> Para mí, la vocación de servicio opera a dos niveles: en primer lugar, en el de un buen cuidado de la propia casa: vivir frugalmente, ahorrar energía, reparar, reutilizar y reciclar, no necesitar a expensas de despilfarrar, aceptar la responsabilidad propia, etc.
>
> En segundo lugar, la vocación de servicio opera también a un nivel que reconoce que formamos parte del mundo viviente en la misma medida en que éste forma parte de nosotros. El buen servicio celebra la belleza y la diversidad del mundo natural. Nosotros, creo yo, no deberíamos limitarnos a "gestionar más eficazmente los recursos de la Tierra" (basándonos en una ética utilitaria tradicional), sino que deberíamos buscar vivir en equilibrio con el resto de la creación, incluso aunque no pudiéramos discernir ningún beneficio directo o inmediato para nosotros mismos en este proceso.

Esto requiere un nuevo cambio de nuestra manera de pensar en el que, como explica el ecólogo Lester Brown en su libro *Eco-economía*, la economía se convierta en una parte de la ecología en vez de al revés. El príncipe adopta el mismo punto de vista:

> Debemos, de hecho, volver a la naturaleza, no por medio del romanticismo, ni "tirando la toalla", ni "sentándonos debajo de un árbol", sino a través de la aplicación a la vez de la ciencia y la filosofía. Desde perspectivas muy diferentes, ambas disciplinas nos enseñan que la realidad del mundo natural dentro de la cual vivimos no es lineal, sino esencialmente circular. No hay tal cosa como el "desperdicio" ni siquiera la "contaminación" en la interacción natural entre las diferentes

especies dentro de sus propios ecosistemas. Aquellos que nosotros describimos tan despreciativamente como "primitivos" siguen comprendiendo esto y viviéndolo en la práctica. Mientras nosotros jugamos con diversas definiciones teóricas de la sostenibilidad de la economía ortodoxa actual –y de algunos modelos de progreso alternativos (aunque aún sin definir)–, sigue siendo una experiencia de humildad el hecho de encontrar sostenibilidad en acción entre las gentes de las tribus, sin grandes fanfarrias y sin la ayuda de voluminosos informes.

Una vez más (y digo esto para disuadir a aquellos que podrían inclinarse a interpretar equivocadamente mi respeto por la sabiduría tradicional y el sentido de servicio de las poblaciones tribales), no estoy abogando por un retorno en masa a la sociedad cazadora-recolectora. Pero el auténtico desafío, en mi opinión, es encontrar la combinación adecuada de los sistemas dinámicos occidentales en toda su utilidad lineal y la cualidad circular del mundo natural. Combinar, efectivamente, la ciencia moderna con la sabiduría tradicional.

Este párrafo es otro ejemplo de la filosofía integrada del príncipe, mientras que muchos de sus críticos permanecen aferrados a un sistema en el que se debe elegir entre una cosa y la otra, y asumen que él es hostil a la ciencia simplemente debido a sus críticas del materialismo científico. El príncipe es lo suficientemente sensible como para pensar en soluciones apropiadas a las condiciones locales:

Trágicamente, muchas de las llamadas "soluciones" a los problemas medioambientales no llegan a dar fruto porque no alcanzan a reconocer la naturaleza de las sociedades que las han puesto en efecto. A menos que exista un análisis realmente crítico de los papeles de los diferentes componentes de estas sociedades –mujeres además de hombres, jóvenes además de ancianos–, se corre el gran riesgo de que las propuestas sean impracticables, los proyectos de asistencia para el desarrollo se harán a una escala equivocada y las comunidades se quedarán con una tecnología impuesta e inapropiada que no serán capaces de operar.

En el sur de la India, donde estuve en febrero, el simple hecho de otorgar a la gente tenencia de la tierra en la que trabajan de sol a sol, y acceso seguro al agua, no sólo ha transformado la calidad de sus vidas, sino que también les proporciona un incentivo para rehabilitar el medio ambiente. Esta sencilla fórmula de cubrir las necesidades básicas, dar poder a las comunidades y cuidar del entorno –cuidado medioambiental primario– no sólo funciona; es donde comienza la solución de todo lo demás. El medio ambiente, al igual que la caridad, realmente empieza por casa. Puede que las cosas estén comenzando a mejorar, pero el mundo está ya sembrado de excavadoras enmohecidas e implementos agrícolas mecanizados, pagados por las ayudas en favor del desarrollo y no obstante inoperables bajo las circunstancias de la vida en las comunidades rurales. Empezar con la gente, analizar sus necesidades, tener en cuenta su cultura y sus prácticas tradicionales, asegurarse de que los roles de todos los sectores de la comunidad son comprendidos y, sobre todo, pedir a la gente que concrete sus metas propias, locales y medioambientales son todos requisitos para llegar a soluciones satisfactorias.

Diciendo que «su Comisión también señaló la importancia crucial de la democracia y la participación individual para alcanzar un mundo más sostenible», el príncipe hace notar los cambios trascendentales que tuvieron lugar en Europa del Este en 1989. También se siente alentado por el hecho de que el gobierno británico esté a la cabeza en «establecer un vínculo mucho más explícito entre los flujos de ayuda económica, el establecimiento y mantenimiento de la democracia y el acatamiento de las convenciones internacionales sobre los derechos humanos». Y añade que «a menos que el espíritu humano empiece por ser liberado, la protección y el desarrollo medioambientales sólo seguirán siendo un sueño para muchos». El énfasis aquí semeja a lo que declaró el propio Gro

Harlem Brundtland: medio ambiente, más desarrollo, más democracia.

La Cumbre de la Tierra llegó y pasó, del mismo modo que la Conferencia de Johannesburgo en 2002. Para 1995 el proceso de Agenda Local 21 estaba ya muy avanzado y tuvo lugar una conferencia en Londres en marzo para calibrar los resultados, con ponentes que incluían al secretario de Estado para el Medio Ambiente y a Jonathon Porritt. El príncipe recordó a la audiencia que Agenda Local 21 es la nueva agenda para el desarrollo sostenible que busca integrar factores medioambientales, económicos y sociales con un alto consenso de la comunidad. Atribuyó su éxito al hecho de que ésta abarca muchas cosas en las que la gente –los individuos– cree firmemente. Es un proceso planificado y democrático que implica a toda la comunidad. Trata de mejorar la calidad de vida de todos, pero dentro de las limitaciones a las que obliga el entorno natural. Considera a los gobiernos locales como servidores del entorno local (con responsabilidades no sólo en lo que respecta a la planificación del uso de la tierra, la gestión de las zonas abiertas y la protección medioambiental, sino también al desarrollo económico local y los temas sociales). Integra el compromiso con el entorno local con el desarrollo económico local y con la asistencia social local.

El príncipe ofreció dos razones de por qué pone tanto énfasis en la dimensión local:

> En primer lugar, porque en un mundo cada vez más cosmopolita, en el que tanto se habla de cosas como la aldea global, las superautopistas de la información e Internet, merece la pena recordar que en este país dos tercios de la población aún siguen viviendo a cinco millas de su lugar de nacimiento. Y, en segundo lugar, porque el hecho de aplicar políticas –ya sean elaboradas en Río, en Whitehall, en Bruselas o en Ginebra– locales es tal vez la prueba definitiva de si éstas pueden efectivamente ser operativas o no.

Esto significa también adoptar una perspectiva a largo plazo de los recursos disponibles en la localidad y en general tomarse en serio las limitaciones medioambientales:

> En el pasado, las principales limitaciones de nuestros actos eran de carácter tecnológico, económico o intelectual. Ahora, y en el futuro, si vamos a comportarnos responsablemente con las generaciones venideras –dejándoles abiertas el máximo número de opciones–, creo que esas limitaciones serán cada vez más de carácter medioambiental.

La seguridad medioambiental y el principio de precaución

> *La insistencia en una certeza absoluta en cuanto a todos los detalles del recalentamiento global –la amenaza más grave con la que hemos tenido que enfrentarnos– es en realidad un esfuerzo para evitar enfrentarse a la incómoda, terrible verdad: la de que debemos actuar valiente, decisiva, comprehensiva y rápidamente aun antes de conocer hasta el último detalle de la crisis. Aquellos que siguen argumentando que la respuesta apropiada es simplemente nuevas investigaciones están intentando camuflar la timidez o proteger sus intereses establecidos en el* statu quo.

AL GORE

La conferencia del príncipe de Gales ante la Comisión Mundial sobre Medio Ambiente y Desarrollo apareció en un libro titulado *Threats without Enemies*, publicado por el profesor Gwyn Prins, director del Programa de Seguridad Global de la Universidad de Cambridge. Esta obra lleva como subtítulo «Enfrentándose a la inseguridad medioambiental» y contiene ponderados ensayos de un número de personajes científicos, militares y políticos clave. Durante muchos años la guerra fría dio a Occidente un contexto de seguridad con sus arsenales nucleares que se apoyaban en una política de disuasión que implicaba la destrucción mutuamente asegurada. Todo esto cambió a partir de 1989 y dejó una especie de vacío en la política exterior de los Estados Unidos, que tuvo que ser formulada sin referencia a un enemigo específico. El 11 de septiembre de 2001 el terrorismo global se convirtió en la principal amenaza a la seguridad, y ello redefinió la política exterior y de defensa de los Estados Unidos y sus consecuentes gastos militares. Esto significa que los asuntos medioambientales vuelven a pasar en gran medida a segundo plano... De hecho, es sólo el interés del público lo que puede devolverlos al punto de mira bajo el escenario en el que "las cosas siguen sin cambios".

Sin embargo, en un sentido más amplio, los problemas de inseguridad medioambiental no sólo no han desaparecido (a pesar del alivio que provocó en los gobiernos el libro de Bjorn Lomborg *El ecologista escéptico*), sino que lo más seguro es que se intensifiquen. Como dice el profesor Prins:

> La inseguridad medioambiental es un abanico de cosas en el aquí y ahora. Es la pauta de tormentas cada vez más intensas en el pasado más reciente. Es la desaparición de los bosques pluviales. Es el agujero en la capa de ozono. Es la promesa de cada vez más de lo mismo, tal vez más, o peor: calentamiento de la tierra incontrolable, pérdidas de biodiversidad más allá de lo irrecuperable, una población humana insosteniblemente numerosa y necesitada de recursos.
>
> La seguridad medioambiental *no* es, por lo tanto, algo en el aquí y ahora. Es una meta. Significa poner coto a las tendencias que favorecen los cambios climáticos. Significa definir y practicar el desarrollo sostenible. En un sentido crítico, significa modificar las teorías y las prácticas convencionales contemporáneas para hacer esto posible.

Esto es pedir mucho, como explica el propio Prins. No obstante, hay puntos clave en términos de conflictos de recursos a los que dirigirse, por ejemplo el agua y la contaminación transnacional. Naturalmente, estos asuntos son tratados con carácter de confrontación, lo que impide centrarse en el tema subyacente de la diferencia entre la lógica lineal humana y la lógica circular o cíclica de la naturaleza, como el príncipe explica más arriba.

El príncipe volvió a este mismo asunto de la seguridad global en una conferencia en la Universidad de Cambridge para señalar la publicación del libro de Gwyn Prins. Los fines declarados del Instituto de la Seguridad Global de Gwyn Prins son la vocación de servicio, la sostenibilidad y la supervivencia, todos ellos temas cercanos al corazón del príncipe:

> Supongo que a lo que quiero llegar aquí es a que la seguridad empieza por casa y, cuando tenemos suerte, ésta se extiende en una cadena ininterrumpida desde los intereses individuales hasta la clase de intereses a los que se dirigía la Cumbre de la Tierra. Es totalmente natural que las cosas que nos tocan más de cerca nos interesen más que las que suceden en países y horizontes lejanos.
>
> Es posible que una de las contribuciones más útiles que pueda hacer la emergente disciplina de la seguridad global sea la de ampliar nuestra comprensión de la seguridad adoptando interpretaciones más amplias y no-militares (la seguridad social, económica y política), y enfatizando los distintos niveles en los que la seguridad deja de ser una abstracción y se convierte en una dura realidad para las personas en su vida cotidiana, en sus comunidades y en sus lugares de trabajo.

El sentido de la seguridad personal empieza en casa y en el trabajo, lo que «significa mucho más para la gente que el hecho relativamente directo de recibir un salario a cambio de trabajo. La seguridad, la dignidad, el propósito, la satisfacción, la buena convivencia, el estatus, el servicio a los demás, la confianza, la solidaridad, la variedad... En una sociedad industrial, algunos o todos estos beneficios psicológicos se obtienen principalmente a través de los empleos que tiene la gente o del trabajo que hacen, ya sea éste retribuido o no». Por ello, el desempleo puede sabotear radicalmente esta seguridad. El príncipe pregunta:

> ¿Cómo vamos pues a organizar las cosas para conferir a todos un sentido del lugar que ocupan en el mundo, respeto por sí mismos y el sentido de seguridad personal que proporciona el hecho de tener un trabajo? Actualmente vivimos en una sociedad en la que algunos gozan de pleno empleo y otros están totalmente en paro. A la larga, ¿no deberíamos tal vez intentar no pensar en esos términos? ¿No deberíamos examinar maneras de asegurarnos de que todas las personas (pero particularmente los jóvenes) tengan oportunidad de servir a otros y a la comunidad mejorando de ese modo sus propias perspectivas a través del trabajo que hacen?

Éstos son precisamente los objetivos finales del *Prince's Trust*, que será descrito en los próximos capítulos. Todo este trabajo tiene lugar dentro de la comunidad, lo cual representa otro nivel de seguridad y estabilidad. Volviendo al tema principal, el príncipe recuerda a sus oyentes que la pobreza y la contaminación son también amenazas para la seguridad:

> El servicio, la sostenibilidad y la supervivencia: éstas son metas tanto de la seguridad nacional como de la seguridad mundial. El desarrollo sostenible no es una doctrina que pueda ser abrazada aisladamente. Sólo cuando las metas nacionales en favor de un desarrollo sostenible pueden ser alcanzadas en colaboración con otras naciones seremos capaces de anticipar un futuro que no esté sembrado de disputas cada vez más agrias acerca de aquellos recursos naturales que definen y limitan la sostenibilidad.

El príncipe señaló un número de específicas amenazas a la seguridad, empezando por la escasez de agua. Él dice con razón que la demanda seguirá creciendo a la par que la escasez será cada vez mayor. Ríos como el Ganges, el Nilo, el Jordán y el Colorado fluyen a través de más de un país, haciendo posible que el país que está corriente arriba extraiga más agua de lo que le corresponde. A la luz de la complejidad y la multiplicidad de las amenazas estratégicas que suponen el medio ambiente y el desarrollo, el príncipe aboga por adoptar el principio de precaución, un baluarte de la defensa de la posguerra: «En asuntos militares, la política ha estado basada desde hace mucho tiempo en la idea de que debemos estar preparados para el peor de los casos. ¿Por qué tendría esto que ser diferente cuando se trata de la seguridad del planeta y de nuestro futuro a largo plazo?». Él no es optimista, sin embargo, con respecto a que las instituciones existentes estén a la altura de la tarea. Tampoco es una tarea fácil, como las metafóricas ranas acaban descubriendo cuando el agua está demasiado caliente para que puedan escapar:

> Una dificultad en particular es la de que muchas de estas amenazas no-militares son insidiosas, se nos presentan poco a poco y son difíciles de reconocer. Nuestras reacciones, incluso en circunstancias favorables, es probable que lleguen demasiado tarde. A menudo resultarán también inadecuadas. Es muy posible que pasemos el punto de peligro antes de reaccionar. En esto tal vez deberíamos aprender una lección de los estrategas militares, que prestan gran atención a los indicadores y a las advertencias; me refiero a los indicadores y advertencias de las intenciones de un enemigo potencial. Veo grandes ventajas en el hecho de que se preste una atención internacional coordinada a los indicadores y las advertencias de los problemas medioambientales, las disputas acerca de los recursos y las dificultades locales que pudieran surgir.

Un libro reciente que trata detalladamente del principio de precaución habla de «lecciones tardías derivadas de advertencias tempranas, catalogando una serie de situaciones como las de las pesquerías, el asbesto, la contaminación química de los Grandes Lagos y la encefalopatía espongiforme bovina, en las que las señales tempranas fueron ignoradas... y por las que pagamos más tarde». Esto significa poder responder no sólo a la incertidumbre científica sino también a la ignorancia, y formular opciones de actuación apropiadas. Esto es más fácil de decir que de hacer, especialmente bajo las presiones de los *lobbies* que tienen intereses invertidos en ciertos resultados en particular. Así, el príncipe considera que el desafío específico es:

> Salvar la distancia que existe entre la crisis de gestión actual y los desastres ecológicos inminentes del mañana. Cuando cada vez menos gente en el mundo en vías de desarrollo puede obtener la energía suficiente para cubrir sus necesidades básicas, es fácil comprender por qué los horrores todavía hipotéticos de un cambio de clima a largo plazo no ejercen una influencia importante. Pero tanto los gobiernos como las organizaciones no gubernamentales pueden poner esas eventualidades a largo plazo en el primer plano de las realidades presentes, a través de programas específicos para eliminar la escasez de energía, de la introducción de nuevos instrumentos e incentivos de mercado para promover la eficacia de la energía, de medidas activas (como está ocurriendo aquí en Cambridge) para propiciar el uso de la bicicleta y los paseos, y para mejorar el transporte público. La lista es interminable. ¡Y los beneficios a corto plazo para la comunidad local no son insignificantes!

En este contexto podría crearse un nuevo lema: «Además de pensar globalmente, actúe localmente». Pero también, «Proteja el mañana, actúe hoy». El príncipe teme que es posible que haga falta una catástrofe para que recuperemos colectivamente nuestros sentidos, pero «¿no tenemos la obligación de minimizar la probabilidad de tan amarga eventualidad tratando esas amenazas aplicando políticas que tengan sentido para las gentes de hoy?». En una nota más positiva continúa diciendo que «todos estamos aprendiendo poco a poco a modificar el interés propio a corto plazo (lo cual es muy probable que siga siendo la mezcla política más explosiva durante los próximos años) para adaptarlo a un sistema de servicio y derechos y obligaciones de ciudadanía recíprocos en un planeta finito». Y concluye que:

> No hay trucos fáciles para los problemas con los que nos enfrentamos, y la tecnología por sí sola ciertamente no bastará. De alguna manera hemos de encontrar la sabiduría, el coraje, el control y la humildad para hacer frente a las realidades fundamentales que supone el hecho de vivir en un planeta finito. Desarrollar una visión más clara de cómo podemos hacerlo requerirá nuevos niveles de apertura y creatividad, utilizando todos los recursos intelectuales y filosóficos que estén a nuestro alcance. La disciplina de la seguridad global, con su enfoque clarividente en la vocación de servicio, la sostenibilidad y la supervivencia, interpretada en un espíritu de idealismo práctico, tiene una enorme contribución que hacer a este proceso.

El príncipe trata de forma general un amplio panorama de temas medioambientales en sus discursos sobre estas cuestiones, pero también se ha ocupado de temas más específicos en un buen número de ocasiones, y en ellos vamos a centrarnos a continuación.

Los bosques pluviales y la madera

> *La naturaleza depende de los ciclos para mantener la vida. En la naturaleza no hay flujos lineales, ni situaciones en las que la materia en bruto entra por un lado y sale como desperdicio por el otro. En la naturaleza, los desechos de un organismo son el sustento de otro. Los nutrientes se reciclan continuamente. Este sistema funciona. Nuestro desafío es el de emularlo en el diseño de la economía.*
>
> LESTER BROWN

El discurso más importante del príncipe sobre este tema fue leído en 1990 en Kew Gardens para Los Amigos de la Tierra. Desde entonces él no sólo ha mantenido un interés activo en este tema, sino que ha implementado una política de forestación sostenible en los bosques del ducado de Cornwall. Él mismo dice desde el principio que hay probablemente pocas cosas nuevas que decir acerca de los bosques pluviales, pero que éste sigue siendo no obstante un asunto crítico del cual todos deberíamos ser conscientes. Y es además una cuestión de la que el mundo industrial debe hacerse en gran parte responsable, dado que éste ha instigado la mayoría de los proyectos madereros, habiendo agotado sus propios bosques hace siglos. Es necesario recordar que los bosques tropicales son en realidad los atributos naturales de otros países.

Demostrar nuestra preocupación por sus problemas debe hacerse de modo que mostremos al mismo tiempo respeto por su soberanía y comprensión de sus necesidades. También debemos examinar nuestras conciencias. Hablamos de la necesidad de evitar daños irreversibles a los hábitats frágiles y del requerimiento de proteger los menguantes recursos no renovables. Pero ¿qué ocurre con la reforestación desacertada en Flow, Escocia, y la extracción de turba a gran escala y altamente mecanizada? Si se va a llevar a cabo una explotación, esto sin duda alguna debería hacerse de un modo más tradicional, en vez de utilizar métodos tan radicalmente inapropiados. A mí me parece importante que cualquier discusión sobre los bosques tropicales empiece por considerar a las personas que dependen de ellos directamente para su subsistencia. Esto incluye tanto a los indígenas como a los pobladores relativamente más recientes, pero el foco de atención más importante debería ser las tribus para las que la selva tropical ha sido su hogar durante muchas generaciones. Su historia ha sido contada muchas veces, y todos deberíamos sentirnos profundamente avergonzados por ella.

La deforestación, mantiene el príncipe, afecta a las personas de forma diferente. Primero, a los habitantes de los bosques mismos; luego, a otros habitantes del país a través del cambio de clima local, y, finalmente, al resto de nosotros por el impacto más amplio en la alteración del clima. El siguiente aspecto es la extinción de las especies, siendo su causa principal la deforestación. Se calcula que diez millones de ellas se perderán en el próximo medio siglo. Esto tiene un considerable impacto potencial en los campos de la medicina y la agricultura. Como ejemplo, el príncipe cita que:

> [...] los genes del arroz salvaje ayudaban a combatir una nueva enfermedad que estaba amenazando con acabar con la mayor parte de los cultivos de arroz en Asia. Ocurrió que esa planta salvadora fue encontrada en los bosques del Valle Silencioso en la India, el cual a su vez sólo fue salvado por la intervención de los activistas medioambientales cuyas actuaciones son tan a menudo desdeñadas por aquellos que no comparten su insistente compromiso [...].
> Realmente parece extraordinario que estemos destruyendo nuestra herencia genética precisamente en el momento en el que más la necesitamos, y cuando los adelantos en ciencia y tecnología nos proporcionan herramientas precisas y sofisticadas para desvelar algunos de los secretos de la naturaleza

en beneficio de la medicina, la nutrición y la industria. ¿Qué justificación posible puede tener el hecho de despojar sistemáticamente a las generaciones venideras de sus opciones de un modo que desafía incluso la lógica económica más convencional?

Volviendo a las causas de la deforestación, el príncipe identifica un conjunto de factores: la pobreza de la gente que vive alrededor de las selvas tropicales en los países en vías de desarrollo; las presiones del aumento de la población; las industrias madereras y ganaderas y, principalmente, la deforestación de terrenos con fines agrícolas. Esto se suele conseguir a través de la tala y la quema, un método que en sí mismo exacerba el efecto invernadero, añadiendo un promedio anual de 1,4 billones de toneladas de dióxido de carbono a la atmósfera. Y a pesar del hecho de que dos nuevas organizaciones internacionales –*International Tropical Timber Organization* (ITTO) [Organización Internacional para la Madera Tropical] y *Tropical Forest Action Plan* (TFAP) [Plan de Acción para los Bosques Tropicales]– han sido establecidas en los últimos ocho años para afrontar los problemas forestales, el príncipe observa que «de hecho la deforestación ha aumentado masivamente durante el tiempo en que estas organizaciones han estado funcionando». De ahí su sugerencia de «un acuerdo o convención internacional sobre los bosques tropicales del mundo».

El príncipe propone que las metas de una Convención sobre los Bosques Pluviales sean las siguientes:

*   Establecer medidas racionales para el uso sostenible.
*   Mantener procesos ecológicos y físicos esenciales para conservar los climas locales, regionales y globales.
*   Mantener un máximo de diversidad biológica.
*   Establecer los derechos fundamentales de los habitantes de los bosques; metas para la reforestación.

- Establecer mecanismos de compensación para los países que sufren pérdidas económicas controlando la destrucción de sus bosques.
- Establecer mecanismos de fondos para afrontar los gastos de tales compensaciones.

El príncipe reconoce que éste es un "desafío inmenso", pero cree que «no podemos limitarnos a seguir hablando acerca de las necesidades de proteger las selvas tropicales del mundo y no crear la clase de instituciones y mecanismos que efectivamente hagan eso posible». Él no es, sin embargo, optimista acerca de las perspectivas de frenar el flujo de los llamados "cultivadores cambiados de sitio" a los bosques, especialmente dadas las presiones de las deudas de servicio que implican una transferencia de recursos del Norte al Sur a escala masiva. Una vez más, la gestión de las selvas y bosques debe realizarse de forma sostenible y no consumiendo los irreemplazables recursos de capital.

Su visita a Indonesia había proporcionado al príncipe experiencia de primera mano, pero le consternó descubrir que la educación relativa a la gestión forestal seguía centrada en obtener el máximo rendimiento económico en el tiempo más corto posible. De hecho, el gobierno británico lanzó un plan forestal a través de la *Overseas Development Agency* [Agencia de Desarrollo en Ultramar] en 1988 y, en la época de ese discurso en 1990, estaba financiando 115 proyectos y preparando otros 50, a un coste total de 145 millones de libras. Dado que incluso los tipos de extracción de madera más selectivos y sensitivos son insostenibles, el príncipe sugiere que «con las selvas y bosques tropicales en tal riesgo, me parecería eminentemente sensato trabajar en favor de restringir la extracción de madera a los bosques secundarios, a aquellos bosques que ya han sido talados. Podríamos así planificar que las futuras necesidades madereras sean satisfechas por las plantaciones de madera dura establecidas en las vastas zonas de tierras previamente degradadas». El príncipe reconoce la fuerza de las consideraciones económicas, pero observa que incluso la economía convencional apoya el uso sostenible por encima de la destrucción sin paliativos. No obstante, admite que la demanda de madera dura es internacional y por tanto proporciona un valioso intercambio entre diversos países, lo cual no es el caso de otros productos alternativos a la madera.

El camino que debemos seguir, sugiere el príncipe, es el de descubrir qué es lo que permitirá la naturaleza, y trabajar dentro de esas limitaciones. Cita una desastrosa aventura de Henry Ford –Fordlandia, en Brasil– como anécdota precautoria:

> En este caso la energía emprendedora de la industria americana, ayudada por un sinfín de concesiones del gobierno de Brasil, fue incapaz de establecer una plantación de caucho viable debido a un descuido con respecto a ciertas normas muy básicas de la naturaleza. En 1927 Ford se hizo con el control de lo que fue descrito como "una meseta ondulada y fértil cubierta de altos y hermosos árboles". Para 1929 ya había deforestado cerca de 1.500 acres, pero el proyecto fracasó porque las semillas no progresaban. El problema principal era que el *Hevea brasiliensis*, cuyo látex proporciona la materia en bruto del caucho, fue atacado por un hongo del enmohecimiento de las hojas. Esto no es un problema serio cuando los árboles crecen aisladamente en la selva, pero se extiende con efectos devastadores cuando éstos se plantan como monocultivo.

Esto nos proporciona una lección importante, que ha sido recogida en los años que siguieron a este discurso; una lección que también ayuda a mantener la biodiversidad vital:

> La importancia de trabajar con grupos tribales indígenas, y de respetarlos por sus amplios conocimientos y experien-

cia de la selva. Muchas generaciones de observación y práctica de ensayo y error han agudizado su juicio en un proceso tan riguroso como el de cualquier prueba de laboratorio. Como resultado, las gentes del lugar a menudo poseen percepciones más afinadas del intrincado equilibrio de los bosques, y saben cómo explotar a la vez que sustentar esa armonía, mucho más que los expertos recién llegados. Y sin embargo las comunidades locales a menudo han sido ignoradas. Y sugeriría que, sistemáticamente, deberíamos propiciar los esfuerzos por salvaguardar las selvas desde el principio mismo del proceso de planificación.

Después de algunos ejemplos concretos de acuerdos para devolver tierras a los indígenas, el príncipe concluye con una serie de recomendaciones en relación con la política que se debe seguir: «Evitar comprar productos de madera dura tropical a menos que sepamos que proceden de "bosques sosteniblemente gestionados"», aunque aquí pueden presentarse problemas de etiquetaje. Él mismo había empezado (y ha seguido haciéndolo) por plantar maderas duras para la fabricación de muebles dentro de setenta años. Sugiere que la utilización de maderas duras tropicales en el entorno construido sea minimizada, al menos hasta la introducción de un plan de etiquetaje adecuado para la sostenibilidad. Lo que es más importante, «debemos encontrar una manera de hacer algo acerca del gravamen de la deuda internacional. Realmente no veo cómo puede esperarse que los países en vías de desarrollo alcancen un desarrollo sostenible y al mismo tiempo cumplan con enormes devoluciones de deudas contraídas».

El príncipe nos recuerda que la noción tribal de "gestión" y servicio es muy diferente de la nuestra, al mismo tiempo que nos advierte que no debemos tratarla con condescendencia o tildarla de romántica. Insiste en la necesidad de una filosofía menos arrogante y centrada en el hombre, y en un desarrollo que respete el entorno natural, urgiéndonos, como hacen algunas tribus, a considerar los efectos de nuestros actos en nuestra séptima generación.

El príncipe volvió a los temas de la madera y la forestación en un discurso que pronunció durante el seminario sobre la madera del *World Wildlife Fund* (WWF) [Fondo para la Protección de la Vida Salvaje en el Mundo] en 1994, subrayando que el panorama de los trópicos sólo había cambiado muy ligeramente en el período intermedio, y que en algunos lugares como Nigeria la situación se había deteriorado tanto que este país era ahora un neto importador de madera cuando antaño había sido uno de los principales exportadores. Sin embargo, el movimiento medioambiental había logrado despertar la conciencia pública de la deforestación tropical y no cree en las manifestaciones de seguridad de los productores. No obstante, se habían establecido algunas metas específicas, por ejemplo la meta del World Wildlife Fund para 1995 de que «toda la madera y los productos madereros de todos los bosques debían estar basados en fuentes sostenibles para finales de 1995». El príncipe informó de que veinticuatro compañías habían respondido al desafío, pero que seguía sin haber un plan de certificación internacional creíble, como él mismo había recomendado en su discurso de 1990. De modo que aconsejó un plan voluntario según el cual se añade valor a la madera de la que se puede certificar que procede de una fuente sostenible.

Desde entonces la *Soil Association* [Asociación del Suelo] ha hecho progresos considerables en el tema de las certificaciones, y el príncipe mismo dijo les había pedido que inspeccionaran y, con suerte, certificaran los bosques del ducado de Cornwall cercanos a Liskeard, de modo que «se les ha pedido a los proveedores de madera de la Casa Real que proporcionen sólo madera que proceda de fuentes sostenibles independientemente certificadas después del plazo de 1995». El camino que hay que seguir debe incluir asociaciones entre gobiernos e industrias, más presiones por parte de los consumidores requiriendo un etiquetaje de sostenibilidad y, lo que es más importante, una acción y un compromiso personales por parte de todos los individuos.

El agua y los mares

> *Es una situación curiosa la de que el mar, donde por primera vez empezó la vida, se vea ahora amenazado por las actividades de una forma de esa vida. Pero el mar, aunque cambiado de un modo siniestro, continuará existiendo; la amenaza es más bien a la vida misma.*
>
> RACHEL CARSON

El príncipe de Gales trata los temas clave de la sostenibilidad y la administración del agua potable y de la la vida en los océanos. En un discurso pronunciado en el *Institute of Water and Environmental Management* [Instituto de la Gestión del Agua y el Medio Ambiente] en 1990, apeló a soluciones a largo plazo a los problemas de la sobreexplotación y la contaminación, y al equilibrio entre la oferta y la demanda tanto dentro de la industria como entre los consumidores. Asimismo criticó los planes que «reflejan no sólo los costes de proporcionar unos recursos escasos, sino también el daño que se le está haciendo al medio ambiente». El príncipe nos recuerda que la administración del agua también implica un buen sistema de alcantarillado. El núcleo de su mensaje se traduce en una obligación para todas las generaciones:

> Yo creo que el objeto de nuestra vocación de servicio debería ser el de proporcionar a las futuras generaciones recursos de agua que como mínimo les permitan disfrutar de todos los usos y beneficios que tenemos actualmente. No podemos predecir cuáles serán sus requerimientos precisos. Es posible que tengan muchas más necesidades que nosotros, o que las nue-

vas tecnologías les permitan existir con una calidad de agua menos alta de la que necesitamos hoy en día. Pero sí creo que ciertos aspectos de la naturaleza humana no cambian, y que ellos, como nosotros, considerarán que un abundante abastecimiento de agua potable aportará una buena contribución a su calidad de vida. Querrán playas saneadas, ríos y lagos limpios en los que pescar, navegar o junto a los cuales pasear, con una amplia variedad de hábitats acuáticos sanos, además de cantidades abundantes de agua potable fluyendo de los grifos. Una clara meta que ha de imponerse nuestra generación es la de encontrar la manera de legar al menos la misma cantidad, calidad y variedad de recursos de agua que nosotros mismos disfrutamos. Y hacer todo lo posible para mejorar las cosas. Si cada generación sucesiva puede marcarse la misma meta, realmente estaremos en camino de obtener un uso sostenible del agua.

El príncipe cree que «esta clase de actitud, en la que todos los usuarios tienen que equilibrar sus requerimientos de agua frente a los costes de satisfacerlos, es la sostenibilidad en acción. Y si somos consecuentes acerca de nuestro papel como servidores, cuanto antes nos acostumbremos a pensar de esta manera, mejor. Entre los problemas crónicos que necesitamos abordar están los de la limpieza del agua subterránea, los efectos de la lluvia ácida, el baño en las playas y la contaminación agrícola que resulta de las prácticas agrícolas intensivas, de las que el ducado de Cornwall tiene una experiencia directa, habiéndose visto implicado en más de cuarenta proyectos de prevención de contaminación en los últimos diez años».

El príncipe se ha interesado activamente en la calidad del entorno marino durante muchos años. En la Conferencia del Mar del Norte, en noviembre de 1987, hizo un sentido alegato en favor de la disminución del vertido de desperdicios tóxicos en el mar, «al que hemos tratado como un vertedero». Aquí de nuevo aboga por medidas de precaución contra aquellos que «argumentan que no tenemos pruebas suficientes de peligro para justificar controles más estrictos de los vertidos o para garantizar los gastos extra que esto implicaría. Ellos dicen que debemos esperar a que la ciencia proporcione esas pruebas. Sin embargo, si la ciencia nos ha enseñado algo es que el entorno está lleno de incertidumbres. No tiene sentido ponerlo a prueba hasta destruirlo. Mientras esperamos el diagnóstico del médico, ¡es muy posible que el paciente muera! Sólo una acción conjunta puede ser efectiva y, dado que el mar es parte de nuestra propiedad global común, a todos nos interesa preservarlo para el futuro».

Un tema crítico y que va más allá es la insostenibilidad de nuestras prácticas pesqueras actuales y las amenazas relacionadas con éstas que los nuevos métodos significan para las especies marinas, incluido el albatros. El argumento básico es éste: «¿Podemos encontrar la combinación necesaria de conocimientos científicos y tradicionales, habilidad técnica, posibilidad de gestión, presión por parte de los consumidores y voluntad política para devolver a las pesquerías del mundo, aunque sea gradualmente, a la sostenibilidad?». En lo que respecta a la situación en general, destacada por primera vez por Rachel Carson en 1950, el príncipe no se hace ilusiones:

> Aquí hay también un tema de carácter más general, que es el de que nuestros cuidados de los océanos del mundo han sido verdaderamente desastrosos. Los hemos contaminado, los hemos utilizado como vertederos para toda clase de desperdicios y hemos explotado la mayor parte de sus reservas de peces más allá del punto en el que éstos pueden mantener su número. Lamentablemente, en el mar, demasiado a menudo se cumple el dicho «Ojos que no ven, corazón que no siente».

Nuestra "solución", disminuyendo las reservas de pesca, ha sido risible, por no decir algo peor. Primero, un número de barcos de pesca cada vez mayor, que pasan más tiempo en el mar y que utilizan equipos cada vez más poderosos. Segundo, pescar "especies de la base de la cadena alimentaria", cada vez más pequeñas, hasta el punto de que algunos incluso han propuesto pescar plancton (no, no es una broma). Y tercero, viveros, que en muchos casos sólo han exacerbado los problemas, quitándoles el alimento a las reservas naturales y causando multitud de nuevas formas de contaminación.

En otra ocasión el príncipe declaró que «se podría hacer más para limitar el uso de excesiva tecnología en la pesca, dando más protagonismo a pesquerías de menor escala y a las comunidades costeras a las que éstas sustentan». Un prominente científico escandinavo desechó una vez esta opinión diciendo que era como "querer volver a atrasar el reloj" y totalmente ineficiente, a lo que el príncipe respondió: «Si la alternativa es la sobreexplotación de nuestros mares, el colapso de las reservas pesqueras, un ecosistema marino devastado y el desempleo local, valdría la pena tener en cuenta una cierta "ineficiencia" siempre que no comprometa la seguridad en el mar». El príncipe sugiere que el principio de zonas medioambientalmente sensibles podría aplicarse asimismo al mar con el concepto de zonas marinas altamente protegidas que ahora está sobre la mesa.

Para demostrar la conexión vital que existe entre las especies, el príncipe menciona la pesca ilegal de la merluza negra de la Patagonia o del róbalo antártico, que constituyen el alimento básico del albatros. No sólo se ve amenazado éste, sino también la misma merluza negra de la Patagonia. Buques pirata que operan bajo banderas "de conveniencia" dan cuenta de hasta una cuarta parte de la pesca mundial, según un informe de las Naciones Unidas. Cada año se introducen de contrabando miles de toneladas de este pescado en particular. La merluza negra de la Patagonia vive hasta los cincuenta años y le lleva diez años alcanzar la capacidad de procrear; actualmente se la pesca a un ritmo que, de continuar, la llevará a su extinción. Si alguien se pregunta por qué este pez es perseguido de esta manera, la respuesta es:

El príncipe radical

[...] simplemente que todas las pesquerías más accesibles han sido en su mayor parte arruinadas. Se estima que el 60% de las pesquerías del mundo están ahora totalmente explotadas o sobreexplotadas. Las famosas pesquerías de bacalao de los grandes bancos junto a la costa de Terranova fueron cerradas en 1992 para permitir que las reservas se recuperasen, y cuarenta mil personas perdieron sus empleos. Ocho años más tarde sigue sin haber signos de recuperación. Los científicos sugieren ahora que las pesquerías del mar de Irlanda y del mar del Norte podrían estar al borde de un colapso semejante.

Desde este discurso, la Unión Europea ha impuesto severas pero impopulares restricciones, y se llegó a un acuerdo sobre las reservas pesqueras sostenibles en Johannesburgo, pero con un plazo de trece años, durante el cual la pesca ilegal seguirá sin duda alguna sin interrupción. Además, como ha observado el príncipe, ahora hemos puesto nuestras miras en las anguilas de la arena del mar del Norte, que se encuentran en la base de la cadena alimentaria. Y a pesar de que su total de pesca permitido en 2004 es de 826.000 toneladas, las flotas sólo pudieron pescar 300.000 toneladas en 2003, sencillamente porque no había bastantes. Esta escasez de las anguilas de la arena tiene graves efectos en las poblaciones de aves marinas, particularmente sobre una especie de gaviota en lugares como Shetland. Existe, sin embargo, cierta esperanza de que se ejerzan presiones por parte de los consumidores en relación con el establecimiento del plan de etiquetaje para los productos marinos sosteniblemente producidos del *Marine Stewardship Council* [Consejo para la Protección Marina]. El príncipe ha sido un arduo defensor del trabajo por el MSC y ha hecho varios discursos en su nombre a lo largo del año pasado. Ahora hay 200 productos certificados por el MSC en venta en catorce países.

La compañía del príncipe Duchy Originals ha seguido las normas del MSC con su paté de caballa hecho con pescados obtenidos a través de la pesca manual. Su producto más reciente es un paté de arenque ahumado con limón, utilizando el arenque del Támesis, un pescado exclusivo de nuestras aguas costeras que procede de la primera pesquería inglesa certificada por el MSC. Los peces son pescados en la estación apropiada utilizando redes de arrastre –un método altamente sostenible que protege las reservas de los ejemplares más jóvenes– y son ahumados en una pesquería local.

El príncipe se ha tomado un interés especial en el problema del albatros, además de en el bienestar de otras aves marinas cuyos números han sido afectados por los métodos de pesca modernos. De las veinticuatro especies conocidas, se considera que veintiuna están en peligro, cuando en 1996 sólo había tres. La razón de tal aumento está relacionada con las prácticas de pesca de sedal largo: «Cada barco instala sedales de hasta 130 metros de longitud equipados con miles de anzuelos con cebo en busca de pescado de alto valor como el atún o el pez espada. El problema ocurre cuando el cebo entra en el agua. Cualquier albatros que acompañe al barco ve comida, se lanza en picado y, si se queda enganchado en el anzuelo, es arrastrado inexorablemente a la muerte». Una situación lamentable, especialmente cuando se repite: «Está claro que decenas de miles de estas aves perecen ahogadas por culpa de los equipos de pesca cada año» (la última estimación fue de cien mil). Por este motivo la organización benéfica *BirdLife International* [Asociación para la Protección de las Aves] está luchando para que se instauren prácticas de pesca que sean más favorables al medio ambiente para proteger a las aves marinas: «La organización señala que, dado que a los albatros más grandes puede llevarles más de diez años alcanzar la edad de procrear, y luego producir un pichón cada dos años, el impacto de estas pérdidas sobre su número en general es grave e insostenible».

Por ejemplo, continúa el príncipe, «los científicos británicos no dudan de que la pesca de sedal largo es la culpable de la incesante disminución (en más de un tercio) del número del albatros errante de Bird Island, en Georgia del Sur, desde la década de 1960. Anzuelos, hilos rotos y otros desechos de la pesca de sedal largo aparecen incluso en el alimento que los padres regurgitan en la boca de sus incautos pichones». No obstante, hay algunas medidas sencillas pero eficaces que se pueden tomar, como «instalar los sedales bajo el agua, o sólo durante la noche, arrastrar un hilo que asuste a los pájaros, prohibir la descarga de carnaza mientras se pesca y respetar una estación vedada en los momentos más vulnerables». Resulta alentador que en 2004 se firmase un acuerdo internacional para proteger a los albatros y a los petreles.

Sin embargo, las estadísticas más recientes siguen siendo escalofriantes. El número estimado de aves marinas que perecen anualmente por causa de la pesca de sedal largo se ha elevado a trescientas mil. Resulta claro que en los océanos, al igual que en tierra firme, también existen desafíos a la sostenibilidad, y que, como argumenta el príncipe, los mismos principios pueden aplicarse en ambos casos, ya que existe un conflicto entre la explotación económica a corto plazo y la administración de recursos a un plazo más largo que podría ser superado aplicando medidas políticas adecuadas. Pero ¿es esto suficiente? ¿Tendremos que esperar a que suceda una catástrofe antes de cambiar radicalmente de rumbo? ¿Podría un renacimiento espiritual ayudar a mitigar los efectos? Éstos son los desafíos individuales y colectivos con los que nos enfrentamos. Como dijo James Lovelock: «Todo depende de ti y de mí. Si consideramos al mundo como un organismo viviente del cual formamos parte –no como propietarios, no como inquilinos, ni siquiera como pasajeros–, la humanidad tiene mucha vida por delante, y nuestras especies podrán sobrevivir el tiempo que la natutaleza les haya asignado. A cada uno de nosotros nos corresponde actuar de un modo constructivo».

2. TRABAJAR A FAVOR DE LA NATURALEZA: AGRICULTURA SOSTENIBLE Y JARDINERÍA ORGÁNICA

El futuro de los alimentos: visiones enfrentadas sobre la agricultura

> *Nuestra incapacidad para proporcionar una protección adecuada del abastecimiento de alimentos en todo el mundo es, en mi opinión, simplemente una manifestación más del mismo error filosófico que ha llevado a la crisis global del medio ambiente: hemos asumido que nuestras vidas no necesitan tener una conexión verdadera con el mundo natural, que nuestras mentes están separadas de nuestros cuerpos, y que como intelectos incorpóreos podemos manipular el mundo de la manera que se nos ocurra. Y es precisamente porque no sentimos ninguna conexión con el mundo físico por lo que podemos trivializar las consecuencias de nuestras acciones.*

AL GORE

La adhesión del príncipe de Gales a la sostenibilidad ecológica encuentra una expresión significativa en sus opiniones sobre la agricultura, opiniones que él ha traducido vigorosamente en proyectos prácticos en el ducado de Corwnwall y especialmente en su granja de Highgrove, en Gloucestershire. Sus provocativas intervenciones más recientes en este campo han estado relacionadas con la cuestión de los alimentos genéticamente manipulados, a la que nos referiremos más adelante en este capítulo. No obstante, este debate es parte de una división ideológica de mayor alcance entre la visión científica reduccionista de la alta tecnología y la perspectiva holística orgánica adoptada por el príncipe.

Los que proponen la agroquímica y la biotecnología señalan la notable aceleración del rendimiento de los granos a través de la utilización de variedades más productivas, la irrigación, los fertilizantes y otros productos agroquímicos, y argumentan que el desarrollo de la biotecnología permitirá rendimientos aún más altos con menor uso de pesticidas. Sin embargo, todo esto acarreará un coste que los granjeros más pobres no podrán permitirse, o que ni siquiera resultará apropiado en términos agrícolas. Además, el potencial de rendimiento más alto queda abierto a debate: proporciones más altas de fertilizante (contaminante) y agua (cada vez más escasa) están proporcionando rendimientos menguantes.

Los últimos años han visto el surgimiento de la "agroecología", un término que implica agricultura sostenible al tiempo que reconoce los problemas inherentes a la noción de sostenibilidad. Teóricos como Norman Uphoff proponen que hay un continuo de prácticas y tecnologías entre lo "probablemente sostenible" y lo "improbablemente sostenible". Consideran la agroecología especialmente beneficiosa para aquellas zonas del mundo donde es más difícil implementar las políticas actualmente preferidas. Este tipo de agricultura se basa en mantener una actitud ecológica hacia la tierra: «La tierra no es considerada como un almacén de potencial de producción o como un terreno para ser explotado y minado, sino como un sistema vivo en el que los microorganismos y los macroorganismos actúan en combinación con los materiales orgánicos y minerales para producir entornos por debajo y por encima de la superficie en los que plantas, animales y seres humanos puedan vivir en buenas condiciones».

Esta idea puede ser rastreada hasta los orígenes del movimiento orgánico en los trabajos de sir Albert Howard en la India a principios del siglo xx. La tesis básica de Howard era que la salud del suelo, la planta, el animal y el ser humano forma parte de una cadena conectada, y que cualquier problema en uno de los primeros eslabones afectará a la salud humana. Él opinaba que la preponderancia de las pestes vegetales y animales demostraba que el estado de las plantas y los animales no era saludable, y que «la salud deteriorada de las poblaciones humanas (el cuarto eslabón) en los países civilizados modernos es consecuencia de este problema en el segundo y tercer eslabón». Lo que es más importante, afirmó que un estado deteriorado de la salud de las plantas, los animales y los humanos era atribuible a la subalimentación del suelo. De ahí su auspicio de los principios que subyacen en la agricultura de la naturaleza:

> El sistema agrícola de la naturaleza se puede describir, por tanto, con muy pocas palabras. La madre tierra jamás intenta labrar sin ganado; siempre cultiva una gran diversidad de plantas; tiene buen cuidado de preservar el suelo y prevenir la erosión; los desechos animales y vegetales son convertidos en humus; no hay desperdicio; los procesos de crecimiento y los procesos de descomposición se equilibran uno a otro; se hace una amplia provisión para mantener grandes reservas de fertilidad; se adoptan los mayores cuidados para aprovechar el agua de lluvia; se deja que plantas y animales se protejan a sí mismos contra las enfermedades.

Desde la época de Howard y las investigaciones pioneras de su contemporáneo sir Robert McCarrison en la India, la conexión entre la dieta y la salud ha sido establecida científicamente. Se reconoce como un factor clave en el desarrollo de las afecciones cardíacas y el cáncer. El propio Howard intervino activamente en las nuevas iniciativas en pro de la salud de su época y fue clave para establecer los cercanos vínculos entre la agricultura orgánica y la salud holística. Auguró que surgiría un nuevo sistema de medicina preventiva y educación médica de modo que «el médico del futuro estudiará a la humanidad con relación a su entorno, prevendrá las enfermedades en su origen y dejará de confinarse al alivio temporal de las miserias que resultan de la mala nutrición».

Howard ejerció una importante influencia en lady Evelyn Balfour y los fundadores de la *Soil Association*. Lady Balfour identificó las ideas que compartían los fundadores de esta asociación, como:

1. El concepto del suelo como una entidad viva.
2. El reconocimiento de que las actividades humanas deben adaptarse a las leyes biológicas fijas de la naturaleza para eviar la autodestrucción.
3. El deseo de promover la investigación para interpretar más ampliamente cuáles son estas leyes y cómo funcionan.
4. La determinación de resistir los intentos de ignorar estas leyes.
5. La creencia en que esto se puede lograr de la mejor manera utilizando todos los medios posibles para diseminar la información que concierne a los conocimientos probados y de este modo desenmascarar la explotación, particularmente la explotación de la ignorancia.

La *Soil Association* fue fundada en 1946 por un grupo de granjeros, científicos y expertos en nutrición, y se ha convertido en la organización puntera en Gran Bretaña dedicada a la promoción de la agricultura orgánica como alternativa a los métodos de agricultura intensivos. Como se esboza en la filosofía de sir Albert Howard que ya hemos comentado, estos pioneros observaron una conexión directa entre la práctica de la agricultura y la salud de las plantas, los animales, los seres humanos y el entorno en general. La asociación une todos los eslabones de la cadena alimentaria, trabajando con consumidores, agricultores, granjeros, científicos, procesadores de alimentos, mayoristas y aquellos que establecen las normas. Su creciente influencia puede verse en algunas de las recomendaciones clave del reciente *Informe Curry*. Su trabajo abarca la educación, las campañas, el asesoramiento acerca de medidas que deben tomarse, la promoción de sistemas de distribución local, la certificación y el establecimiento de estándares, la ayuda a los agricultores y el desarrollo del mercado. El príncipe de Gales ha sido patrono real de la asociación desde 1999, y pronunció una conferencia en memoria de lady Balfour en su quincuagésimo aniversario, en 1996.

La filosofía del príncipe con respecto a la agricultura

> *Los criterios para una agricultura sostenible pueden resumirse en una sola palabra: permanencia, lo que significa adoptar técnicas que mantengan la fertilidad del suelo indefinidamente; que utilicen, siempre que sea posible, sólo recursos renovables; que no contaminen excesivamente el entorno y que fomenten la actividad biológica en el interior del suelo y a través de los ciclos de todas las cadenas alimentarias implicadas.*

LADY EVE BALFOUR

En la conferencia que pronunció en la *Soil Association* el príncipe de Gales dio a conocer lo que él consideraba podía ser un noble objetivo para la asociación en el siglo XXI.

> Nuestra meta debería ser nada menos que restaurar la agri-
> cultura al lugar que le corresponde como una de las empre-
> sas más grandes y más importantes de todas aquéllas en las que
> se ha embarcado el ser humano. La agricultura, si se practica
> en su sentido más amplio, y no como otro proceso industrial
> más, es una fusión única de ciencia, arte y cultura. Los buenos
> agricultores entienden cómo trabajar con las fuerzas de la
> naturaleza para beneficio de la humanidad, interviniendo sin
> dominar ni sobreexplotar. Nuestra intervención debe estar ba-
> sada en el conocimiento y la ciencia, pero establecer un equili-
> brio entre la intervención y la explotación siempre será un arte.

El príncipe considera nuestro modo de cultivar como un
reflejo de principios sociales de servicio más amplios (lo que
implica responsabilidad) y de continuidad, y una muestra de
nuestra actitud en general para con el mundo natural. Los agricultores cumplen el doble papel de producir alimentos y proteger o sustentar los campos. En opinión del príncipe, es necesario integrar estas dos funciones en una serie de normas
generales, como ha sido reconocido recientemente por la Comisión Curry en la Gran Bretaña y la revisión de la política
agrícola común de la Unión Europea.

La importancia de la agricultura en nuestra vida nacional
es un tema recurrente en los discursos del príncipe, que marca
la diferencia entre agri-cultura y agro-industria, recordando el
título del libro de Jules Pretty. Las raíces de la palabra «cultura» implican el crecimiento nutricio de plantas y animales, lo
que por definición es un proceso orgánico biológico. Las ideas
del príncipe sobre la agricultura están fundadas en su comprensión general del carácter sagrado del mundo natural, una
perspectiva que fue compartida por lady Eve («no hay materialistas en la *Soil Association*») y por muchos de los fundadores de esta asociación. Una filosofía religiosa está firmemente
asociada con la creencia en un orden natural otorgado por Dios,
ejemplificado en la "regla del retorno" (y la de cosechar lo que

se siembra), lo que a su vez implica la existencia de límites naturales y la necesidad de trabajar en armonía con la naturaleza y no contra ella (algo a menudo capitalizado en tales contextos). El príncipe lo expone así:

> Estoy convencido de que el mundo natural tiene fronteras de equilibrio, orden y armonía que ponen límite a nuestras ambiciones. Cuando se exceden esos límites, o se intenta saltar el complejo sistema natural de control, siempre acabamos, tarde o temprano, pagando un alto precio. En algunos casos, como en el de las reservas pesqueras del mar del Norte (y en muchas otras partes del mundo), hemos hecho dolorosos descubrimientos acerca de cuáles son esos límites.

La moraleja, asombrosamente sencilla, es que «todos nuestras actos tienen consecuencias, y que la humanidad tiene un deber de administrar correctamente los recursos procedentes del mundo natural».

La agricultura de posguerra en la Gran Bretaña fue establecida por la *Agricultural Act* [Ley Agrícola] de 1947, que preparó el camino para la exitosa producción masiva de alimentos baratos a través de incentivos económicos que transformaron radicalmente las actitudes de los agricultores y, en opinión del príncipe, hizo que muchos perdieran contacto con sus instintos y su sentido de la proporción «llevándolos a convertir parte de la campiña circundante en un desierto prácticamente despojado de árboles y setos». El sistema impuso un «rendimiento económico sin responsabilidad medioambiental; el máximo de producción sin considerar la calidad de los alimentos ni la salud; la intensificación sin tener en cuenta el bienestar de los animales; la especialización sin considerar el mantenimiento de la diversidad biológica y cultural. Las señales que enviábamos expresaban lo que queríamos: comida barata y en grandes cantidades... Ahora no podemos responsabilizar a nuestros agricultores por su asombroso éxito en alcanzar estas metas.

No obstante, el príncipe opina que había una razón más profunda para este cambio de actitud, con más precisión la preponderancia de un pensamiento modernista:

> Este modo de pensamiento [progresivo] parecía basarse en que el pasado ya no debía influir en la manera como hacíamos las cosas. Los desarrollos derivados de la ciencia nos liberarían de los grilletes del pasado, del lastre de la tradición y de los conceptos anticuados que ponían trabas al progreso. En este escenario todo era posible; ya no había límites a lo que la humanidad podía alcanzar.

Y, como el príncipe ha señalado una y otra vez, aquellos que, como él, ponían en tela de juicio el hecho de aventurarse sin más en esta dirección, fueron señalados como reaccionarios o luditas de última generación.

La otra poderosa corriente es la filosofía mecanicista de la ciencia moderna, con la máquina como protagonista principal del progreso constante. Lo que nos han inculcado en relación con este concepto de progreso lineal, insiste el príncipe, «nos ha cegado con respecto al hecho importante, que nuestros antepasados comprendían, de que todo el patrón de comportamiento de la naturaleza descansa sobre una función circular, regida por sistemas altamente complejos y relacionados entre sí. Yo creo en esto con absoluta convicción, y constituye un axioma en lo referente a todas mis actividades en Highgrove».

El príncipe reconoce los beneficios de la tecnología moderna si se utilizan adecuadamente, pero comparte el escepticismo de muchos sobre la idoneidad de un acercamiento lineal y mecanicista a la vida, como expresa a continuación el granjero y ensayista norteamericano Wendell Berry:

> Nuestro sistema de agricultura, modelándose a sí mismo en la economía antes que en la biología, retira los alimentos del *ciclo* de producción y los pone dentro de un proceso fini-

to, lineal, que de hecho los destruye, transformándolos en desechos. Así, los convierte en combustible, una forma de energía que sólo se puede utilizar una vez y, al hacerlo, transforma el cuerpo en una máquina consumista.

La enseñanza en escuelas agrícolas estimula a granjeros y agricultores a pensar en sí mismos en términos industriales y no en términos tradicionales y ecológicos, y cuando llegan a practicar la agricultura dependen de los consejos de compañías multinacionales y sus representantes acerca de «qué compuesto costoso incorporar a qué cultivo en qué época». Así, el agricultor llega a confiar cada vez menos en su propio juicio. Además, se encuentra a sí mismo en una noria en la que debe producir más de una tonelada de grano por acre sólo para pagar sus semillas, pesticidas y fertilizantes, incluso antes de empezar a pagar sus gastos fijos. El resultado neto es que «el agricultor tiene que rendir más para ganar lo suficiente con el fin de costear su sistema cada vez más insostenible». Añadidos externos más abundantes podrían aumentar la producción, pero esto a su vez puede deprimir los precios, de modo que el margen del agricultor se ve perjudicado, por lo que la producción debe ser mayor para compensar. Para el príncipe, esto significa una lógica de insostenibilidad a largo plazo, y refuerza su creencia de que «muchos aspectos del sistema agrícola tradicional son los más sostenibles en términos humanos y del entorno».

Es importante subrayar que, aunque el príncipe es un ardiente defensor de la agricultura sostenible y su filosofía, no se opone de plano a la tecnología moderna. Como en otros campos en los que se interesa, él adopta un enfoque integrador, un hecho que los críticos a menudo pierden de vista cuando intentan retratarlo como un extremista conservador o un soñador que sólo mira hacia atrás. El príncipe cree que el desafío más importante es «escoger lo mejor de los conocimientos tradicionales tan arduamente adquiridos y aplicarlos junto a lo mejor de la tecnología moderna utilizada sensatamente». Esta combinación de tradición y tecnología apropiada es precisamente lo que caracteriza a la agroecología, como hemos señalado ya en este capítulo, y es apoyada firmemente por el príncipe, que auspició un seminario sobre la «Reducción de la pobreza a través de la agricultura sostenible» en 2001.

En su discurso de aquella ocasión él argumentó que la agricultura sostenible es una parte integral del desarrollo sostenible, y con mayor razón porque los elementos añadidos resultan tan caros:

> Siempre he pensado que el mejor lugar donde empezar a buscar la sostenibilidad es en los sistemas agrícolas tradicionales que han soportado la prueba del tiempo. Pero, por supuesto, éstos pueden ser mejorados con la aplicación de equipos y conocimientos modernos. Lo que me resulta verdaderamente asombroso es comprobar cuánto se puede mejorar, a menudo haciendo cosas sencillas. Las características comunes de las prácticas sostenibles incluyen hacer el mejor uso posible de los procesos naturales y regeneradores, de los recursos locales, del ingenio humano y del trabajo en equipo.

La agricultura sostenible produce beneficios medioambientales auténticos en términos de agua potable, biodiversidad, protección contra las inundaciones y calidad de paisaje, además de una dieta diversa y nutritiva.

Tampoco es necesario que este tipo de agricultura se confine a los países en vías de desarrollo. El príncipe aboga por una actitud que favorezca la vida y la salud a largo plazo de nuestros campos, que va más allá del proceso comercial de producir una cosecha e incluye «la calidad de vida y el *empleo* de las personas, la calidad del producto final, el mantenimiento de la fertilidad del suelo y de la calidad del agua, la conservación de la flora y la fauna a través de una hábil gestión del hábitat... En otras palabras, esa sutil mezcla de los intereses privados y el bien público que, en última instancia, debe sin duda resumirse en lo que describimos como la vida "cultural" de la nación.»

El príncipe comparte la bien documentada y generalizada opinión de que la industrialización de la agricultura ha tenido efectos colaterales desafortunados y seriamente perjudiciales para el medio ambiente. La gestión tradicional ha dado paso a la especialización y la intensificación. «Vemos las consecuencias de tratar a los animales como máquinas; de buscar una "eficiencia" cada vez mayor e incluso de experimentar (catastróficamente, como sabemos) con "combustibles" alternativos totalmente inapropiados –en forma de proteínas animales recicladas– con los que "fortalecerlos".» El concepto de eficiencia es un concepto mecanicista aplicado a los sistemas económicos, pero es una palabra que, como observa el príncipe, necesita ser deconstruida: «¿Eficiente para quién, y durante cuánto tiempo? ¿Es realmente eficiente producir más trigo del que necesitamos, a un ritmo de cuatro o más toneladas por acre, a tres veces más el precio real mundial, y luego dejar caer el excedente en el mercado mundial, disminuyendo así aún más su precio, para gran perjuicio de los productores del Tercer Mundo?» Este mismo asunto fue tema de amplia discusión –especialmente con relación al azúcar– en la reciente Cumbre de la Tierra en Johannesburgo. A la larga, las prácticas insostenibles son la última palabra en ineficiencia.

Informes de organizaciones que trabajan en pro del bienestar de los animales y el medio ambiente han enfatizado repetidamente que la pérdida que supone para la biodiversidad cultivar campos de pastoreo, convertir granjas en las que se cultivan numerosos productos en zonas empobrecidas de las amplias reducciones en la población de aves como la alondra y el zorzal y muchas de nuestras flores silvestres; cursos de agua contaminados y, en ciertos lugares, de suelo agotado y erosionado. En cifras más exactas se ha producido, desde 1945, una pérdida del 95 % de las praderas ricas en flores silvestres, del 30 al 50% de bosques antiguos en las tierras bajas, del 50% de los brezales, del 50% de tierras pantanosas, valles y flora de las tierras bajas y del 40% de los setos. Además, las poblaciones de nueve especies de pájaros de granja han disminuido en más de la mitad entre 1970 y 1995. Y lo que es peor, se nos dice que «las vacas lecheras –con una esperanza de vida de veinte años o más– se ordeñan ahora literalmente hasta la muerte para cuando tienen seis o siete años, agotadas por tener que producir más que el peso de su propio cuerpo en leche cada mes, y sufren una combinación letal de ubres distendidas, cojera, mastitis o esterilidad crónica, a pesar del uso rutinario de aplicaciones preventivas de antibióticos y otras drogas para controlar las enfermedades, lo que las lleva a una resistencia al uso de otras drogas aún más fuertes».

El príncipe concluye que necesitamos un nuevo conjunto de principios guía para la agricultura del siglo XXI, basado en una amplia visión de sostenibilidad que estimule también a los agricultores a enorgullecerse de su papel como administradores de los recursos. Esto no significa que se trabaje la tierra sólo orgánicamente, ya que existen otros métodos menos intensivos y favorecedores del medio ambiente (como la gestión de granjas integradas) que se quedan a poca distancia de ser totalmente orgánicos. La conversión a métodos orgánicos requiere un alto grado de compromiso personal y de fe en los principios que la respaldan. El príncipe opina que es más importante «abrazar un conjunto de objetivos que incluyan el reavivamiento de las comunidades y las economías rurales, que enfaticen las virtudes de la salud y el elemento natural a lo largo de la cadena alimentaria, y que aumenten la calidad de vida, no sólo para aquellos que trabajan en la agricultura sino también para otros muchos millones de personas que disfrutan y se enorgullecen del entorno natural». Como veremos más adelante, el príncipe ha seguido su propio consejo desarrollando un modelo bien administrado de agricultura natural y sostenible en Highgrove.

Highgrove y el ducado de Cornwall

> *He puesto mi corazón y mi alma en Highgrove, y continua-*
> *ré haciéndolo mientras pueda. También he arrimado el hom-*
> *bro en Highgrove y, como resultado, he provocado mi propia*
> *decrepitud antes de tiempo [...]. Todas las cosas que he inten-*
> *tado hacer en este pequeño rincón de Gloucestershire han*
> *sido la expresión de una filosofía personal. Cuando era más*
> *joven recuerdo los impulsos nacientes de dicha filosofía: sen-*
> *tía un inmenso apego por el suelo de los lugares que más ama-*
> *ba: Balmoral, en Escocia, y Sandringham, en Norfolk. Cada*
> *árbol, cada seto, cada humedal, cada montaña y cada río*
> *tenían para mí un carácter especial propio, y casi sagrado.*
>
> PRÍNCIPE DE GALES, DUQUE DE CORNWALL

El príncipe de Gales se convirtió en el vigésimo cuarto duque de Cornwall a la muerte de su abuelo Jorge VI en 1952, y se hizo cargo de la presidencia del Consejo del Príncipe –el cuerpo gobernante del ducado de Cornwall– poco tiempo después de su vigésimo primer cumpleaños en 1969. El ducado es el más antiguo del país, y fue establecido por el visionario Eduardo III en 1337 para su hijo y heredero, Eduardo, el Príncipe Negro, como medida para asegurar la sucesión además de la independencia económica del heredero del trono. Una cédula estipulaba que sólo el hijo mayor sobreviviente del monarca puede convertirse en duque de Cornwall y debe acceder después al trono. Desde entonces el ducado ha proporcionado unas rentas a los duques sucesivos, que no reciben estipendio alguno de la Lista Civil. El ducado es en efecto un fideicomiso familiar cuyo capital debe mantenerse intacto para pasar a manos del siguiente duque (el príncipe Guillermo), pero las rentas se pagan al duque actual para cubrir todos sus gastos personales y públicos.

El ducado conlleva una de las propiedades de tierras más antiguas y extensas del país. Compras recientes, principalmente en Hereford y Kent, han aumentado la posesión total de tierras a unos 600 km^2 en 25 condados. Esto significa que la propiedad está mucho más extendida que la mayoría, aunque gran parte de ella está concentrada en el sudoeste del país, con 280 km^2 en Dartmoor y 80 km^2 en el mismo Cornwall, incluyendo las islas de Scilly. Hay unas trescientas granjas, la mayoría de las cuales están en manos de granjeros arrendatarios y a menudo pasan de generación en generación. Esto establece una relación especial entre el ducado y sus arrendatarios, en los que el duque se toma un vivo interés personal. Ha procurado hacer que los arrendatarios se sientan parte de una operación familiar, y tiene «una gran fe en la relación arrendador-arrendatario como uno de los métodos más intemporales de garantizar el cuidado y la administración del campo, dado que esto depende de un sistema de mutuo apoyo que reconoce algunas de las características fundamentales de la naturaleza humana». La granja familiar representa un principio de continuidad y esto queda reflejado en el trabajo del ducado con respecto al desarrollo integrado de tierras rurales y el mantenimiento de las comunidades rurales. Por ejemplo, el mantenimiento de un fuerte sentido de la comunidad en las islas Scilly ha llevado a una política de arrendamiento de propiedad a los isleños antes que a los que llegan de fuera, lo cual reduce las rentas del ducado.

La propiedad está regulada públicamente por un número de actas parlamentarias para asegurar su eficaz administración y unas rentas para los futuros duques. Esto implica presentar las cuentas del ducado al Departamento de Tesorería cada año, y que éste ejercite el papel de supervisor de los asuntos económicos del ducado, lo que a su vez acarrea la necesidad de justificar el gasto de capital en grandes cantidades como la compra del propio Highgrove y el plan de desarrollo de Poundbury. El ducado, cuyas oficinas están en Buckingham Gate, está administrado por el Consejo del Príncipe, que incluye a cuatro oficiales. El director ejecutivo –en la actualidad Bertie Ross, quien a su vez posee tierras en Galloway– ostenta el puesto de secretario y guardián de los archivos. El oficial mayor ostenta el antiguo título de lord Warden of the Stannaries (del término latino *stannum*, que significa «estaño»), debido al hecho de que los beneficios de las minas de estaño fueron asignados por Eduardo III al ducado, y proporcionaron a éste una vasta proporción de sus ganancias a lo largo de los siguientes 500 años. El lord Warden actual es Earl Peel, quien sucedió a lord Ashburton, cuyo padre había ostentando la misma posición desde hacía veinticinco años. Famosos antiguos lord Wardens incluyen a sir Walter Raleigh (1585-1603) y al príncipe Alberto (1842-1861). El ducado emplea a servidores de la tierra regionales para que cuiden de sus intereses en distintas partes del país. También posee propiedad residencial y comercial en diferentes lugares, principalmente en Kennington, y en la actualidad administra un ambicioso plan inmobiliario y comunitario en Poundbury, en las afueras de Dorchester (véase capítulo 5).

En todas sus actividades el ducado adopta una perspectiva a largo plazo, adecuada a su propia historia y continuidad. En los primeros años el príncipe pasó tiempo trabajando con sus granjeros arrendatarios en cada uno de los distritos del ducado con el objeto de adquirir experiencia de primera mano sobre la vida en las granjas. Además de ordeñar las vacas, limpiar establos y conducir tractores, aprendió mucho acerca de la compleja trama de relaciones que proporciona las bases para aquellos que se ganan la vida como granjeros, y de la perdurable cultura rural que fundamenta la vida en el campo. El príncipe se dio cuenta de que la práctica de una buena administración de los recursos era ya un principio operante dentro del ducado. Sólo más tarde esto iba a ser conocido como desarrollo sostenible: el equilibrio de los aspectos de la vida económica, social y medioambiental de manera que no se comprometan los intereses de las generaciones futuras. En el discurso de 1991

El príncipe radical

en la *Royal Agricultural Society* [Real Sociedad de la Agricultura], señaló cómo se habían aplicado esas prácticas en el pasado:

> En la Edad Media la importancia de la sostenibilidad fue reconocida en una serie de regulaciones locales para prevenir los daños a largo plazo que podían sufrir los recursos de los pueblos. Cada año debían plantarse árboles de remplazo, y no se podía vender estiércol fuera de la propiedad. Incluso la expresión *by hook or by crook** deriva del modo en que la madera era recogida de los árboles, golpeando y derribando las ramas muertas con un gancho y un garfio, y nunca talando el árbol.

El ducado compró Highgrove para el príncipe en 1980. En aquel entonces sólo tenía 340 acres (insatisfactoriamente en tres bloques separados), pero la subsiguiente adquisición de Broadfield Farm en 1985 y, algo más tarde, de otras parcelas vecinas, lo ha llevado a sus 1.083 acres actuales (con 800 acres más de tierras de labranza compartidas). La granja del ducado fue trasladada a Highgrove desde Cornwall en 1985, el mismo año en que el príncipe tomó la decisión, junto con sir John Higgs, de experimentar con cultivos orgánicos, lo cual despertó un cierto grado de preocupado escepticismo entres sus asesores. La intención original del príncipe había sido la de cultivar por medios convencionales, aunque de una manera biológicamente sostenible que dejaba lenguas de tierra alrededor de los campos cultivables sin fumigar y reducía la incorporación de productos químicos y fertilizantes. El príncipe explica las dos técnicas clave del cultivo orgánico: «En primer lugar, minimizar el uso de agregados externos y remplazarlos por rotaciones sanas, naturales y favorecedoras de la fertilidad utilizando legum-

*   En castellano, literalmente, «con gancho o con garfio». *(N. de la T.)*

94

bres. En segundo lugar, controlar las malas hierbas, las plagas y las enfermedades en los cultivos y el ganado por medio de una buena administración y sanos cuidados, en lugar de hacerlo con pesticidas y productos químicos».

Un campo de 85 acres discretamente situado cerca de Westonbirt fue el primero en ser señalado para la conversión a cultivo orgánico, con el apoyo entusiasta del nuevo administrador de la granja David Wilson. Él y el director de granja Terry Summers siguieron los consejos del Centro de Investigaciones de *Elm Farm* y planificaron una rotación de siete años que consistía en trébol rojo y hierba durante tres años, seguidos de trigo de invierno, avena de primavera y judías de primavera. Luego, el séptimo año, uno de los cultivos de cereales sería subplantado con trébol para empezar la restauración de la fertilidad del suelo. Todo fue bien durante los dos primeros años, y resultó que los cultivos de cereales no fertilizados estaban asombrosamente libres de malas hierbas. Descubrieron que las malas hierbas anuales como la presera y la pamplina crecen sólo unos pocos centímetros con un régimen bajo en nitrógeno, mientras que con múltiples aplicaciones de fertilizante a menudo crecían a la misma altura que los cultivos mismos. El pequeño tamaño de las malas hierbas significaba que éstas quedaban ahogadas por el maíz al crecer. De modo que las malas hierbas, aunque presentes, no afectan a los cultivos. Además, la presencia de las malas hierbas de los cereales beneficia a los insectos y, por lo tanto, a las aves locales. Aunque los rendimientos son más bajos, esto queda compensado por los precios más altos de los cultivos orgánicos.

El propio príncipe explica que se notaron algunos cambios interesantes después de la conversión a un régimen orgánico; en concreto hubo un aumento de la población de lombrices, una señal visual de que la microbiología del suelo está en un estado saludable y se está separando y utilizando materia orgánica para mejorar la estructura y la fertilidad del suelo. Cita dos terrenos en particular que antes habían parecido ser suelos estériles y desestructurados y producían los peores rendimientos de la granja. Después de tres años de cultivos de trébol y hierba bajo un régimen orgánico, el agricultor notó que la tierra se araba como si fuera un suelo diferente, lleno de lombrices y con una buena estructura.

En el primer campo de 14 acres en Westonbirt se pusieron a pastar ovejas en el primer año de su conversión, y luego dio una cosecha razonable antes de ser sembrado con judías Troy totalmente orgánicas en el tercer año. Posteriormente hubo varios desastres: las cornejas vecinas devoraron completamente los cultivos recién plantados, que fueron sembrados de nuevo. Esta vez aparecieron malas hierbas y la plantación de judías quedó prácticamente cubierta por ellas, lo que puso al príncipe y a sus asesores en una situación difícil. Podían elegir entre sacrificar la cosecha, dejando el campo en barbecho y arrancando las malas hierbas para que se secaran en la superficie, o podían aplicar una dosis de herbicida químico Roundup y plantar otra cosecha productiva, aunque perdiendo en el proceso su carácter orgánico. El príncipe eligió la primera opción, y fue compensado al año siguiente cuando el terreno produjo una cosecha de trigo que se vendió por 275 libras la tonelada, una cantidad realmente buena si se compara con las 120 libras/tonelada que hubiera conseguido vendiendo trigo convencional. Así pues, obtuvo una prima de más del 100% y unos beneficios más altos de los que hubiera ganado con una cosecha convencional cultivada en el mismo terreno. En 1988, dos terrenos de más de 85 acres fueron reconvertidos al cultivo orgánico y, en 1990, se tomó la decisión de seguir adelante y reconvertir en orgánica toda la granja, un proceso que fue completado en 1997.

Una aventura singular que se intentó por primera vez en 1989 fue la venta de paja para techados con el objeto de aumentar las primas obtenidas por un campo de trigo orgánico.

La paja orgánica para techados se vendió por unas 450 libras la tonelada (la paja cultivada convencionalmente se pagaba entonces a 350 libras por tonelada). El gremio de maestros techadores pudo confirmar que la paja orgánica dura más del doble que la cultivada convencionalmente, que a veces se pudre después de veinte años, aparentemente porque «las paredes de las células han sido debilitadas por el crecimiento rápido producido por copiosas aplicaciones de nitrógeno». En 1989 la variedad de trigo Maris Widgeon –ideal para los techados– estaba siendo cultivada en la granja del ducado. Tenía que ser recogido con agavilladoras y laboriosamente puesto de pie en las garruchas que dominaban el paisaje sembrado de cereales antes de la llegada de las cosechadoras multivalentes. Luego, en noviembre, se batían las espigas para despojarlas del grano –otra labor intensiva– y la cosecha de catorce toneladas fue comprada por el propietario de una casa techada con paja que había leído acerca del proceso en un artículo de prensa.

Sir Albert Howard argumentaba que la naturaleza jamás labora la tierra sin animales, necesarios para proporcionar estiércol a los campos. La granja del ducado no es una excepción, y posee un rebaño de vacas lecheras compuesto por 160 vacas lecheras Ayrshires, 90 vacunos Aberdeen Angus y un rebaño de 550 ovejas de crianza. Además, hay siete toros Aberdeen Angus de pedigrí y 17 carneros de Suffolk. Reflejando la posición del príncipe como patrocinador del *Rare Breeds Survival Trust* [Organización para la protección de las especies raras] la granja también posee 30 ovejas de las Hébridas, seis ovejas de Cotswold, dos cerdas de Tamworth, tres cerdas y un cerdo Large Black, tres vacas de Gloucester, tres vacas Irish Moiled, dos vacas Shetland y dos caballos Suffolk Punch. Ninguno de estos animales es desparasitado, vacunado ni recibe antibióticos de modo rutinario. El principio de prevención combinado con algunos tratamientos homeopáticos o de hierbas reduce a la mitad los gastos veterinarios. Todo el estiércol del invierno en la granja se recoge de los establos y se deposita en largos montones al borde de los campos, donde se descompone antes de ser distribuido sobre los pastos permanentes a principios de primavera.

Ya hemos hablado del interés del príncipe por el paisaje y la vida silvestre, que él piensa que han sido dañados por las prácticas de la agricultura convencional. Highgrove le ha proporcionado una oportunidad de revertir algunos de estos daños. Ha hecho excavar media docena de estanques en los que ha introducido renacuajos. Muchas millas de muros secos dilapidados han sido reconstruidas. Se han plantado 500 m² de bosques: uno de ellos tiene árboles nativos tradicionalmente utilizados por los fabricantes de muebles (bajo los consejos del diseñador de muebles John Makepeace), mientras que el otro –Preston's Folly– fue limpiado de coníferas que se convirtieron en postes de cercados, y en él se plantaron árboles de hoja ancha. Cuando llegue el momento y los árboles de hoja ancha estén lo suficientemente crecidos, las coníferas restantes serán taladas. Se han plantado doce millas de setos para beneficio de la granja y de la vida silvestre. Los setos hacen de cortavientos, proporcionan cobijo, alimento y lugares para anidar a los pájaros, y son un refugio para las flores silvestres, que a su vez favorecen la presencia de insectos y mariposas. Se introdujeron dos pares de búhos de granja después de que se supo que gozarían de una buena alimentación, especialmente de ratones campestres.

Otra innovación ecológica en Highgrove es el sistema de tratamiento de desagües basado en lechos de juncos, que ha remplazado un tanque séptico anterior que era incapaz de cubrir las necesidades derivadas del aumento de personal y de visitantes. La ventaja del sistema de Highgrove es que asegura la conversión de nitratos, fosfatos y amoníaco que permanecen intactos con los medios convencionales, y es coherente con la filosofía del príncipe de tratar la contaminación localmente antes que pasársela a otros. Los visitantes pueden ver que el agua que brota es transparente y los resultados han sido medidos. También encontrarán caléndulas de pantano y plantas acuáticas para atraer a las libélulas. El príncipe insiste también en que el personal de cocina separe en un cubo aparte los desperdicios orgánicos que servirán de abono para el jardín.

Es fácil admirar el éxito de Highgrove desde un punto de vista histórico olvidando los desafíos que el príncipe y su equipo afrontaron y superaron. Dados el escepticismo y la cautela iniciales de sus asesores, quienes se preocupaban de su imagen y de la del ducado, habría sido mucho más fácil para el príncipe "tirar de la lengüeta de una bolsa de fertilizante" en vez de dedicarse a la conversión orgánica. No obstante, él explicó: «Yo quería demostrar que sería rentable producir alimentos sabrosos de un suelo sano que se mantuviera fértil a través de medios naturales, y lo he hecho». Los críticos siguen diciendo que, por ser él, puede permitírselo. «No tiene que enfrentarse a las mismas presiones comerciales que el resto de nosotros», a lo cual el príncipe responde: «No importa quién soy yo; lo importante es que en Highgrove lo hemos hecho. Hemos demostrado que la agricultura orgánica puede funcionar». Y, como veremos más adelante, la prueba de que un pastel es bueno está en comérselo.

El trabajo del príncipe fue reconocido públicamente cuando *Farmer's Weekly* le concedió en 2002 el premio anual al mejor granjero del año por su trabajo en el cuidado de granjas y del paisaje. El príncipe pidió entonces que se tuviera en cuenta que el campo no es una fábrica y que los agricultores y la agricultura son una parte muy valiosa de nuestro legado nacional. Más controvertida fue su petición a las tiendas de alimentación y supermercados de que utilizaran un mayor número de productos procedentes de la Gran Bretaña.

El jardín de Highgrove

> *Durante todo el trabajo que hemos hecho en el jardín de Highgrove me he esforzado para convertirlo en un reflejo de lo que yo siento por la naturaleza. Quería que cada zona del jardín tuviera su propia atmósfera, pero que el conjunto alimentara el alma y deleitara los ojos.*
>
> EL PRÍNCIPE DE GALES

Hace diez años Charles Clover escribió: «El príncipe Carlos ha hecho de su propiedad un símbolo de una nueva actitud en relación con el mundo natural en los niveles más altos de la vida pública». Esto es aún más cierto en la actualidad, y en ninguna parte lo es más que en el jardín de Highgrove. Como el príncipe ha dicho, un ejemplo vale más que cien discursos. «Yo prefiero la acción a las palabras, por ello decidí que la conversión de Highgrove en un sistema totalmente orgánico y tradicional era esencialmente acertada, y tal vez los hechos hablen más alto que las palabras.»

Cuando llegó a Highgrove en 1980, el príncipe sabía que «quería cuidar del lugar de un modo muy personal y dejarlo, un día, en condiciones mucho mejores de las que lo había encontrado». Añadió que esto no le resultaría demasiado difícil, ¡dado que el lugar estaba en bastante mal estado! Y, en lo tocante al jardín, «no había ni rastro de que existiera alguno. Asombrosamente, no había absolutamente nada alrededor de la casa. Ahí estaba, desnuda y expuesta, sin rastros de protección alguna y ni un solo parterre de flores». El príncipe prosigue, describiendo «estanques cuadrados bastante feos, setos sin podar, un horrible jardín de rocalla y un montón de maleza húmeda». No era una situación prometedora, pero sí con enormes posibilidades, que el príncipe se dedicó a materializar trabajando en armonía con la naturaleza, como describe su jardinero jefe en su reciente libro sobre el jardín.

Los que visitan Highgrove pueden apreciar ahora las sutiles relaciones entre su estructura y su contenido; entre árboles, plantas y monumentos. El príncipe explica la necesidad de
una serie de elementos que anclen el jardín en el paisaje: setos que proporcionen forma, vistas que terminen en una imagen
que capte la mirada como una imponente columna o el palomar
construido en memoria de sir John Higgs. También se crean
vistas a través de huecos entre los árboles, y desde cada una
de las ventanas de la casa se disfruta de un paisaje que captura
la mirada, «llevándola a través de la sutil explotación del primer
y el segundo plano», de modo que casa y jardín están unidos
como en un tapiz sin costuras. La evolución del jardín ha sido
bellamente descrita y maravillosamente ilustrada en un libro
del propio píncipe y Candida Lycett-Green.

Los principios de la jardinería orgánica son un reflejo
exacto de la agricultura orgánica en escala más pequeña: crear
un entorno favorable para las plantas alimentando el suelo con
materia orgánica derivada de fuentes animales y vegetales; en
suma, abono. Este alimento representa una medida preventiva
que hace a las plantas más resistentes a las enfermedades y las
plagas. Las plagas de insectos se controlan creando una red de
insectos predadores, como la mariquita. Las plagas no son eli-
minadas del todo (las de babosas son las más difíciles, como
saben todos los jardineros), pero se mantienen dentro de límites tolerables.

El príncipe recibió ayuda y asesoramiento invaluables por
parte de un buen número de expertos jardineros. La primera de
ellas fue Mollie, marquesa de Salisbury, que ha estado practicando jardinería orgánica en Cranborne y Hatfield desde la década de los 1950. Lady Salisbury ayudó a diseñar una pequeña rosaleda en la fachada sur de la casa rodeada por un seto
de tejo como primer paso para crear una pantalla que prote-
giera a los habitantes de Highgrove de los objetivos de las cá-
maras de prensa. El príncipe no tenía un plan definido para el

jardín. Éste creció basándose en la inspiración, el ejemplo, las lecturas y las visitas a otros jardines. A continuación lady Salisbury se dedicó a poner el huerto de nuevo en marcha, inspirándose en parte en los elaborados parterres bordeados de macetones rectangulares de Villandry, un castillo en el valle del Loira. Esto significó un trabajo completo de excavación antes de que dos años de reconstrucción y muchos de dedicados esfuerzos por parte de Dennis Brown lo convirtieran en el ejemplo orgánico que es en la actualidad.

A continuación lady Salisbury presentó al príncipe a la profesora Miriam Rothschild FRS, quien, aparte de ser la mayor experta en pulgas del mundo, es conocida por su habilidad en el cultivo de las flores silvestres. El príncipe estaba ansioso por plantar flores silvestres en la zona de los prados para crear un contraste entre la zona silvestre y la zona cultivada. El plan inicial fue modificado por la introducción entre la hierba de una variedad de bulbos como los tulipanes, para crear el "camino de los tulipanes" (¡se plantan seis mil bulbos cada año!), que en mayo está en su mejor momento. Luego esto se convierte en un prado de heno, una característica esencial de Inglaterra que virtualmente ha desaparecido, y que se siega en julio después de que las flores silvestres han echado semilla. Hay ahora más de treinta especies, aunque cabe hacer notar que se necesitan más de cien años para recrear los prados de pastoreo del pasado, el 95% de los cuales ha desaparecido después de la segunda guerra mundial. El proyecto es parte de la contribución del príncipe a la conservación de las flores silvestres y la restauración de la integridad del paisaje, que él espera que otros emulen a su vez. Resulta curioso que la mezcla de semillas proporcionada por Miriam Rothschild para el camino se llame "pesadilla del granjero".

El siguiente proyecto fue la zona de césped al oeste de la casa, que necesitaba setos, en los que más tarde sir John Strong practicó personalmente el arte de recortar los arbustos en forma de animales. El seto ha ido atrayendo poco a poco a un creciente número de aves, incluyendo a los pájaros carpinteros verdes y a los menos manchados. Luego se construyó una terraza, también en la fachada oeste de la casa, con una fuente en medio y muros bajos de Cotswold, rodeándola por tres de sus lados. El príncipe eligió y plantó todo esto él mismo, seleccionando la mayor variedad posible de especies aromáticas para atraer a las mariposas (tenía la misma intención cuando hizo su paseo bordeado de tomillo). Sí admite haber cometido el error –muy habitual entre los jardineros– de plantar plantas pequeñas detrás de plantas más grandes. En las etapas subsiguientes el príncipe invitó a la conocida experta en plantas Rosemary Verey para que le ayudase a seleccionar las plantas adecuadas para cada sitio, especialmente en el *Cottage Garden* [el jardín de la casa]. El jardín de Rosemary Varey está en Barnsley, tan sólo a unas pocas millas de distancia, de modo que ella pudo beneficiarse de los conocimientos locales.

Un proyecto que vino más tarde es el del jardín del bosque, que empezó como una maraña de maleza y unos pocos árboles raquíticos. El jardín contiene una serie de edificios y mojones, incluyendo una casa arbórea construida para los jóvenes príncipes por William Bertram y apoyada en las ramas de un añoso acebo. Una pirámide de helechos constituye una preciosa imagen sobre una alfombra de hojas otoñales. Este jardín y "la toconera" –que consiste en un conjunto de tocones de árboles artísticamente dispuestos– fueron inspirados por Julian e Isabel Bannerman y originalmente diseñados para la colección de hostas del príncipe. La zona también alberga uno de un par de templos de roble verde en el que se hallan grabadas pertinentes citas de Horacio y de Shakespeare: «Encuentra lenguas en los árboles, libros en los manantiales, sermones en la piedra y el bien en todo». En la primavera, el suelo está cubierto de campanillas blancas y azules, de jacintos y otros bulbos.

Una adición relativamente reciente es el santuario –un lugar íntimo para la meditación y la reflexión en silencio– construido en 1999 para conmemorar el milenio y dedicado a la memoria del entonces poeta laureado Ted Hughes. Los principios básicos del pequeño edificio fueron concebidos por el arquitecto Keith Critchlow, un experto internacionalmente reconocido en geometría sagrada y platonismo. Todos los materiales son locales: las columnas de piedra dorada de Farmington, bloques de tierra arcillosa de Highgrove mezclada con paja de cebada troceada, adornos de piedra local y azulejos de Cotswold. Fue construido por la misma firma de Berkeley que había realizado el recinto de la huerta. Su interior contiene diseños opulentamente tallados de verduras del jardín mientras que los vitrales representan flores y hojas. Para el príncipe esto es una expresión de lo divino en un entorno natural, un lugar para el silencio y la quietud. Une su sentido de lo sagrado con su pasión por la jardinería y su amor por las proporciones clásicas, temas que se tocarán en los siguientes capítulos. De hecho, como él mismo ha dicho, el amor que ha puesto en el jardín es en sí mismo una especie de acto de devoción.

Coherente con su interés en la medicina holística, el príncipe reservó tres cuartos de acre de terreno donde en la primavera de 2000 plantó hierbas medicinales. La zona se aumentó a dos acres en 2001. Se plantaron cuarenta y cinco variedades de hierbas, incluidas la equinácea, la centella y la caléndula. El proyecto fue diseñado para ayudar a los investigadores de la Universidad de Westminster a establecer qué componentes hacen eficaces a este tipo de plantas, fijar estándares de calidad y proteger las especies en peligro. Está proyectado que *Herbs at Highgrove* [Hierbas de Highgrove] proporcione recursos de consejo e información a los agricultores interesados en el mercado de plantas medicinales, que se estima que proporciona unos beneficios de 240 millones de libras anuales en la Gran Bretaña. La mayor parte de la cosecha del 2000 se utilizó en remedios para pacientes de la Policlínica de la Universidad de Westminster, donde los estudiantes proporcionan tratamientos a precios asequibles.

La belleza del jardín queda realzada por el modo en que los edificios, ornamentos, estatuas, refugios, bancos y portones se encuentran combinados con las texturas y los colores naturales de las plantas y los árboles. El príncipe ha logrado su objetivo: la contemplación de este jardín alimenta el alma y deleita los ojos. Cualquiera que visite Highgrove podrá comprobarlo. Un grupo japonés escribió que Highgrove fue para ellos una experiencia que les hizo comprender realmente el significado de la palabra "jardín", y algo de la manera de ser del príncipe. Voltaire nos animó a cultivar nuestros jardines. El príncipe ha hecho más que la mayoría al dedicar veinte años a crear uno de los más bellos jardines de Inglaterra.

Duchy Originals

En 1990 el príncipe de Gales tomó su primera iniciativa para añadir valor a su producción en Highgrove. Encargó que se investigara la posibilidad de una serie de proyectos sobre agricultura comercial para «alentar el cuidado responsable de la tierra y la manufactura respetuosa con el entorno natural» y se propuso recaudar fondos para sus obras benéficas. Uno de los vehículos adecuados para esta idea era una marca de comidas y bebidas que pudiera liderar con el ejemplo en cuanto a la calidad de sus productos. La primera aventura fue la Hogaza de Highgrove. Se elaboró con la primera cosecha de trigo orgánico de la *Duchy Home Farm* [granja del ducado] y fue molido por el molinero local John Lister en su molino del siglo XVII en Shipton, cerca de Tetbury. Rank Hovis McDougall elaboró una primera hornada de 41.400 hogazas que se vendieron en una serie de tiendas Tesco en el sudeste de Inglaterra. Costaban alrededor de un tercio más que una hogaza convencional, pero se vendió bien durante el período de prueba.

El siguiente producto, y el más conocido, las galletas de avena, introdujo el nombre de la marca, *Duchy Originals*, en noviembre de 1992. El estilo de *Duchy Originals* es ofrecer alimentos de alta calidad utilizando buenos ingredientes, y encontrar a los mejores y más adecuados fabricantes para asegurarse de que el proceso de envasado no altera el equilibrio del medio ambiente. La avena procedía de la granja de Highgrove y tenían al molinero, pero encontrar al hornero fue una tarea más difícil, para lo cual tuvieron que ir al norte de la frontera hasta Walkers, donde se confeccionan unas excelentes galletas de mantequilla. Después de unas doscientas hornadas, en las que se experimentó con la textura, la apariencia y el sabor, nació la galleta de avena, que todos se han acostumbrado a ver, especialmente en las tablas de queso. La gama de galletas de mantequilla, de jengibre y de limón, se elaboraron más tarde, con el objeto de crear una demanda de productos de alta calidad a precios interesantes. Los productos más recientes en la línea de las galletas son unos tentadores bizcochos de caramelo y pimienta negra cubiertos de chocolate, y bizcochos de cebollino para acompañar quesos.

Duchy Originals es ahora una marca orgánica puntera con más de cincuenta líneas de producción y unos beneficios de 14 millones de libras en el ejercicio 2001-2002, que se elevaron a 23 millones en 2002-2003 y a 35 millones en 2003-2004, un ritmo de crecimiento anual de más del 50%. El aspecto de este crecimiento que más satisface al príncipe es la correspondiente prosperidad que disfrutan sus proveedores, muchos de los cuales constituyen una empresa familiar. Las líneas de productos incluyen ahora mermeladas, leche, bebidas sin alcohol, pan, salchichas, mostaza, helados, miel y chocolate. Toda la gama de *Duchy Originals* está elaborada con ingredientes orgánicos y certificada por la *Soil Association*, con la excepción de la panceta y las salchichas, elaborados con carne de cerdos criados en libertad en la granja de Highgrove. Una piara de cerdos criados en libertad en East Anglia proporciona la mayor parte de la carne para los productos de calidad de *Duchy Originals* orgánicos y cumple con los estándares, además de que son animales a los que no se les ha dado hormonas de crecimiento ni antibióticos profilácticos. Debido a que de la crianza orgánica de cerdos está poco extendida en la Gran Bretaña, es posible que se tarde unos dos años más en desarrollar suficiente materia prima para suplir completamente los productos provenientes de animales criados en libertad. Entretanto, *Duchy Originals* está trabajando para crear nuevas piaras de cerdos criados orgánicamente que podrían adaptarse a las rotaciones orgánicas de las fincas cultivables a lo largo del país. Las nuevas líneas de productos incluyen canapés, mermeladas, bebidas de manzana y limón, patatas orgánicas fritas a mano, queso Stilton y crema de Cornwall. En 2003 fue lanzada la colección de muebles de jardín *Duchy Collection*. Cada uno de los muebles está hecho a mano en Herefordshire utilizando maderas duras nativas procedentes de bosques sostenibles.

En su discurso de aceptación a Euronatur en 2002, el príncipe tuvo la oportunidad de explicar los motivos de la exportación de chocolate para los productos de *Duchy Originals*.

Cuando visité Guyana hace tres años me enteré de que el cacao solía ser un cultivo que producía grandes beneficios al país, pero que desde hacía unos treinta años existía una superproducción en esta industria. Le sugerí al presidente de Guyana que podría considerar una remodelación de este sector, utilizando algunas de las plantaciones de cacao para proporcionar materia prima para los chocolates Duchy Originals.

Para mi gran alegría, él estuvo de acuerdo, y el proyecto ha funcionado muy bien hasta ahora. Se estableció una pequeña cooperativa de veintiséis granjeros y sus familias, y sus granos acaban de recibir certificación orgánica. Espero poder usarlos en la confección de chocolate Duchy Originals más adelante este mismo año, a tiempo para Navidad. De ninguna manera fue mi intención crear "un caso de estudio sobre la agricultura sostenible" con mi experimento en Guyana, pero hay un círculo virtuoso que intentaré repetir en otra parte, y que creo que otros productores y vendedores de alimentos podrían secundar.

Nuestra marca, que ya compran muchos consumidores, está apoyando el desarrollo de proyectos comunitarios pequeños pero localmente significativos. Estos proyectos están basados en la forma de agricultura más sostenible y ayudan a mantener comunidades prósperas. Y el consumidor del mundo desarrollado tiene la satisfacción, no sólo de comer un excelente chocolate, sino también de saber que lo que ha comprado ha ayudado a mantener un estilo de vida más digno y sostenible en el mundo en vías de desarrollo.

Huelga decir que el príncipe sigue con su intención de crear nuevos círculos virtuosos. La Guyana Sugar Corporation [Corporación Azucarera de Guyana], alentada por los resultados de la exportación de cacao, está experimentando ahora con los cultivos de azúcar orgánico. Una iniciativa reciente –jardinería orgánica en las escuelas, con la ayuda de la Asociación de Investigaciones Henry Doubleday (de la que el príncipe es patrocinador)– estimula a las escuelas a plantar su propia huerta y a explicar los beneficios de la comida sana. El éxito de *Duchy Originals* se refleja en el hecho de que la empresa ha donado tres millones quinientas mil libras de beneficios a la Fundación Benéfica del Príncipe en los últimos diez años. La donación única más cuantiosa otorgada por esta fundación fue de quinientas mil libras y se destinó a las organizaciones benéficas agrícolas como ayuda para las familias que se habían visto afectadas por la epidemia de la fiebre aftosa.

Organismos genéticamente manipulados. ¿Las semillas de la duda?

> *El hombre moderno no se experimento a sí mismo como parte de la naturaleza, sino como una fuerza exterior a ella para dominarla y conquistarla. Incluso habla de una "batalla" contra la naturaleza, olvidando que si él ganara esa batalla se encontraría en el lado perdedor.*
>
> E.F. Schumacher

Las opiniones del príncipe acerca de la biotecnología agrícola han llenado titulares desde la primera vez que las expresó en detalle en 1998, aunque ya había empezado a manifestar su preocupación acerca de los organismos genéticamente modificados en su conferencia en la *Soil Association* en 1996, cuado citó un informe del Panel sobre el Desarrollo Sostenible emitido por el gobierno:

> La introducción de organismos genéticamente modificados debe hacerse con cautela para asegurar que cualquier beneficio presente no se obtenga a costa de la seguridad y el bienestar de las futuras generaciones y del entorno natural. Una vez puesto en circulación, un organismo genéticamente modificado no puede ser retirado: la acción es irreversible. Más que en otras áreas, existe una gran incertidumbre acerca del resultado a largo plazo de las acciones y la habilidad humanas para enfrentarse con las consecuencias. Los genes introducidos pueden, con el tiempo, difundirse a otros organismos, con consecuencias que no necesariamente pueden ser previstas.

El mismo informe advierte de que «desgraciadamente hay muchos ejemplos recientes de fracaso que anticipan problemas derivados del uso de nuevas tecnologías (como los clorofluocarbonos, el asbesto, los pesticidas y la talidomida). Las consecuencias potenciales son más inciertas allí donde los organismos autorreplicantes son introducidos en el medio ambiente». Todo esto se resume en una llamada a adoptar una aplicación mesurada del principio de precaución en este campo, mientras que la retórica generada por las presiones comerciales ha tendido a presentar un panorama de riesgo mínimo y máximo potencial de beneficios. No obstante, debería advertirse que el principio de precaución puede ser utilizado como una fachada política para opiniones que son intrínsecamente hostiles a la tecnología.

En su discurso de 1996, el príncipe argumentó que «hemos alcanzado una línea divisoria moral y ética más allá de la cual nos aventuramos en terrenos que pertenecen a Dios, y sólo a Dios. Aparte de ciertas aplicaciones médicas, ¿qué derecho real tenemos de experimentar, como Frankenstein, con el núcleo mismo de la vida? Vivimos en una época de derechos... Y me parece a mí que ya es hora de que también nuestro Creador tenga algunos».

Esta clase de argumento teológico no sienta bien a la comunidad científica, que comprensiblemente considera la imagen de Frankenstein como amenazadora y abusiva. Comentadores ponderados como sir Brian Heap se percatan de que las ideas provocadoras que presentan al genoma como el equivalente secular del alma es posible que despierten sentimientos intensos. No obstante, otros científicos responden a su vez al príncipe acusándolo de «estar en contra de la ciencia» y de interferir de un modo que ralentiza el progreso científico. A pesar de que estas controvertidas confrontaciones generan buen material de lectura para la prensa, hay aquí en juego un tema más profundo: ¿debería la ciencia "jugar a ser Dios" con impunidad? El príncipe reconoce las polaridades de este debate, pero de hecho no se alinea con «las intimidaciones de algún modo apocalípticas de aquéllos para quienes cualquier adelanto científico es anatema». Él, no obstante, convoca a un debate científico y ético antes de que se tomen decisiones irrevocables.

Aboga por una perspectiva teísta en un mundo científico predominantemente racionalista en el que "los terrenos que pertenecen a Dios" es una frase sin sentido: desde un punto de vista racionalista, la ética sólo puede tener una base humanística antes que trascendente. En un artículo para el *Daily Telegraph* de junio de 1998, el príncipe expuso sus teorías acerca de la manipulación genética, teorías que él ha elaborado desde entonces, pero que siguen siendo sustancialmente consistentes. Empezó por manifestar su filosofía agrícola, ya esbozada en un apartado anterior:

> Siempre he creído que la agricultura debería proceder en armonía con la naturaleza, reconociendo que existen límites naturales a nuestras ambiciones. Ésa es la razón de por qué hace unos doce años decidí dedicarme a la agricultura orgánica, sin utilizar fertilizantes ni pesticidas artificiales. A partir de mi propia experiencia tengo claro que el sistema orgánico puede ser económicamente viable, que proporciona una amplia gama de beneficios sociales y medioambientales, y, lo que es más importante, que capacita a los consumidores para poder elegir la comida que van a comer.

El argumento en favor de la capacidad de elección de los consumidores destaca la incompatibilidad fundamental entre el procedimiento orgánico y el de la manipulación genética de los alimentos: cualquier contaminación en los cultivos genéticamente manipulados compromete de forma automática el estatus orgánico, dado que uno de los criterios es que el nivel de cultivos genéticamente manipulados sea del 0 %. Experiencias recientes con la contaminación asociada con la manipulación genética de plantaciones de semilla de aceite de colza orgánica en Saskatchewan (Canadá), han conducido a la pérdida de casi todo el sector. Y la falta de segregación apropiada en Norteamérica hace que, para los agricultores que no manipulan genéticamente los clutivos, resulte difícil *no* hacerlo. El príncipe continuó:

Pero en una época en la que las ventas de productos orgánicos están en auge, el desarrollo en la agricultura intensiva está de hecho privándonos de una elección fundamental acerca de la comida que comemos y poniendo sobre la mesa cuestiones cruciales sobre el futuro de nuestros alimentos y nuestro medio ambiente que aún deben ser respondidas. Los cultivos genéticamente modificados son presentados como un desarrollo esencialmente transparente que aumentará los rendimientos a través de técnicas que son simplemente una extensión de los métodos de cultivo tradicionales. Me temo que yo no puedo aceptar esto. La diferencia fundamental entre el cultivo de plantas orgánico y el cultivo genéticamente modificado es que, en este último, material genético de una especie de planta, bacteria, virus, animal de sangre caliente o pescado es literalmente insertado en otra especie, con la cual no podrían criar de manera natural. La utilización de estas técnicas plantea, en mi opinión, consideraciones éticas y prácticas cruciales.

Y aquí llegamos a uno de los puntos clave del argumento: ¿hay realmente una diferencia fundamental entre el cultivo de plantas tradicional y el que está genéticamente modificado? Los biólogos que se dedican a estas investigaciones dicen que no la hay. Sin embargo, la distinción crítica es que el cultivo convencional no implica una transferencia horizontal de genes (la deliberada inserción de material genético específico utilizando tecnología ADN de recombinación) de una especie a otra vía un vector artificial, generalmente un virus. Para conseguir esto, los mecanismos de defensa de las especies necesitan ser desmantelados. Y una implicación más es que esta técnica puede llevar a una incidencia creciente de resistencia a los antibióticos.

El príncipe continúa tomando en cuenta consideraciones de seguridad, que son de importancia capital para los consumidores:

Sencillamente no conocemos las consecuencias a largo plazo que el hecho de liberar plantas cultivadas de este modo puedan tener para la salud humana y el medio ambiente en general. Se nos asegura que estas nuevas plantas son intensivamente comprobadas y reguladas, pero el procedimiento de evaluación parece dar por sentado el hecho de que a menos que se pueda demostrar que un cultivo genéticamente manipulado sea nocivo para la salud, no hay razón para detener su uso. La lección de la encefalopatía espongiforme bovina y otros desastres enteramente desencadenados por el hombre en nombre de la causa de la "comida barata" es sin duda que son las consecuencias imprevisibles lo que nos debe causar mayor preocupación.

Una vez que el material genético ha sido liberado en el medio ambiente, éste no puede ser recuperado. Las probabilidades de problemas importantes pueden, como sugieren algunos, ser escasas, pero si realmente algo sale mal deberemos enfrentarnos al problema de tener que librarnos de una clase de contaminación que se perpetúa a sí misma. No estoy convencido de que alguien tenga idea de cómo se puede hacer esto, o de hecho quién ha de pagar por ello. Además, estas plantas procedentes de cultivos genéticamente manipulados son capaces de mezclarse con sus parientes silvestres, creando malas hierbas desconocidas inherentemente resistentes a los herbicidas y capaces de contaminar otros cultivos. Se descubrió que los genes modificados de una cosecha de colza genéticamente manipulada se habían extendido a un cultivo convencional a más de una milla de distancia. El resultado es que tanto los cultivos orgánicos como los convencionales están amenazados, y la amenaza va en un solo sentido.

El príncipe se refiere después a los argumentos acerca del uso de pesticidas y herbicidas:

Se nos dice que los cultivos genéticamente modificados requerirán un menor uso de productos agroquímicos. Aun si esto es verdad, no es ciertamente toda la verdad. Lo que deja de tomar en cuenta es el impacto total, en términos ecológicos y sociales, del sistema de agricultura. Por ejemplo, la mayoría de las plantas modificadas genéticamente que se han comercializado hasta ahora contienen genes de bacterias que las hacen resistentes a un herbicida de amplio espectro disponible a través del mismo fabricante. Cuando el cultivo es rociado con este herbicida, todas las demás plantas en el sembrado mueren. El resultado es un campo esencialmente estéril, que no proporciona ni alimentos ni un hábitat para la vida silvestre.

Mientras que existen algunos casos documentados de un uso reducido de herbicidas con el algodón genéticamente manipulado, una investigación de 8.200 campos de prueba de soja tolerante al glifosato (Roundup) demostró no sólo una reducción del 6,7% en el rendimiento medio, sino también la necesidad de entre dos y cinco veces más herbicida. El reciente informe de la *Soil Association* señala los problemas causados por las plantas "pillas" que siguen ahí desde el año anterior, las llamadas "voluntarias". Éstas podrían estar programadas para ser resistentes a los herbicidas, de manera *que toda la nueva cosecha debe ser rociada con productos químicos más potentes para eliminar a la "voluntaria"*.

El uso reducido de productos químicos está en el corazón del argumento en favor de la sostenibilidad entre los que proponen los métodos agroecológicos tradicionales y las promesas de la biotecnología, especialmente cuando esto se aplica al emotivo tema de la futura seguridad de los alimentos en el Tercer Mundo. El científico de Cambridge sir Brian Heap cita al botánico más eminente del mundo, el profesor Peter Raven, presidente de la *American Association for the Advancement of Science* [Asociación Americana para el Desarrollo Científico], cuando éste dice que «nuestro actual nivel de producción ha sido alcanzado sólo porque manufacturamos pesticidas cada vez más tóxicos, con los que ahora rociamos nuestras tierras

agrícolas a un ritmo de tres toneladas métricas al año y envene-
namos el medio ambiente con el nitrógeno que fijamos (nuestras emisiones exceden ahora el total de aquellas derivadas de
los procesos naturales)». Raven continúa:

«También cultivamos o utilizamos para el pastoreo la mayor parte de las tierras cultivables del mundo, y explotamos
dos tercios de las pesquerías del mundo más allá de sus límites sostenibles. A lo largo de los pasados cincuenta años hemos
perdido una quinta parte de la capa superficial del suelo del
mundo, una quinta parte de sus tierras agrícolas y una tercera
parte de sus bosques, y ha habido un dramático aumento de
las pérdidas de biodiversidad».

Sir Brian argumenta que «si estas tendencias continúan las
probabilidades de que las cosas "vayan como siempre" serán
aún más insostenibles, y las de alimentar a los hambrientos en
los países menos desarrollados se verán amenazadas todavía
más, a menos que se descubran y se adopten otras opciones».
Esto significa encontrar formas de agricultura sostenibles que
inviertan la tendencia hacia un mayor aumento de vertidos
tóxicos. Sir Brian reconoce que «los métodos orgánicos de
producción son una de las opciones, pero hasta ahora no han
conseguido alimentar al mundo porque los rendimientos son
demasiado bajos como para devolver mucho material orgánico a la tierra, y en los países subdesarrollados el estiércol que
produce el ganado tiende a ser quemado como combustible.»
Las innovaciones agroecológicas hacen mucho, como hemos
visto, por aumentar los rendimientos de una manera sostenible,
pero es cierto que resultan insuficientes por sí solas. Aquí es
donde sir Brian ve un papel para las controvertidas tecnologías de manipulación genética de segunda generación para
reducir el uso de pesticidas y herbicidas (ya hemos analizado
algunos de los problemas que esto acarrea), y para las tecnologías de tercera generación que pueden fortalecer los cultivos
con micronutrientes deseables. El jurado aún no ha dado su

respuesta sobre estos temas, pero el futuro de la agricultura debe en todo caso ser sostenible. Tal vez sea necesario que diseñemos de nuevo los límites después de un vigoroso debate acerca de la naturaleza exacta de la sostenibilidad en la agricultura.

El príncipe se siente preocupado, y con razón, por la proliferación de la resistencia de los insectos como resultado de la nueva tecnología de manipulación genética:

> Las plantas procedentes de cultivos genéticamente manipulados también están siendo diseñadas para producir su propio pesticida. Se augura que esto va a causar la rápida aparición de insectos resistentes. Aún peor, ya se ha demostrado que estas plantas productoras de pesticidas han matado también a algunos insectos predadores beneficiosos. Para dar sólo dos ejemplos, el hecho de insertar un gen de campanilla blanca en una patata hizo que la patata fuera resistente a la mosca verde, pero también mató a las mariquitas que se alimentaban de la mosca verde. Y las crisopas, un depredador natural del insecto xilófago del maíz y alimento para los pájaros de granja, desapareció cuando se alimentó de plagas de insectos criados en el maíz genéticamente manipulado.

Un problema aún más grave, según el biólogo de Harvard Stephen Palumbi, es que «los cultivos transgénicos con genes insecticidas o genes de tolerancia a los herbicidas favorecen la evolución de la resistencia a los pesticidas y la tolerancia a los herbicidas». De manera que estos genes «exacerban los problemas que se supone que deben resolver» y continuamente aumentan la virulencia de la guerra contra la naturaleza, de modo que cada nueva variedad es cada vez más tóxica. Un informe reciente en *The Times* advierte en contra de los superbichos a prueba de pesticidas al mismo tiempo que anuncia una nueva generación de insecticidas.

Existen auténticos riesgos en una ciencia que le declara la guerra abierta a la naturaleza, especialmente cuando esto se combina en una alianza nefasta con los imperativos financieros de los negocios de envergadura. Las distinciones entre la ciencia, la política y los negocios pueden difuminarse, lo que podría llevar a un extendido escepticismo del público acerca de los procesos de regulación. La ciencia y la industria comparten una ideología reduccionista de determinismo genético y una correspondiente mentalidad explotadora según la cual la naturaleza y los seres humanos son objetos que pueden ser legítimamente utilizados en pro de los beneficios económicos. El poder comercial puede crear un ciclo de dependencia rentable cuyos fines sean el aumento del control corporativo sobre los abastecimientos mundiales de alimentos y los sistemas de distribución. La naturaleza ha de ser patentada y hecha a medida en todo lo posible. Tal vez sea rentable a corto plazo el hecho de montar una campaña química contra la naturaleza bajo la forma de insectos y plagas –esto estimula la producción de insecticidas y herbicidas aún más potentes–, pero el resultado a largo plazo sólo puede ser un aumento en la carga tóxica que inevitablemente lleve a efectos cada vez más destructivos para la salud humana. Sólo reconociendo la fluidez, el dinamismo y la interconexión de la naturaleza podremos formular políticas que lleven a una sostenibilidad y una buena salud a largo plazo.

El príncipe advierte de los peligros inherentes a la pérdida de la biodiversidad, en sí misma la clave de la estabilidad ecológica:

> A pesar de las enormes cantidades de terreno que probablemente se verían implicadas, no existe ningún requerimiento oficial para vigilar los cultivos comerciales genéticamente modificados para comprobar exactamente lo que está ocurriendo. Piensen en los desastres agrícolas del pasado que surgieron del exceso de confianza en una única variedad de cultivo. Sin embargo, esto es exactamente lo que va a promover la modificación genética. Es totalmente posible que den-

tro de diez años casi toda la producción de cultivos principales, como la soja, el maíz, el trigo y el arroz, procedan de variedades genéticamente manipuladas, a menos que las presiones por parte de los consumidores exijan que no sea así.

Finalmente, el argumento utilizado más a menudo como la justificación definitiva de los alimentos genéticamente manipulados:

> También se nos dice que las técnicas de manipulación genética ayudarán a "alimentar al mundo". Ésta es una preocupación fundamental que nos atañe a todos. Pero ¿serán capaces las compañías que controlan estas técnicas de conseguir lo que ellos considerarían beneficios suficientes vendiendo sus productos a los más pobres del mundo? Tampoco creo que el problema básico sea siempre tan simple. Allí donde el problema es la falta de comida, antes que la falta de dinero para comprar comida, puede que haya mejores maneras de conseguir los mismos resultados. Investigaciones recientes han demostrado, por ejemplo, que los rendimientos de algunos sistemas agrícolas tradicionales pueden ser doblados, o incluso triplicados, por medio de técnicas que conservan los recursos naturales al mismo tiempo que hacen el mejor uso de las técnicas de trabajo y administración.

Aquí volvemos a los argumentos agroecológicos del principio de este capítulo, y al hecho de que existen causas políticas y económicas del hambre que no son susceptibles de encontrar soluciones tecnológicas. La Revolución Verde de las décadas de 1960 y 1970 desplazó a muchos agricultores indígenas introduciendo semillas híbridas que dependían de los fertilizantes químicos para rendir más. Las semillas eran después vendidas junto con los fertilizantes, pesticidas y herbicidas requeridos. Irónicamente, este aumento de los costes fueron parcialmente cubiertos por préstamos de los gobiernos que después debían ser devueltos a partir de los beneficios de las cosechas. Además, muchos agricultores se cambiaron a cultivos de mayor beneficio para la exportación al exterior, a costa de otros que podían ser cultivados y consumidos localmente.

A pesar de aumentos del rendimiento considerables, los costes sociales y medioambientales de la Revolución Verde han sido muy lesivos: se necesitaba mayor irrigación, de modo que se construyeron inmensas presas (con un tiempo de vida limitado), lo cual evacuó a miles de personas de sus casas y causó erosión y zonas inundadas. Luego los productos químicos contaminaron el agua de la superficie y contribuyeron a la deterioración del suelo. Además, las variedades híbridas eran de tallo corto con granos grandes, lo que significaba que se obtenía más alimento pero menos paja y pienso para el ganado. Finalmente, la semilla híbrida no se reproduce, de modo que el agricultor no puede conservar semillas sino que tiene que comprarlas cada año directamente a un proveedor. Como observa el biólogo Brian Goodwin: «El resultado en general es un círculo vicioso de daños al medio ambiente, dependencia del agricultor, dislocación de las prácticas agrícolas normales que se integran unas con otras y deudas».

Puede argumentarse que la revolución de la manipulación genética sirve para extender estas tendencias de dependencia y daños ecológicos en beneficio de las mismas corporaciones que trajeron la Revolución Verde y ahora pergeñan una argucia tecnológica para los problemas medioambientales que se asocian con ella. El hecho de que de esta nueva modalidad de cultivos pueda esperarse que resuelva estos problemas de dependencia es cuestionable, en especial si eventualmente se introducen las llamadas "semillas *terminator*". Estas semillas de hecho impiden que la semilla germine de nuevo, de modo que se garantiza absolutamente que el agricultor tenga que comprar nuevas semillas a los fabricantes cada año. Como dijo el príncipe en otro contexto: «Representantes de veinte estados

119

africanos, incluyendo Etiopía, han publicado una declaración negando que las tecnologías genéticas "ayudarán a los agricultores a producir los alimentos que se necesitan en el siglo XXI". Por el contrario, "creen que éstas destruirán la diversidad, los conocimientos locales y los sistemas de agricultura sostenible y socavarán nuestra capacidad de alimentarnos a nosotros mismos."»

El príncipe concluye con la cuestión más radical, convocando a un debate de amplio espectro que abarque la agricultura como un todo:

> ¿Necesitamos en última instancia utilizar las técnicas de manipulación genética? La tecnología ha traído consigo enormes beneficios para la humanidad, pero existe el peligro, especialmente en áreas tan sensibles como los alimentos, la salud y el futuro a largo plazo del medio ambiente, de dedicar todos nuestros esfuerzos a establecer aquello que es técnicamente posible sin detenernos primero a preguntarnos si esto es algo que deberíamos estar haciendo o no. Yo creo que deberíamos hacernos esa pregunta, a través de un amplio debate público acerca de los temas de principio que no pueden ser encarados de forma eficaz sólo mediante la ciencia y las regulaciones. ¿No es mejor examinar primero qué es lo que realmente queremos de la agricultura en términos de provisión de alimentos y seguridad, empleo rural, protección del medio ambiente y del paisaje, antes de examinar el papel que la modificación genética podría, tal vez, interpretar en cuanto a conseguir esos cometidos?

Como resultado de sus primeras incursiones en esta área, el príncipe instauró un foro de discusión en su página web, que atrajo más de 10.000 respuestas, después de lo cual escribió un nuevo artículo en el *Daily Mail*. Más recientemente, en su discurso en Euronatur, el príncipe reiteró sus preocupaciones acerca de la amenaza inmediata que representan los cultivos manipulados genéticamente para la agricultura orgánica, e invitó a realizar nuevas investigaciones en agricultura orgánica, como se recomendó en un reciente informe del *Land Economy Department* [Departamento de Economía de la Tierra], de la Universidad de Cambridge. El informe comenta el desequilibrio en los presupuestos de investigación y propone que «una estrategia de investigación a largo plazo sobre la agricultura orgánica intentaría rectificar este desequilibrio y ayudaría a mejorar la eficacia de la producción orgánica, haciéndola así más atractiva y rentable».

El futuro de la agricultura biotecnológica y el papel de la agricultura orgánica están en vilo. En términos de poder científico, económico y político, el sistema biotecnológico supera al agroecológico y orgánico por una distancia importante. No obstante, existe un apoyo popular cada vez más grande en favor del método orgánico –al menos en la Gran Bretaña– y su correspondiente visión ecológica del mundo. Existe también un sentido, expresado por el príncipe, de una soberbia arrogante por parte de los que proponen la tecnología de la ingeniería genética, que puede conducir a resultados imprevisibles, indeseables o incluso catastróficos. La prensa tiende a presentar el debate como si tuviera lugar entre la ciencia experta y los luditas anticientíficos, pero esto oscurece el hecho de que existe una considerable inquietud *científica* en cuanto a los desarrollos en la biotecnología, especialmente por parte de los biólogos holísticos independientes que comprenden las ciencias de la complejidad, los sistemas no lineales y la ecología. Tales científicos buscan, como el príncipe, encontrar modos de vida sostenibles en armonía con la naturaleza. La ciencia no ha de ser abandonada, sino más bien reformulada dentro del contexto holístico de los organismos que en última instancia dependen de la tierra y son inseparables de ella.

El futuro de las comunidades rurales

Este apartado se escribe el día después de la enorme asistencia –más de 400.000 personas– que convocó la *Countryside March* [Marcha de la Defensa de la Compañía], en el centro de Londres en octubre de 2002. Aunque el motivo central de la marcha había sido la amenaza a la caza del zorro (tema por el cual el príncipe siente verdadera pasión), las cuestiones más amplias tenían que ver con la decadencia de las comunidades rurales y la mala interpretación del modo de vida campestre por parte de los habitantes de las ciudades, y, es de ley decirlo, el oportunismo político del hecho de poner de relieve una causa que con toda seguridad va a alentar al voto urbano –es decir, al núcleo de apoyo del Partido Laborista–, un hecho admitido en privado por el difunto Donald Dewar con respecto a Escocia.

Como vimos al hablar sobre la filosofía del príncipe en relación con la agricultura, éste está interesado en mantener el modo de vida rural y su infraestructura como una parte esencial de nuestra herencia cultural, enfatizando el hecho de que los agricultores tienen un papel doble que abarca a la vez la producción de alimentos y el servicio al campo: «Convertir el campo en un parque temático para los habitantes de las ciudades no es la respuesta a sus problemas. Una vez que se pierde esa admirable cultura no es posible recuperarla».

El príncipe hizo de anfitrión en un seminario en Highgrove en febrero de 1999 para discutir los problemas de las zonas rurales y encontrar soluciones a la bien documentada preocupación que despierta el éxodo del campo de familias y gente joven. Esto llevó a la *Rural Revival Initiative* [Iniciativa para la Reactivación Rural], que busca desarrollar soluciones al aislamiento rural actuando como catalizador para proyectos que ayudarían a mejorar la vida en las comunidades rurales. Mientras que las privaciones en las ciudades están bien documentadas, la exclusión rural es menos conocida. Al príncipe le preocupan las dificultades que experimentan muchas personas de bajos ingresos en las zonas rurales, y está ansioso de encontrar soluciones a la escasa calidad de vida de mucha gente en núcleos aislados del campo.

Una de las primeras iniciativas fue el *Northern Fells Rural Project* [Proyecto Rural de los Páramos del Norte], en Cumbria. Con ocasión de la puesta en marcha de los dos proyectos piloto, el príncipe explicó su razonamiento:

> Organicé el seminario porque estaba cada vez más preocupado por lo que yo sentía como problemas muy reales, pero a menudo ocultos, de desventaja en las zonas rurales. A diferencia de lo que ocurre en pueblos y ciudades, las personas con mayores necesidades en las zonas rurales tienden a residir en zonas difíciles de identificar. Y tampoco se ven con facilidad. Las gentes del campo son, por tradición y tal vez a causa de esa tradición, estoicas e independientes. Rara vez se quejan, y prefieren comparar sus vidas con las condiciones más arduas del pasado antes que con los niveles de vida actuales.

Reuniendo a un grupo de personas con conocimientos y experiencia, el príncipe quería comprobar si era posible añadir un nuevo ímpetu al reavivamiento rural, y encontrar algunas medidas prácticas para atajar las causas de las desventajas rurales. El proyecto de Cumbria intentaba identificar carencias en la provisión de servicios rurales y llevar a cabo mejoras palpables en las vidas de los residentes de Caldbeck y las zonas circundantes. Como parte de una campaña de autoayuda, el príncipe persuadió a la empresa Ford para que donara a Caldbeck un minibús con acceso para silla de ruedas. En una zona con poco transporte público eficaz, el minibús (conducido por diecinueve voluntarios) lleva a la gente a médicos, dentistas y clínicas además de a estaciones, paradas de autobús o actividades sociales y deportivas. El minibús ayuda a las personas a visitar a sus amigos y familias en hospitales y residencias, y también transporta a aquellos que relevan a otros en el cuidado de sus familiares. Este proyecto es el resultado de una asociación entre la Agencia del Campo, Negocios en la Comunidad, Acción Voluntaria de Cumbria y la Clínica Quirúrgica Caldbeck.

Los proyectos iniciales recibieron apoyo económico de una serie de empresas. La iniciativa se extendió en julio de 2001 con la puesta en marcha de *Business in the Community Rural Action Programme* (BITC) [el Programa de Acción Rural], tras la crisis de la fiebre aftosa. Aquí el príncipe sugirió que las empresas pueden apuntarse a ayudar de tres maneras: construyendo comunidades locales con espíritu de empresa a través del apoyo y el asesoramiento, reavivando los pueblos donde existen mercados y comprometiéndose a comprar alimentos y otros servicios de fuentes locales. El príncipe reiteró su convicción de que el futuro del campo es uno de los temas más cruciales de nuestra época, señalando que «incluso antes del desastre de la fiebre aftosa las rentas medias procedentes de la agricultura eran de unas 5.200 libras por granja, y sólo el año pasado se perdieron 20.000 puestos de trabajo en la agricultura. Detrás de estas cifras hay un modo de vida y toda una cultura al borde del colapso». El príncipe continuó:

La peste de fiebre aftosa ha enseñado a la gente que existe una conexión íntima entre la tierra, los animales y ellos mismos. Visitan el campo por su belleza, comen los alimentos que se cultivan allí y a veces hasta eligen retirarse en ese lugar. De modo que es mi opinión que todos y cada uno de nosotros tenemos una responsabilidad con el campo y las personas que lo habitan, exactamente del mismo modo que creo que tenemos una responsabilidad con nuestras ciudades del interior, lo cual es una de las razones de por qué dio comienzo BITC. Éstos no son los problemas de otros: son los nuestros.

El príncipe tuvo algunas dificultades iniciales para convencer al BITC de que redirigiera parte de sus atenciones a las comunidades rurales, pero su probado método de "ver es creer" lo consiguió. Llevó a cuatro grupos de directores de empresa a cuatro comunidades rurales en Gales, North Yorkshire, Cumbria y Shropshire para mostrarles los problemas y luego comprobar su reacción. Después de una visita, John Roberts, director ejecutivo de United Utilities, expresó la opinión de que «las comunidades rurales se enfrentan con significativos desafíos en términos de inclusión social que son tan temibles y difíciles como los que se encuentran en las ciudades del interior». Luego pidió al equipo del BITC que «cree un conjunto de iniciativas que constituyan una diferencia sustancial. Y no sólo a corto plazo, como solución rápida, lo cual no ayuda a nadie, sino a largo plazo. Esto significa una actividad determinada y sostenida, y yo estaré vigilando con la mayor atención posible para asegurarme de que funcione y averiguar, si no funciona, por qué no lo hace».

El príncipe propuso un programa, *Partners in Rural Leadership* [Socios en el Liderazgo Rural], que reuniera a cincuenta empresarios rurales y a cincuenta importantes directivos de empresa, y presentó otra sugerencia específica:

> ¿Y por qué no estimular a la empresa de otro modo? Una de las características de la vida en el campo actual es la falta de servicios. Por ejemplo, hubo una época en la que el pub solía estar en el centro de la vida del pueblo, pero ahora el 40% de los pueblos carecen de uno. Al mismo tiempo, las tiendas de pueblo y las oficinas de correos se están cerrando a un ritmo alarmante. Así que yo pensé: ¿por qué no hacer del pub el corazón del pueblo? Poner en el pub la oficina de correos y la tienda, y aumentar así los beneficios dándole al pub mismo un futuro más estable. Sé que esto puede hacerse. Existe un maravilloso ejemplo en Sussex, en el White Heart Inn, donde la fábrica de cerveza Adnam ha apoyado a

los arrendatarios del pub para expandir sus servicios. Ha tenido que emplearse personal extra, y esto ha constituido un gran éxito.

Una segunda iniciativa, explicó el príncipe, está centrada en los pueblos-mercado, que una vez constituyeron los motores económicos de la vida rural. Recientemente han entrado en una decadencia imparable, con muchos de los problemas de las ciudades del interior: crimen, drogas y vandalismo. BITC tomó la iniciativa de crear sociedades en los pueblos-mercado que proporcionaran cursos comerciales para ayudar a su regeneración. La tercera iniciativa tiene que ver con las fuentes locales. El príncipe alentó a su público a pensar en modos de cambiar las políticas de sus compañías para apoyar a sus comunidades rurales locales. Pudo decir que contaba con el apoyo de importantes empresas alimentarias para esta iniciativa, como Sainsbury's, SPAR y Samworth Brothers. El cuarto tema señalado fue el de las viviendas baratas en las zonas rurales, que el príncipe espera discutir con las asociaciones de vivienda y la industria de la construcción. Como desafío final, el príncipe pidió a las 750 compañías miembros del BITC que llevaran a cabo una prospección sobre el impacto rural.

El príncipe concluyó urgiendo a sus oyentes a que no subestimaran el poder que tenían para constituir una diferencia, de manera que aquellos nacidos y criados en el campo puedan encontrar un futuro económico, ya sea en la granja familiar o administrando sus propios negocios. Expresó la esperanza de que el BITC pudiera constituir una diferencia sustancial, recordando a su público que:

> [...] la campiña inglesa es tan bella sólo porque ha sido cuidada, y vivida, por estas gentes tras muchas generaciones de experiencia y conocimientos. El paisaje único, y las personas que viven en él, son uno de los atributos más valiosos de

este país. También constituyen un recurso económico crucial, con muchos de sus ingresos procedentes del turismo [...] y esto nunca ha estado tan amenazado como lo está hoy.

Estas palabras apelan a un sentimiento nacional, y nos llevan a los intereses que hay detrás de la *Countryside Alliance* [Alianza a favor del Campo]. Para el príncipe, el futuro de la agricultura y el futuro del campo están íntimamente ligados, como ha demostrado este capítulo, y forman parte de su interés más general en el desarrollo sostenible tanto en la teoría como en la práctica.

3. EL CAMINO DE LA CURACIÓN: HACIA UNA MEDICINA INTEGRADA

Ahora nos encontramos con las crisis gemelas de una salud y un medio ambiente que se deterioran y que amenazan nuestra calidad de vida. Estas crisis están intrínsecamente unidas entre sí, y ambas son reflejo del modo en que pensamos acerca de los organismos y sus interactuaciones. Si los seres humanos van a ser entendidos esencialmente en función de los genes y sus productos, entonces la enfermedad ha de ser corregida por medio de la manipulación genética. El resultado es una medicina basada en los fármacos y el asesoramiento y la ingeniería genética. Éstos pueden ser extremadamente eficaces bajo ciertas circunstancias, pero la atención médica basada en este modo de abordar las cosas está enfocada en la enfermedad antes que en la salud.

BRIAN GOODWIN

El príncipe radical

Algunos hitos en el movimiento en pro de la salud holística

Es muy probable que la mayoría de los lectores de este libro hayan experimentado una forma u otra de medicina complementaria o alternativa (MCA). En la actualidad existen unos 49.000 practicantes de MCA en Gran Bretaña y 36.000 médicos. El 20% de la población de Gran Bretaña utiliza la MCA, y cinco millones de personas han consultado a un practicante de MCA en el último año, con una estimación de entre 15 y 20 millones que lo han hecho en un momento u otro. El 75% del público pide acceder a la MCA a través de la Seguridad Social, y el 58% de los médicos han derivado a sus pacientes a terapias MCA. En 1998 hubo 22 millones de visitas a los practicantes de seis terapias importantes, mientras que en las unidades de accidentes o urgencias hubo 14 millones de visitas en el mismo año. En la actualidad gastamos 1.600.000 libras en MCA además de los 65 millones que se gastan en la Seguridad Social.

El interés del público en la salud holística a lo largo de los últimos veinticinco años ha seguido el camino del desarrollo de las ciencias ecológicas y la agricultura orgánica que hemos descrito anteriormente. El biólogo Brian Goodwin hace una conexión explícita entre nuestra salud en general y los sistemas medioambientales, en la cual la calidad de la comida es el nexo esencial a través de las condiciones del suelo. Pioneros como sir Robert McCarrison, Max Gerson y Max Bircher-Benner forjaron los vínculos entre la nutrición y la salud, que ahora son ampliamente reconocidos como un factor importante en las "enfermedades de la civilización" degenerativas como el cáncer y las dolencias cardíacas. Además, Scott Williamson e Innes Pearce, que preconizaron el primer centro de salud auténtico en Peckham, en el sur de Londres, en las décadas de 1930 y 1940, fueron los primeros en demostrar que la salud del organismo –tanto del individuo como de la familia– estaba directamente

130

relacionada con la salud del medio ambiente. Formularon una definición radical de la salud como «un proceso de síntesis mutua entre el organismo y el medio ambiente».

Un tema esencial que se trata a lo largo de este capítulo es el de que han existido dos puntos de vista distintos con respecto a la salud en la tradición médica occidental. El primero –el de que la salud es el orden natural de las cosas– constituye la base de la filosofía de la medicina natural, complementaria y alternativa. El segundo –el de que el papel del médico es tratar la enfermedad– es típico de la medicina moderna (alopática). El punto de partida del enfoque holista es la salud, mientras que el de la ortodoxia médica actual es la patología o la enfermedad. En el primer caso se enfatiza la naturaleza como conjunto y su fuerza curativa, mientras que el segundo se concentra en corregir lo que se consideran los defectos de la naturaleza por medio de drogas farmacéuticas, cirugía, radioterapia y, más recientemente, la perspectiva de la terapia genética. Estos puntos de vista reflejan respectivamente una filosofía holística en la que se trabaja en armonía con la naturaleza por un lado y, por el otro, una filosofía de control que puede implicar librar una batalla contra la naturaleza con "armas" aún más potentes. Como ocurre con la agricultura, ésta no es una guerra que podamos ganar simplemente aumentando el arsenal farmacológico y exacerbando así los ahora graves problemas de la resistencia a los antibióticos, especialmente en los hospitales. Como veremos, la propuesta actual es la de encontrar una integración de estos dos acercamientos a la salud y la medicina.

El príncipe de Gales ha tenido un papel pionero en el desarrollo del movimiento de la salud holística (ahora integrada) desde su discurso seminal a la Asociación Médica Británica en diciembre de 1982. En su conferencia en el Penny Brohn Memorial en 2001, el príncipe recordó esta ocasión:

He pensado describir brevemente por qué me he involucrado tanto en todo este tema. Me alegra mucho saber que la doctora Caroline Myss dice lo mismo acerca de la cuestión de cómo se integra lo mejor de lo antiguo y lo mejor de lo nuevo, algo que en mi opinión es muy importante: lo mejor del aspecto antiguo de nuestra humanidad, el aspecto interior de ella, y lo mejor de lo que hemos descubierto en los últimos cien años. Recuerdo que se me pidió ser presidente de la Asociación Médica Británica en el año de su 150 aniversario en 1982, que asistiera a la cena y pronunciara un discurso. Algunos de ustedes tal vez recuerden que lo único que hice fue implorar un poco más de comprensión acerca de la necesidad de un acercamiento más holístico a los modos en que llevamos a cabo nuestros cuidados sanitarios. Cité algunas frases de Paracelso y cuando todo terminó me quedé totalmente asombrado de la reacción que esto había causado entre el cuerpo de médicos. ¡Se armó un escándalo!

El príncipe no se arredró. Ése fue el principio de lo que ha sido una continua campaña personal desde entonces. El año siguiente se fundó la *British Holistic Medical Association* (BHMA) [Asociación Médica Holística Británica]. Luego, en 1984, sir James Watt, presidente de la *Royal Society of Medicine* [Real Sociedad de Medicina], organizó una serie de coloquios sobre la relación entre la MCA y la medicina tradicional. Sir James recuerda que el punto culminante de esta serie de coloquios tuvo lugar una tarde en la que un practicante de la MCA demostró un mayor conocimiento diagnóstico que el médico que hablaba en aquella ocasión. Cuando finalmente los coloquios fueron publicados, el príncipe escribió un prólogo.

Entretanto, la Asociación Médica Británica estaba preparando su propio informe inicial, que fue publicado en el otoño de 1986 e inmediatamente criticado por la BHMA. El informe de 1996 fue mucho más constructivo, lo que da una idea del rápido progreso experimentado en este campo. La década de 1980 también vio el establecimiento en Gran Bretaña del *Research Council for Complementary Medicine* [Centro de Investigaciones de Medicina Complementaria] (RCCM), que supervisó parte de las primeras investigaciones de la MCA y proporcionó un valioso foro de discusión sobre la metodología de la investigación. El RCCM ha producido una estimable base de datos de investigación sobre la MCA, a la que se puede acceder a través de su página web. El Centro de Salud Marylebone, del que el príncipe ha sido patrocinador desde sus primeros días, fue instituido por el doctor Patrick Pietroni en 1987 en la cripta de la iglesia de Marylebone, y el *Marylebone Centre Trust* [Fideicomiso del Centro Marylebone] fue establecido al año siguiente, como lo fue la Clínica Hale en Londres, que el príncipe inauguró.

La década de 1990 fue testigo de grandes avances en este campo, notablemente en los Estados Unidos. Las presiones por parte del senador Tom Harkin llevaron al establecimiento en 1992 de una Oficina de Medicina Alternativa en el bastión de la ortodoxia, los institutos nacionales de la salud, con un presupuesto inicial de cinco millones de dólares. Esto fue recibido con gran escepticismo, y algunos de sus primeros detractores se refirieron a este organismo como la "Oficina de Astrología". En el otoño de 1993 ocurrió un hecho importante con la publicación en el *New England Journal of Medicine* de un artículo del doctor David Eisenberg de la Escuela de Medicina de Harvard en Boston. Eisenberg y sus colegas descubrieron que los norteamericanos estaban visitando a más practicantes de MCA que a médicos convencionales. Lo que era aún más significativo, Eisenberg calculó que se estaban gastando unos catorce mil millones de dólares en el proceso, lo cual es mucho dinero bajo cualquier punto de vista. La Oficina de Medicina Alternativa se ha convertido ahora en el *National Center for Complementary and Alternative Medicine* [Centro Nacional para la Medicina Complementaria y Alternativa], con un presupuesto anual de cien millones de dólares. Las facultades de medicina están ofreciendo cada vez más cursos sobre MCA en respuesta a las demandas de los estudiantes.

El prestigioso periódico *Alternative Therapies* [Terapias alternativas] nació en 1995 bajo la dirección ejecutiva del carismático doctor Larry Dossey, quien ha hecho una de las contribuciones más significativas al campo de la salud holística con una serie de libros que empezó con el titulado *"Tiempo, espacio, y medicina"* en 1982. En 1995 publicó un libro sobre la investigación acerca de la oración de intercesión titulado *"Palabras que curan"*, que vendió más de 250.000 ejemplares en rústica y ayudó a estimular el desarrollo de programas sobre espiritualidad y salud que ahora tienen lugar en más de noventa facultades médicas en los Estados Unidos. En Harvard, Herbert Benson preconizó la respuesta a la relajación y la investigación sobre placebos, y organizó una serie de conferencias de alto nivel sobre la medicina mente-cuerpo en las facultades de medicina de las universidades. *Advances*, el periódico sobre medicina mente-cuerpo, ya empezó a publicarse en 1982, y sigue siendo uno de los principales foros de su campo. *The Journal of Alternative and Complementary Medicine. Research on Paradigm, Practice and Policy*, ahora editado por el doctor Kim Jobst, nació en 1995 y se concentra en la investigación de los valores terapéuticos de las terapias médicas no tradicionales.

De nuevo en la Gran Bretaña, el *Marylebone Centre Trust* siguió con su trabajo junto con la Universidad de Westminster con el establecimiento del Centro de Cuidado Comunitario y Salud Primaria con su programa de medicina alternativa en 1993. Desde mediados de la década de 1990 la Universidad de Westminster ha expandido ampliamente su programa de graduado para que incluya cursos sobre el trabajo corporal terapéutico, prácticas generales y salud primaria, medicina complementaria, ciencias de la salud, homeopatía y medicina china tradicional. La Policlínica fue inaugurada por el príncipe de Gales en 1998 y en ella se proporciona una variedad de terapias complementarias a precios razonables y en un entorno de enseñanza. Su Escuela de la Salud Integrada fue establecida en 2000, y dentro de poco se dedicará a coordinar un importante programa de investigación con ayuda del gobierno. Además tiene un departamento de prácticas comunitarias y de colaboración. Esta combinación convierte la universidad en el centro de MCA más importante del país.

En 1996 el príncipe de Gales creó la Fundación de Medicina Integrada cuyo trabajo describiremos más detalladamente a continuación. La cátedra Laing de Medicina Complementaria fue creada en la Universidad de Exeter y de ahí ha surgido un nutrido programa de educación e investigación. Otras universidades, como Derby, están ahora preparando cursos de graduado en MCA. Ha aparecido un buen número de nuevos periódicos y revistas, así como muchos cursos sobre todo tipo de terapias complementarias. Algunas de éstas –como la osteopatía y la quiropráctica– ahora están reconocidas por el Parlamento, y se espera que pronto ocurra lo mismo con la acupuntura. El Comité de Ciencia y Tecnología de la Cámara de los Lores publicó un amplio informe sobre la MCA en el año 2000. El panorama general en los Estados Unidos y en muchos países europeos es que el público informado pide un mayor acceso a la MCA y a terapias alternativas como la reflexología. Al mismo tiempo, innovaciones y reformas empiezan a abrirse paso lentamente por los pasillos de la institución médica.

Un buen ejemplo de ello es el establecimiento dentro del Real Colegio de Psiquiatras de un grupo especial interesado en la espiritualidad y la psiquiatría del que hablaremos más adelante. Un desarrollo más temprano en la misma dirección fue el establecimiento en 1973 de la Red Científica y Médica por un importante grupo de médicos, científicos y educadores interesados en el hecho de que el entrenamiento científico y médico estuviera tan íntimamente unido a la adopción de una filosofía mecanicista y materialista. La Red cuenta con unos dos mil miembros en cincuenta países y proporciona un foro de discusión sobre temas de intercambio entre la ciencia, la medicina, la espiritualidad y la nueva disciplina del estudio de la conciencia.

Ya nos hemos referido a la preponderancia de las metáforas y los acercamientos mecanicistas en los capítulos sobre la ecología y la agricultura. En este capítulo veremos cómo el mismo modo de pensar ha sido aplicado a la medicina y ha llevado a algunos avances espectaculares. No obstante, las limitaciones de este punto de vista empiezan también a ser visibles en el terreno médico. Por ejemplo, el epidemiólogo norteamericano Jeff Levin argumenta que el modelo médico ortodoxo del ser humano falla gravemente dado que está «basado en una concepción de los humanos como seres sin espíritu [que] sólo podría haber engendrado un modo mecanicista y materialista de concebir la salud y tratar la enfermedad». Y concluye:

> En suma, en el centro del modelo médico que sólo trata el cuerpo hay una visión equivocada de lo que el ser humano es realmente. Por lo tanto, antes de que podamos corregir la medicina –y cualquiera de nuestras instituciones sociales– necesitamos devolver una perspectiva más holística a nuestra comprensión de la vida humana. No podremos tener una medicina verdaderamente "integrada" hasta que no tengamos un modelo integrado de cuerpo-mente-espíritu de lo que significa ser humano. Sin esto último, jamás podremos reconocer la multitud de determinantes potenciales de la salud.

Aquí Levin llega al corazón del asunto: que sin un modelo adecuado del ser humano no podremos tener una medicina o un sistema de salud verdaderamente adecuados. El modelo actual insiste en que nuestros cerebros producen la conciencia del mismo modo que una tetera produce vapor, y en que el ser humano puede ser comprendido, como Jeff Levin señala, teniendo en cuenta un modelo que sólo incluye el cuerpo. Por poderoso que sea este modelo, es simplemente incapaz de explicar ni siquiera las investigaciones en medicina mente-cuerpo que demuestran que nuestro estado mental y nuestras emociones tienen un efecto fundamental sobre nuestra salud y nuestro bienestar.

El trabajo del príncipe a favor de la medicina holística

> *El arte de la medicina tiene sus raíces en el corazón. Si tu corazón es falso, serás un falso médico; si tu corazón es justo, serás un auténtico médico.*
>
> PARACELSO

El príncipe de Gales fue nombrado presidente de la Asociación Médica Británica en su 150 aniversario en julio de 1982. Su discurso en aquella ocasión alabó la dedicación de los médicos y mencionó dos temas que él pensaba que podrían caracterizar su presidencia: el primero era el acceso a una atención sanitaria adecuada por parte de sectas religiosas en las comunidades de inmigrantes, especialmente los sijs, y el segundo los problemas de discriminación con los que debían enfrentarse los minusválidos. El príncipe explicó: «Teniendo en cuenta la íntima implicación que la profesión médica tiene con las personas minusválidas, sería magnífico saber que puedo acudir a la Asociación Médica Británica en busca de consejo o ayuda sobre este tema». Estos intereses reflejan parte de las actividades del príncipe dedicadas a otros contextos como el Trust del Príncipe.

Fue su segundo discurso sobre la medicina complementaria en diciembre de aquel mismo año el que causó una controversia mucho mayor. Resulta difícil recordar el empecinamiento de muchas actitudes en aquellos días cuando ahora la gente habla con tanta naturalidad de las perspectivas de la medicina integrada. El príncipe empezó su discurso con una frase de advertencia: «A menudo he pensado que uno de los rasgos menos atractivos de diversos cuerpos e instituciones profesionales es la sospecha profundamente arraigada y la hostilidad directa que son capaces de exhibir con respecto a cualquier cosa que no sea ortodoxa o convencional». Ésta demostró ser una afirmación profética en relación con las respuestas por parte de los estamentos de la arquitectura y la agricultura que siguieron a sus propuestas. Los expertos del *establishment* tienden a formar un sacerdocio secular conservador que protege la sabiduría convencional y está al acecho de cualquier señal de herejía. El príncipe añadió que «la naturaleza humana es tal que frecuentemente nos impide ver que aquello que hoy se toma por heterodoxo es probablemente lo que mañana será convencional». También esto ha resultado profético, como también su reflexión más sombría de que «el individuo heterodoxo está condenado durante años a la frustración, el ridículo y el fracaso para representar su papel en la configuración de las cosas, hasta que llega su día y la humanidad está preparada para recibir su mensaje; un mensaje que probablemente él mismo encuentra difícil de explicar, pero que sabe que proviene de una fuente mucho más profunda que el pensamiento consciente». No obstante, es posible que tales individuos tengan la satisfacción de que al final quede demostrado que sus intuiciones eran correctas.

El príncipe prosigue recordando la experiencia del médico del siglo XVI Paracelso, citado más arriba, diciendo que, aunque es recordado por su heterodoxia, en otro sentido fue una Asociación Médica Británica reunida en una sola persona, quejándose de los abusos farmacéuticos y los remedios falsos (como la sangre de víbora) de su época. De hecho, «en 1527, en un acto del que estoy seguro que los médicos de hoy en día se sentirían orgullosos, quemó el famoso libro de texto de medicina medieval, el *Canon de la medicina* de Avicena, [un acto] que se convirtió en símbolo de la rebelión contra la pedantería y la aceptación ciega de antiguas doctrinas».

Lejos de pensar en Paracelso como en un charlatán, continuó el príncipe, haríamos bien en considerar los principios sobre los cuales actuaba antes de que «la ciencia se separase de la naturaleza»:

> Sobre todo mantenía que había cuatro pilares sobre los que se apoyaba el arte de curar. El primero era la filosofía; el segundo, la astronomía (o lo que hoy podríamos llamar psicología); el tercero, la alquimia (o la bioquímica), y el cuarto, la virtud (en otras palabras, la habilidad profesional del médico). Luego procedió a describir las calificaciones básicas de un médico: «Como toda planta y remedio metálico, el médico también ha de tener una virtud específica. Debe tener intimidad con la naturaleza, debe poseer la intuición necesaria para comprender al paciente, a su cuerpo y a su enfermedad. Debe tener la "sensibilidad" y el "toque" que le permitan establecer una comunicación de simpatía con los espíritus del paciente». Paracelso creía que el éxito terapéutico de un buen médico dependía en gran parte de su capacidad de inspirar confianza al paciente y activar su voluntad para recuperar la salud.

El príncipe cita al doctor George Engel –fundador del método biopsicosocial– al explicar que la medicina moderna es predominantemente mecanicista en su actitud, considerando «el cuerpo como una máquina, la enfermedad como un desperfecto de esa máquina y al médico como el encargado de reparar la máquina».Y continúa:

> Al concentrarse en fragmentos cada vez más pequeños del cuerpo, la medicina moderna pierde tal vez de vista al paciente como ser humano completo, y al reducir la salud a un funcionamiento mecánico no es ya capaz de tratar el fenómeno de la curación. Y aquí vuelvo a mi argumento original. La pa-

labra "sanador" es tenida por sospechosa, y los conceptos de la salud y la curación probablemente no se discuten lo bastante en las facultades médicas. Pero el hecho de reincorporar la noción de la sanación a la práctica de la medicina no significa necesariamente que la ciencia médica tenga que ser menos científica. A través de los siglos la sanación ha sido practicada por sanadores populares guiados por la sabiduría tradicional que considera la enfermedad como un trastorno de la persona en su totalidad, lo cual no sólo implica el cuerpo del paciente, sino también su mente, la imagen que éste tiene de sí mismo y su dependencia del entorno físico y social, además de su relación con el cosmos.

Es importante subrayar que aquí el príncipe, igual que con la agricultura, está abogando por una actitud inclusiva y no por una que exija elegir entre una cosa u otra: la ciencia *y* el arte de la medicina, curar *y* sanar. Sus palabras podrían parecer obvias hoy en día, pero éste ciertamente no era el caso hace veinte años. La principal contención del príncipe era la de que «el imponente edificio de la medicina moderna, con todos sus magníficos éxitos, está, como la célebre torre de Pisa, ligeramente desequilibrado». Esto bajo ningún concepto significa negar los indudables beneficios de la ciencia médica moderna, sino sugerir que ésta necesita ser complementada con una actitud más cualitativa, más centrada en el paciente, más allá de la fascinación con «el punto de vista objetivo, estadístico e informático con respecto a la curación de los enfermos». Como ya hemos visto, fue este discurso el que inició un importante debate dentro de la profesión médica acerca del papel de la medicina complementaria, y ayudó a avanzar en este campo de una manera significativa. En julio de 1983, y por instigación del príncipe, la Asociación Médica Británica reunió a un grupo de trabajo para que considerase la viabilidad, y los posibles métodos, de calibrar el valor de las terapias alternativas, ya sea utilizadas por sí solas o para complementar otros tratamientos. Se pidió a practicantes y consumidores de métodos alternativos que comunicaran a la Asociación Médica Británica qué tratamientos utilizaban y explicaran cómo pensaban que éstos funcionaban. Como hemos visto más arriba, su informe crítico fue publicado en 1986.

La espiritualidad en psiquiatría

> *La cura de la parte no debería intentarse sin el tratamiento del todo, y tampoco debería intentarse curar el cuerpo sin el alma, y por lo tanto, si la cabeza y el cuerpo han de estar bien, debe empezarse por curar la mente; eso es lo primero [...]. Éste es el error de nuestros días en el tratamiento del cuerpo humano: que los médicos separan el cuerpo del alma.*

PLATÓN

En 1991 el Real Colegio de Psiquiatras siguió el ejemplo de la Asociación Médica Británica y el Real Instituto de Arquitectos Británicos, y pidió al príncipe, como patrocinador suyo, que pronunciara un discurso en la celebración de su 150 aniversario. El príncipe advirtió a su audiencia de lo que había sucedido en esas otras ocasiones y bromeó diciendo que debería ser tratado por un psiquiatra por ir desde Londres hasta Brighton simplemente para revelar su «lamentable ignorancia acerca de los complejos problemas con los que ustedes deben enfrentarse en sus vidas profesionales». Y añadió: «Cuando haya terminado, me atrevo a decir que no será muy difícil diagnosticar lo que me sucede, y sin duda todos ustedes discutirán furiosamente sobre el tratamiento que debo seguir. ¡Supongo que me recomendarán reposo absoluto durante dos semanas y una total abstinencia de discursos que generen estrés!».

Sin embargo, el príncipe quería comentar algunos puntos importantes. Expresó su simpatía y admiración por el trabajo de su público en «lo que debe de ser, a veces, una ocupación que literalmente destroza el alma. Como profesión, su tarea es la de intentar llevar una cierta medida de alivio y curación a la angustia y el sufrimiento mentales de innumerables personas». Se refirió a las dificultades de definir la salud mental, a las diferencias de aproximación entre la psiquiatría y la psicoterapia y al continuo y desafortunado estigma relacionado con la enfermedad mental. Esto se extiende en los medios de comunicación hasta incluir una subestima de los logros de los psiquiatras, «cuyos triunfos son, casi por definición, privados e invisibles a los ojos del público». La que le imponemos a la psiquiatría, continuó diciendo, es una tarea exigente, puesto que trabaja con el órgano más complejo del cuerpo:

> [...] en ausencia de alguien más, nos gustaría que ustedes arreglaran todos los problemas de la sociedad. Les enfrentamos a los problemas más complejos, en parte biológicos, en parte psicológicos, en parte sociales y en parte espirituales, y esperamos que ustedes los resuelvan, que traten todas las partes que pertenecen a la psiquiatría y al mismo tiempo, de alguna manera, mejoren todas las partes que no pertenecen a la psiquiatría.

El príncipe dijo que estaba «seguro de que sería útil que más gente comprendiera que el primer problema de un psiquiatra es el de decidir cómo llegar hasta un paciente, cómo hacer que se sienta comprendido, cuidado y a salvo». Tampoco es ésta una tarea fácil: «Estar con un paciente que está asustado o que asusta debe de ser increíblemente difícil, y requiere un valor y una dedicación inmensos. El contacto humano puede despertar sombras en la psiquis del propio médico y poner a prueba esa fuerza interior que tiene la más profunda influencia sobre un paciente. Escuchar y compartir el dolor de otro requiere una gran valentía y merece reconocimiento».

Luego está la continua discusión acerca de los méritos relativos de los acercamientos biológicos o psicosociales a los problemas psicológicos. Mientras que comprendía las presiones dentro de la profesión, el príncipe opinaba que se recurría a "la salida química" en ocasiones en las que un poco más de tiempo y comprensión habrían librado al paciente de su malestar. Llegado a este punto el príncipe habló claro: «Habiendo expresado mi opinión acerca del exceso de dependencia de la medicación ante la Asociación Médica Británica hace algunos años, y habiendo dedicado tiempo desde entonces a alentar lo que yo prefiero llamar la práctica complementaria, no les sorprenderá oír que estoy preocupado por el hecho de que el acercamiento psicológico a la enfermedad mental sea olvidado o descartado». De ahí su bienvenida a «la creciente importancia que se da a escuchar y aconsejar en todas las ramas de la medicina».

Si los fármacos representan una actitud de intervención activa, el hecho de escuchar es un proceso más sensible, que puede facilitar la curación y el crecimiento espiritual:

> A veces hay una necesidad de hacer, pero igualmente hay ocasiones de estar con el paciente, de esperar, de tener paciencia y permitir que ocurra la curación espiritual. Asimismo, el sufrimiento, si se maneja con sensibilidad, puede ser transmutado en un proceso positivamente redentor. Recientemente estuve hablando con la esposa de un clérigo de la Iglesia de Escocia que me dijo que muchas veces a ella y a su marido les tocaba recoger los pedazos de muchos que no habían respondido al tratamiento psiquiátrico. Me dijo que sólo había presenciado una verdadera transformación en estas personas cuando ellas finalmente descubren dentro de sí mismos la dimensión transfiguradora que nosotros definimos (o tal vez debería decir "algunos de nosotros definimos") como Dios. Quizá, por encima de todo, los estudiantes deben aprender que el crecimiento y la curación son procesos naturales. La ciencia puede acelerarlos, pero también puede retrasarlos o impedirlos.

Esto lleva al príncipe a la parte vital de su mensaje, la necesidad de un nuevo equilibrio dentro de la medicina, estimulado por el lema del Real Colegio de Psiquiatras, «Que la sabiduría os guíe»:

> Creo que necesitamos que se nos recuerde de vez en cuando que la sabiduría tiene un significado mucho más profundo que simplemente la adquisición de conocimiento en el moderno sentido científico-materialista. ¿No deberíamos preguntarnos cautelosamente adónde nos ha estado conduciendo el materialismo científico y, de hecho, qué clase de sociedad está creando? ¿No hay un desequilibrio que necesita corregirse; un elemento abandonado que necesita rehabilitación? Tal vez valga la pena recordar que el propio Jung le dijo a uno de sus colegas que no quería que nadie fuese "junguiano". «Quiero –dijo– que por encima de todo las personas sean ellas mismas. En cuanto a los "ismos", son los virus de nuestros días, y responsables de desastres más grandes de lo que fueron cualquier plaga o peste medieval. Si algún día se descubre que yo he creado otro "ismo", habré fracasado en todo lo que he intentado hacer.»

El príncipe recordó a su audiencia el contexto sagrado de la medicina y la curación en la Grecia antigua, y se preguntó si nuestra negación sistemática de las fuerzas irracionales no habría magnificado su poder y sus efectos. Esto plantea cuestiones acerca del significado de la enfermedad:

> Me parece a mí que el significado que la enfermedad tiene para nosotros está, en gran manera, condicionado por nuestra actitud acerca del propósito y el cometido de la vida que se nos da aquí en este planeta. En otras palabras, para el materialista, el autointerés iluminado nos llevaría a considerar la enfermedad como carente de valor y significado, mientras que alguien que considera la creación desde un punto de vista religioso necesitará pensar en ella desde un contexto mu-

cho más amplio que meramente el de la restricción de la habilidad del individuo de hacer todo lo que él o ella hubieran podido. Si la sabiduría va a ser vuestra guía, veréis que Shakespeare dice algunas cosas interesantes cuando Macbeth habla con el médico sobre lady Macbeth:

«¿No podéis dar medicina a un ánimo enfermo, arrancar de la memoria una tristeza arraigada, borrar las turbaciones escritas en el cerebro y, con algún dulce antídoto de olvido, despejar el pecho atascado con esa materia peligrosa que abruma el corazón?»

La conclusión del asunto, dijo el príncipe, es que «más necesita lady Macbeth de lo divino que del médico». No esperaba que su audiencia estuviera de acuerdo con él, pero procedió a decir: «Creo que la necesidad más urgente del hombre occidental es volver a descubrir ese elemento divino en su ser, sin el cual no puede haber esperanza ni significado posible para nuestra existencia aquí en la tierra». Y cita los inspirados versos de *Tintern Abbey*, de Wordsworth :

Y yo he sentido
una presencia que me perturba con la alegría
de pensamientos elevados; un sentido sublime
de algo más profundamente fusionado
cuyo hogar es la luz del sol poniente
y el redondo océano y el aire vivo,
y el cielo azul y la mente del hombre;
un movimiento y un espíritu que impelen
a todas las cosas pensantes, a todo objeto de pensamiento,
y que rueda por todas las cosas.

Para el príncipe esto es una indicación de la profunda interconexión e interdependencia de la vida, que lleva a la necesidad de considerar la totalidad de la persona en un contexto comprehensivo. El vacío espiritual de nuestro tiempo, sostiene él, significa que «no hay fundamentos sobre los cuales construir una aceptación de nuestras propias debilidades, el respeto por el valor único de los demás, y una reconciliación entre aquéllos llamados enfermos mentales y la sociedad en la que todos debemos vivir». Como ejemplo, el príncipe se refiere a los casos de ansiedad y depresión: «Una de las causas principales parece ser la falta de aceptación del sufrimiento en una sociedad que se centra en la gratificación inmediata. Encontramos difícil aceptar que exista una necesidad de adaptarse a la pérdida y de sufrir, y somos intolerantes con aquellos que están emocionalmente perturbados. A menudo su dolor se acrecienta porque no poseen los recursos internos y el desarrollo espiritual que les permitiría comprender que existe un significado más allá de ellos mismos». El sufrimiento se intensifica hasta el punto de que la vida y la enfermedad se ven como carentes de significado... de ahí la llamada del príncipe a descubrir de nuevo el reino espiritual, lo divino que llevamos dentro.

El príncipe concluye sugiriendo que «cualquier visión de un futuro mejor para aquellos que sufren una enfermedad mental debe tener sus raíces en una mejor comprensión del cuerpo y el espíritu, y en los valores que van más allá de lo material. Construiremos un futuro mejor para los enfermos mentales porque sabemos lo que significa "mejor", y esto significa un cambio radical en lo que la sociedad da por supuesto».

El príncipe pide «un mayor reconocimiento, incluso entre los grupos más informados como el vuestro, de que en lo referente a la salud mental y física no se trata simplemente de reparaciones mecánicas»:

> No somos solamente máquinas, diga lo que diga la ciencia moderna basándose en la evidencia de lo que es puramente visible y tangible en este mundo. La salud mental y física tienen también una base espiritual. Cuidar de personas enfermas, devolverles la salud cuando esto es posible e, incluso cuando no sea posible, consolarlas siempre, son tareas espi-

rituales. Entrenar a la gente para su profesión y mantener sus habilidades profesionales no se limita sólo a la comprensión y a la administración de la medicación más nueva sino que también tiene que ver con la terapia, en el sentido original griego de la palabra "curación" [...], la curación física, mental y espiritual, y también con la sabiduría, en el sentido antiguo de comprender la verdadera naturaleza de nuestra existencia, permitiendo a aquellos que ven "a través de un cristal, oscuramente" ver, pues, cara a cara. Si ustedes, como profesión, pierden estas bases, creo que existe el peligro de que, en última instancia, pierdan el camino.

Desde entonces se ha creado un permanente debate acerca de los méritos relativos de los métodos biológicos y psicosociales, pero también ha habido un creciente reconocimiento de la importancia de los factores espirituales en la salud mental. El apoyo del príncipe a un acercamiento espiritual fue un factor importante en la formación de un grupo interesado especialmente en la espiritualidad en psiquiatría. El grupo cuenta ahora con setecientos miembros dentro del Colegio de Médicos, y publica su propio periódico a la vez que celebra reuniones regulares.

Fundación Príncipe de Gales para la Salud Integrada

Aunque durante finales de la década de 1980 y principios de la de 1990 prosiguió con sus actividades en el campo de la salud como presidente o patrocinador de unas veinte organizaciones y hospicios, la siguiente ambiciosa iniciativa del príncipe fue el establecimiento en 1996 de la Fundación de Medicina Integrada (FIM), que ahora se llama Fundación Príncipe de Gales para la Medicina Integrada. El objetivo de la fundación es promover el desarrollo y servicio integrado de formas de ayuda sanitaria seguras, efectivas y eficaces a los pacientes y sus familias, aunque alentando la colaboración entre todas las formas de cuidado sanitario. Además de dar importancia a la seguridad y la eficacia, el trabajo de la fundación es comprehensivo y está centrado en el paciente, que debe ser tratado como individuo completo. También favorece la accesibilidad a la salud; es decir, que todas las formas adecuadas y eficaces de cuidados sanitarios deben estar disponibles para aquellos que los necesiten. La misión de la fundación es «permitir que los individuos promuevan, restablezcan y mantengan su salud y bienestar integrando las terapias ortodoxas, complementarias y alternativas».

Funcionando como un foro, la FIM se propuso desarrollar buenas relaciones de trabajo con instituciones y profesionales de la salud en busca de su cometido. Con este propósito, el príncipe inicialmente reunió y presidió un seminario involucrando a profesionales de la salud de diversas formaciones para que examinaran la situación y discutieran los pasos prácticos que se debían dar para mejorar la comunicación y la cooperación entre todos los implicados en el suministro de cuidados médicos. Como resultado, se crearon cuatro grupos de trabajo para examinar lo que se requería para investigación y desarrollo, educación y entrenamiento, regulaciones y el suministro de cuidados integrales.

El documento de la discusión –*Cuidados de salud integrados. ¿Un camino hacia adelante para los próximos cinco años?*– fue publicado en octubre de 1997 y presentado por el príncipe en su conferencia sobre cuidados de salud integrados con ocasión del centenario del Fideicomiso del Rey. Aquí reflexionó sobre sus primeras incursiones en ese campo quince años antes:

> Durante más de una década he intentado estimular un suministro más integrado de cuidados sanitarios para beneficio

último de los pacientes. Estoy convencido de que muchas más personas podrían beneficiarse de la medicina complementaria y de una actitud más personal y centrada en el paciente en la medicina ortodoxa. Es también evidente, dado el enorme aumento en la utilización de terapias complementarias por el público en general, en gran parte pagadas de su propio bolsillo, que no estoy enteramente solo en esta creencia. A mí me parece que la medicina complementaria a veces puede proporcionar una visión diferente y ayudar a liberar los recursos internos del individuo para asistirle en su recuperación o ayudarle a ir tirando y vivir con las enfermedades crónicas para las que hay pocas esperanzas de cura.

El príncipe sostuvo que «hemos llegado a un momento definitorio en nuestra actitud en relación con los cuidados médicos en este país, tanto para el público como para los profesionales de la salud». ¿Por qué, preguntó el príncipe, tiene importancia la integración en los cuidados médicos? Su respuesta fue:

> Yo creo que tiene importancia porque no podemos permitirnos descuidar o desperdiciar ningún conocimiento, experiencia o sabiduría provenientes de diferentes tradiciones que podrían servir como influencia en la causa de ayudar a aquellos que sufren. A lo largo de los últimos diez o veinte años se han hecho enormes progresos en la investigación biológica y otras investigaciones científicas, de manera tal que ahora tenemos la esperanza de tratar con éxito enfermedades que antes se consideraban incurables. Pero está claro que esto por sí solo no colma nuestras necesidades en lo referente a cuidados sanitarios, ya que un gran número de personas está pagando para buscar ayuda de practicantes de medicina complementaria. Sencillamente no podemos ignorar lo que constituye un fenómeno social muy real.

Hablando del informe, el príncipe señaló que su subtítulo constituía una pregunta, lo que significaba su esperanza de que éste diera pábulo a nuevas consultas y debates. El informe fue el resultado de amplias consultas con los principales cuerpos médicos y es un documento admirablemente detallado. Sigue siendo la base del trabajo actual de la Fundación del Príncipe para la Salud Integrada en los campos de suministro de cuidados sanitarios, educación, regulación, investigación y desarrollo.

- *Suministro*. Se intenta aumentar el acceso a los cuidados médicos complementarios. La mayoría de las personas debe pagar los tratamientos complementarios. La fundación cree que éstos deben ser accesibles para todos aquellos que los necesiten, integrados con la medicina convencional.
- *Educación*. El trabajo en la educación está principalmente dirigido a desarrollar una base común para la educación y el entrenamiento en cuidados médicos, junto con programas de continuo desarrollo profesional para todos los practicantes de cuidados médicos.
- *Regulación*. La fundación está trabajando para estimular a las profesiones de medicina complementaria a que desarrollen y mantengan sistemas de regulación estatutarios o voluntarios, y tiene un plan quinquenal de trabajo financiado por una aportación de un millón de libras del Fideicomiso del Rey.
- *Investigación y desarrollo*. El objetivo principal es aumentar la capacidad para la investigación adecuada y de alta calidad en la MCA y en los cuidados de salud integrados.

Las iniciativas actuales en todos estos campos pueden encontrarse en la página web de la fundación.

Hacia una medicina integrada

Una letanía médica:

De la incapacidad de dejar las cosas como están;
de demasiado celo por lo nuevo y desprecio por lo antiguo;
de poner el conocimiento antes que la sabiduría,
la ciencia antes que el arte,
el ingenio antes que el sentido común;
De tratar a los pacientes como casos;
de hacer que la cura de la enfermedad resulte más dolorosa
*   que sufrirla*
líbranos, Señor.

Sir Robert Hutchinson

En 1997 al escribir acerca de cómo veía él la situación sanitaria actual en la Gran Bretaña, el príncipe expresó la opinión de que la salud debía ser definida como algo más que la mera ausencia de enfermedad. Declaró que el enorme aumento en el uso de la medicina complementaria era un fenómeno internacional que «refleja una creciente preocupación por el uso de fármacos cada vez más fuertes y una actitud hacia los cuidados sanitarios potencialmente bastante impersonal. Hay una sensación, no sólo entre los pacientes sino también entre los médicos, las enfermeras y otros practicantes de la medicina tradicional, de que hace falta una mayor integración y colaboración interprofesional en el cuidado de los pacientes, y que cada uno de nosotros podemos, como individuos, tener un papel más importante en contribuir a nuestra salud y bienestar».

Consecuentemente con su enfoque equilibrado de los cuidados sanitarios, el príncipe subraya el valor de los impresionantes descubrimientos científicos que han capacitado a la medicina occidental para hacer enormes avances en nuestra comprensión del proceso de la enfermedad y cómo tratarla. Señala que las enfermedades graves y las lesiones que una vez fueron consideradas intratables pueden curarse ahora, y que en todo momento se están desarrollando nuevas formas de tratamiento. El príncipe confía en que esta tendencia proseguirá. Sin embargo, también sabemos que el desarrollo de nuevos tratamientos y procedimientos médicos puede ser costoso, y a veces también caro de administrar. A medida que la medicina se vuelve más compleja y ambiciosa, los costes tienden a subir. De ahí la necesidad de hacer un buen uso de todos nuestros recursos disponibles. El príncipe continúa diciendo:

> Aquí es donde la medicina complementaria podría tener un papel importante –de hecho, vital–, apoyando y complementando la práctica médica ortodoxa actual. A menudo parece que la medicina complementaria puede aportar una perspectiva diferente y colmar una necesidad humana real de un contacto más personal, lo que, a su vez, puede ayudar a liberar los recursos internos del individuo para asistir en el proceso curativo. El objetivo por el que debemos trabajar es el de un sistema integrado de cuidados médicos en el que todo el conocimiento, la experiencia y la sabiduría acumulados de modos diferentes sea eficazmente desplegado para prevenir o aliviar el sufrimiento humano.

Y concluye:

> Creo que tenemos una oportunidad única de hacer recuento y considerar cómo podemos hacer el mejor uso de todos nuestros valiosos recursos para el cuidado de la salud. Debemos responder a lo que el público está demostrando claramente que necesita, poniendo más énfasis en la prevención, los estilos de vida más sanos y los cuidados centrados en el paciente. Los cuidados médicos integrados son un cometido alcanzable, y no podemos permitirnos no alcanzarlo.

En 1998 la fundación auspició una conferencia para examinar los progresos llevados a cabo desde la publicación de su informe el año anterior. El príncipe volvió a insistir en el tema central de la iniciativa: «Alentar un diálogo entre las diferentes ramas y tradiciones de la atención médica y desarrollar una relación más íntima y eficaz». Añadió que no es una cuestión de que la medicina ortodoxa se haga cargo de todo, ni de que la medicina alternativa y complementaria diluya el rigor intelectual de la ortodoxia. Se trata sobre todo de ir más allá en las diferentes disciplinas para que éstas se ayuden entre sí y aprendan unas de otras para beneficio último de los pacientes.

Una nueva conferencia, "Competencia profesional. confianza pública", tuvo lugar en 1999 para examinar la gama de respuestas recibidas de varias organizaciones de cuidados médicos. El príncipe habló de lo que consideraba el cambio más significativo desde la primera vez que él se involucró en este campo: «la creciente aceptación por parte de algunos sectores de la comunidad médica ortodoxa de este modo de abordar la medicina, que combina los aspectos físico, mental y espiritual de la curación». Esto le llevó a reflexionar sobre la necesidad de nuevas regulaciones de algunas terapias complementarias, de modo que la gente pudiera confiar en que los tratamientos que estaban recibiendo eran seguros. La autorregulación de las terapias es la opción más deseable, pero esto puede significar la creación de una "organización-paraguas" para cada área de la MCA. La regulación incluye la provisión de información acerca de la terapia y la posibilidad de reclamar en caso de que algo salga mal.

El mismo año la fundación se involucró en los premios del Gremio de Escritores sobre la Salud para la Buena Práctica de Cuidados Sanitarios Integrados, acerca de los cuales el príncipe escribió un artículo en la revista del National Health Service (NHS). Hubo un total de 81 aspirantes al premio, de los cuales –alentadoramente– la mayoría estaba ya trabajando dentro del NHS: homeópatas, osteópatas, reflexólogos, acupuntores, instructores de tai chi, terapeutas de arte, quiroprácticos, herbolarios y aromaterapeutas trabajaban todos juntos con cole-

El príncipe radical

gas del NHS en hospitales de cuidados intensivos, hospitales infantiles, residencias de ancianos y especialmente en cuidados sanitarios primarios, en consultas de internistas y en clínicas de salud a lo largo del país. Hubo aspirantes de equipos integrados de fisioterapia, cuidado de enfermedades mentales, cuidados de maternidad y de equipos integrados especializados en cáncer, sida, esclerosis múltiple, epilepsia y depresión posparto. Lo que demostraron los mejores proyectos, escribió el príncipe, fue que la medicina integrada –la colaboración de dos disciplinas en apariencia opuestas para beneficio de los pacientes– no sólo era posible sino que funcionaba. Además, basándose en la innovación y en un trabajo intenso, muchos de los aspirantes habían encontrado maneras de investigar y demostrar la rentabilidad y la efectividad de las terapias complementarias.

El ganador, "Terapias complementarias en la atención del cáncer" en el Hammersmith Hospitals Trust del NHS, se destacó por la profundidad de su integración al ofrecer terapias de masaje, reflexología, aromaterapia, cursos en relajación y terapia de arte a los pacientes de cáncer en Charing Cross y los hospitales de Hammersmith. El príncipe explicó que el servicio estaba insertado dentro de la matriz ortodoxa y ha engendrado un grado muy real de respeto profesional a todos los niveles. El servicio es constantemente evaluado y auditado de forma regular y a él se refieren constantemente y cada vez con más frecuencia los equipos médicos convencionales. El príncipe añadió que estaban en marcha varios estudios piloto, pero que los archivos indican que las terapias complementarias han disminuido significativamente el uso de fármacos paliativos entre los pacientes de radioterapia.

El segundo premio –esta vez en cuidados primarios– fue para el Glastonbury Health Centre, que se dedicó a desarrollar un modelo de servicios de atención primaria totalmente integrados en el NHS que podía ser imitado en otros niveles de atención del NHS. La idea de un consultorio médico que ofrezca prácticas complementarias no es nueva, pero la iniciativa de Glastonbury va mucho más allá al proporcionar un servicio verdaderamente integrado. A los pacientes se les ofrecen cursos de acupuntura, fitoterapia, homeopatía, terapia de masaje y osteopatía del mismo modo que las prácticas ortodoxas ofrecen fisioterapia o medicación. Glastonbury llevó a cabo un estudio de evaluación de sus suministros de MCA entre 1994 y 1997, y averiguó que el 85% de los pacientes que recurrieron a las terapias complementarias informaron de alguna o de mucha mejoría. Hubo también mejoras estadísticamente significativas en la vitalidad general, el funcionamiento social y la salud mental en aproximadamente dos terceras partes de los pacientes. Se demostró que las terapias complementarias sobre todo eran eficaces para los pacientes con condiciones más graves o a más corto plazo en el momento en que fueron referidos, y en aliviar el dolor y la incomodidad física para pacientes con problemas musculoesqueléticos. La investigación también sugirió que las terapias contribuyeron a aliviar las tensiones sociales o emocionales en pacientes con problemas psicosociales.

Otro de los aspirantes, un equipo del Hospital Queen Charlotte and Chelsea, demostró que enseñar a madres con depresión posparto a dar masajes a sus bebés no sólo intensificaba los lazos entre la madre y el hijo, sino que también aliviaba la depresión de aquélla. Si, hizo notar el príncipe, se considera que la depresión posparto puede afectar a hasta a un 10% de las mujeres que dan a luz en la Gran Bretaña cada año, éste es claramente un problema importante con posibles efectos sobre la salud mental tanto de la madre como del hijo. En algunos casos, las consecuencias a largo plazo pueden representar un gasto económico de por vida para los servicios sociales y el NHS. Así pues, la suma de 30 libras, el costo estimado de cinco lecciones de masaje infantil con terapeutas de masaje adecuadamente entrenados que podrían ser proporcionadas por cualquier clínica de cuidados infantiles o consulta médica, parece

una buena inversión. No sería mala idea extender esta beneficiosa práctica a todas las madres como parte de una estrategia
general para prevenir la depresión posparto. Éste y muchos
otros de los proyectos presentados fueron publicados por la
fundación en un libro titulado *Cuidados médicos integrados:
una guía para la buena práctica*, escrito por Hazel Russo.

En el año 2000, el príncipe habló en el Festival de Medicina del Milenio, de la Asociación Médica Británica, aprove-
chando la oportunidad para informar a la Asociación sobre
qué pensaba entonces, pasados dieciocho años del primer discurso pronunciado allí, cuando había bromeado con ellos por el
excesivo énfasis que ponían en la tecnología a expensas del
factor humano. Haciendo notar la aparición de la resistencia a
los antibióticos como un problema importante –ya mencionado en el capítulo sobre la agricultura–, el príncipe advirtió de
que la velocidad de los avances tecnológicos puede desbancar
con facilidad las consideraciones éticas y traer consecuencias
insospechadas. Celebró algunos de estos avances como el es-
cáner CT, pero opinó que tales progresos deberían ser acom-
pañados por el «redescubrimiento de la relación de la curación
con la necesidad de mejores sistemas de apoyo que posibiliten
a los profesionales de la atención sanitaria mantener y alimentar su capacidad de comunicar y cuidar». El príncipe aplica la
misma idea a la educación médica cuando expresa su esperanza de que «las habilidades humanas e intuitivas que poseen los
nuevos estudiantes de medicina sean valoradas y alentadas por
los más modernos programas de entrenamiento, de manera que
su visión y su compromiso de proporcionar cuidados sanitarios
puedan ser encauzados junto con unos conocimientos científicos y una capacidad técnica cada vez mayores».

En 2001 el príncipe presentó sus premios bianuales para los
cuidados sanitarios complementarios y convencionales integrados. Estos premios están disponibles para los practicantes
de medicina complementaria y convencional, y también para

156

organizaciones que trabajen en equipo con practicantes convencionales que incorporen a sus prácticas terapias complementarias. La lista preliminar de once candidatos para los premios de 2001 contenía proyectos de muchas áreas del NHS, incluyendo varios servicios de cuidados primarios, como un proyecto para ayudar a dejar de fumar de un centro de medicina general de Manchester, la mejora del acceso público a las terapias complementarias en el Trust de Cuidados Primarios de Newcastle y el servicio integrado en el Marylebone Health Centre de Londres. Otros proyectos incluían una clínica de la menopausia en Sheffield que ofrecía homeopatía y aromaterapia, y un centro que brindaba una terapia especial para afecciones de los pies. Estos premios fueron entregados en 2003 y van a continuar en 2005. En enero de 2003 la fundación publicó otro documento de consulta, "*Instaurando la Agenda para el Futuro*", que constituirá la base de su próximo plan quinquenal iniciado en mayo. El documento revisa el progreso y los objetivos conseguidos en los últimos cinco años con respecto a la investigación, servicios, elección y accesibilidad.

En el último año el príncipe ha centrado su atención en los crecientes problemas de alergia, pues según un informe del Real Colegio de Médicos 18 millones de personas en la Gran Bretaña sufren de alergia y 12 millones han sufrido algún tipo de alergia en algún momento.

La gravedad y la complejidad de las alergias –señala el príncipe– cada vez es mayor. Mientras que el asma y la fiebre del heno han aumentado el doble o el triple a lo largo de veinte años, las admisiones en los hospitales por anafilaxis –una forma sistémica de alergia que puede ser fatal– se han incrementado siete veces en diez años. En la Gran Bretaña, el 34% de los niños de trece y catorce años padecen de asma, la proporción más alta del mundo. Me dicen que lo más probable es que estas cifras tan altas puedan atribuirse a factores de estilos de vida, incluyendo la dieta, el ejercicio, padres fumadores, exposición a productos químicos, una falta de factores protectores en la primera infancia (exposición a bacterias y otros microorganismos que estimulan la inmunidad) y abuso de antibióticos.

El príncipe sugiere que «los factores asociados con nuestra sociedad occidental, como comer en exceso, falta de ejercicio y una obsesión con la higiene, además de nuestra exposición a una amplia gama de productos químicos cuyos efectos sólo ahora estamos empezando a conocer, están conspirando para debilitar nuestras defensas. Nuestros hijos están pagando el precio». Y lo mismo puede decirse en relación con el enorme aumento de la obesidad en niños y adultos, acerca de lo cual tanto se ha escrito y que está íntimamente relacionado a las condiciones y los estilos de vida modernos. De ahí el argumento del príncipe de que «hay una necesidad urgente de examinar la manera en la que la actitud occidental en relación con la vida y el mundo que nos rodea está afectando cada vez más a nuestra salud. Estos desafíos surgen de lo que sólo puedo describir como un acercamiento inherentemente insostenible al mundo que nos rodea y el de dentro de nosotros. De hecho, estamos descubriendo ahora que todo tiene un precio, en términos de esperar algo a cambio de nada en la manera como tratamos nuestro medio ambiente y a nosotros mismos».

La labor del príncipe en la lucha contra el cáncer

Si acaso existe un significado en la vida, debe existir un significado en el sufrimiento. El sufrimiento es una parte inextirpable de la vida, como el destino y la muerte. Sin el sufrimiento y la muerte, la vida humana no puede estar completa. Nosotros tuvimos que aprender y, además, enseñárselo a los hombres angustiados, que no importaba lo que

esperábamos de la vida, sino más bien lo que la vida esperaba de nosotros.

VICTOR FRANKL

El príncipe se ha interesado vivamente en los tratamientos
contra el cáncer desde que inauguró el *Bristol Cancer Help
Centre* [Centro Bristol de Ayuda para el Cáncer] en 1983. Es
el patrono del centro además de serlo de *Macmillan Cancer
Relief* [Organización MacMillan de Alivio contra el Cáncer] y
otras organizaciones contra el cáncer. Publicó la *Macmillan
Cancer Guide* [Guía Macmillan contra el cáncer] en junio de
1999. El príncipe se basa en sus propios encuentros con pacientes de cáncer para explorar el miedo, la frustración, la ansiedad, la vulnerabilidad y la confusión que muchos de ellos
sienten. Lo que él encuentra deprimente es que, a pesar de los
progresos de los últimos veinte años y la mayor libertad para
hablar del cáncer que existe hoy, «seguimos utilizando las
mismas aterradoras palabras e imágenes para describirlo. O
tal vez debería decir sobredescribirlo». Ilustra su argumento
con un ejemplo:

> Leí acerca de una mujer joven que, después de su diagnós-
> tico, sintió que la actitud de la gente hacia ella había cambia-
> do. «Se me había dicho que era una moribunda», dijo. Pero
> ella estaba haciendo todo lo que hacía antes. Sólo que, ade-
> más, tenía cáncer. Eran sus amigos los que no podían enfren-
> tarse a la situación, no ella. De modo que el estigma –los es-
> tereotipos– del cáncer aún existe. El lenguaje del cáncer
> simplifica lo que es complejo y generaliza lo que es indivi-
> dual. Y esto puede hacer daño a los pacientes de cáncer. En la
> actualidad se ha sugerido que podemos empezar a cambiar
> esto reconociendo que el cáncer no es una sola enfermedad,
> sino 200 enfermedades diferentes, algunas graves, otras no tan
> graves. Todos sabemos que cuando desmenuzamos un enorme
> problema y lo convertimos en piezas manejables comienza a

parecer menos temible. Así que éste parece un paso práctico que todos podemos dar. Nos obligará a encontrar nuevas palabras e imágenes para describir el cáncer. Los simples estereotipos ya no funcionarán y gradualmente las metáforas arcaicas irán perdiendo relevancia.

Pero al mismo tiempo todos podemos cuestionarnos nuestras actitudes hacia el cáncer y asegurarnos de que vemos a las personas antes que a su cáncer. Estas enfermedades, graves como son, no deforman las personalidades de la gente.

El príncipe alienta a los profesionales de la salud a que sean ellos los primeros en ver a la persona antes que al cáncer que ésta padece. La publicación y distribución de la *Guía contra el cáncer* a través del NHS es una manera de transmitir el mensaje de que la implicación del paciente es esencial para una atención eficaz. No obstante, existe también la necesidad de un mayor número de expertos en cáncer, algo a lo que Macmillan se refiere. El príncipe concluye apelando a una nueva revisión de la retórica del cáncer: «Los medios de comunicación podrían ayudarnos en esto utilizando su inmensa influencia para destruir los mitos y las malas interpretaciones que bloquean la comprensión y paralizan la acción». También opina que se puede hacer más para dar a los pacientes el conocimiento y la confianza necesarios para representar un papel más activo en su tratamiento y cuidados: «Todavía necesitamos aprender muchas cosas acerca de esta enfermedad, y los que padecen cáncer pueden ayudarnos mucho. Ellos son los únicos expertos en su cáncer».

En octubre de 2000 el príncipe instituyó el Día de la Corbata Llamativa para llamar la atención sobre el problema del cáncer del intestino, que afecta a unas 30.000 personas al año en la Gran Bretaña, dos tercios de las cuales mueren. Ese día se desplegó la corbata más larga y más llamativa que se había visto en este país –cuarenta pisos de alto y doce metros de ancho–, que fue dejada caer en segundos sobre la fachada de uno de los edificios más altos de la capital, el London Television Centre en el South Bank. La corbata, de un rojo vivo, estaba cubierta por figuras de unos 180 cm de alto, cada una de ellas representando a las mil personas que desarrollarían cáncer intestinal durante aquel año, y había sido pintada por artistas y por pacientes de cáncer intestinal y sus amigos. Aún no han sido identificadas todas las causas de esta enfermedad, pero el príncipe subrayó la importancia de los factores de estilo de vida en su prevención y comentó que «la medicina complementaria tiene un papel muy importante que desempeñar en lo tocante al cáncer intestinal, como apoyo a los tratamientos más convencionales: ayudar a prevenirlo favoreciendo cambios en el estilo de vida y a estimular nuestro sistema inmunológico, y hacer que los pacientes alcancen, y mantengan, el control sobre sus vidas y su bienestar».

En 2001 el príncipe –como patrono de la Beneficencia para la Ayuda al Cáncer de Mama– apoyó el mes de concienciación sobre el cáncer de mama escribiendo un artículo en el *Daily Mail*. Treinta y ocho mil mujeres en la Gran Bretaña son diagnosticadas de cáncer de mama cada año, y esta organización trabaja por un futuro libre del miedo al cáncer de mama. El príncipe inauguró el Centro de Investigación del Cáncer de Mama Toby Robins en 1999, donde ahora trabajan ochenta científicos. Además, apoyó la campaña «Digamos adiós al cáncer de mama», que se ha centrado en la necesidad de nuevas investigaciones para prevenir el cáncer de mama: «Un método integrado para combatir el cáncer de mama que abarque la investigación, la medicina complementaria y el tema crítico de la prevención es el que yo apoyo de todo corazón».

En un contexto similar, el príncipe también fue anfitrión de la primera conferencia en memoria de Penny Brohn pronunciada por la doctora Caroline Myss en el Palacio de Saint James. Penny Brohn fue una de las fundadoras del Bristol Centre y sobrevivió muchos años a su primer diagnóstico. En aquella ocasión el príncipe se refirió a la importancia del proceso de curación y rindió un homenaje a Penny Brohn y a su colega Pat Pilkington por el valor que demostraron ante los feroces ataques por parte de la prensa. Al propio príncipe se le acusó una vez de estar «alentando a las personas a que murieran y a que duplicaran sus probabilidades de morir».

Diseño de hospitales.
Construir para la recuperación

> *Estaba cada vez más convencido de que un hospital no es lugar para una persona gravemente enferma.*
>
> Norman Cousins

En un discurso en la Conferencia de Propiedades del NHS en la Fundación del Príncipe en noviembre de 2001, Carlos explicó que su interés en la arquitectura y el cuidado de la salud provenía del simple hecho de que él opinaba que nuestro entorno –que en este país está en gran parte construido por el hombre– tiene una profunda influencia en nuestro bienestar físico, psicológico y espiritual. Desarrollaremos este tema en el capítulo acerca de la arquitectura y el patrimonio pero, en este contexto, el diseño de hospitales nos proporciona un vínculo temático entre el interés del príncipe por la salud y su preocupación por la arquitectura y el diseño. El contexto inmediato fue una sociedad entre su fundación y Propiedades del NHS que está trabajando a un nivel muy práctico, inicialmente junto con cinco fideicomisos del NHS en Lewisham, Sunderland, Salford, Middlesex y Wakefield. El príncipe subrayó que no se hacía ilusiones acerca de los complejos desafíos que teníamos por delante, pero que esperaba que, trabajando junto con usuarios, pacientes, el equipo de diseño y otros implicados, fuera posible crear edificios destinados a la atención sanitaria que verdaderamente soportaran la prueba del tiempo.

El príncipe empezó con una cita de Oscar Wilde, quien, cuando se le preguntó por qué pensaba que Norteamérica era un país tan violento, dijo que «porque el papel de sus paredes es muy feo». Detrás de esta aseveración aparentemente frívola, argumentó el príncipe, se encuentra el contraste entre la enaltecedora belleza de la naturaleza y la fealdad y la falta de espíritu de ciertos aspectos del entorno creado por el hombre. Y la fealdad puede relacionarse con la brutalidad y la violencia. La tendencia en la arquitectura del siglo XX ha realzado lo mecánico, lo impersonal y lo funcional a expensas de lo humano. El príncipe cita a sir Nikolaus Pevsner al efecto de que «el artista que representa este siglo nuestro necesita ser frío, ya que se halla ante un siglo frío como el acero y el cristal, un siglo cuya precisión deja menos espacio para la autoexpresión que cualquier otro período que le haya antecedido». Este sentimiento se ve reflejado en el diseño de los hospitales, como los lectores podrán testificar basándose en sus propias experiencias de hospitalización en tales edificios.

El principio básico que apoya el punto de vista del príncipe, como en otros temas, es el de «restaurar el "alma" –el elemento psicológico y espiritual, si se prefiere– al lugar que le corresponde en el esquema de las cosas». En otras palabras, continuó el príncipe:

> Del mismo modo que la necesidad en este nuevo siglo de favorecer al peatón antes que al automóvil es la característica central en el diseño de nuevas urbanizaciones, también está la necesidad de situar al paciente en el centro del diseño de un hospital. Dado que el paciente tiene un carácter único, también debería tenerlo el edificio que proporciona el entorno curativo.

Prosigue sugiriendo que:

> [...] en nuestra incansable búsqueda de nuevas ideas a la vez para edificaciones y cuidados sanitarios, hemos tendido a ignorar algunas de las más tradicionales, o intemporales, verdades que pueden complementar el notable progreso en tecnologías y técnicas para la edificación y la atención sanitaria. Éstas ayudan a crear el entorno benigno que generará un sentido de distensión, armonía y, me atrevo a decir, salud. Creo que hay pocas dudas de que tanto en el entorno construido como en los cuidados sanitarios hay espacio para la sabiduría y las técnicas heredadas, y lo mejor de los nuevos métodos.

Ya hemos visto cómo el príncipe aboga por este punto de vista inclusivo también en los campos de la medicina y la agricultura.

El príncipe opina que la influencia mutua entre nuestro entorno físico y nuestra salud psicológica o física más profunda está ampliamente relacionada con el diseño de edificios destinados a la salud. En otras palabras, los hospitales son algo más que garajes en los que se llevan a cabo reparaciones. En ninguna otra parte es más crucial construir bien que en aquellos lugares que se edifican precisamente para curar nuestras enfermedades. Además, dice el príncipe, ahora ya está más ampliamente reconocido el hecho de que «es probable que muchas de las causas de la mala salud tienen que ver con factores que están tan relacionados con nuestro bienestar emocional, psicológico y espiritual como lo están con nuestra condición fisiológica».

Nuevas técnicas quirúrgicas, fármacos modernos y el desarrollo de técnicas para el diagnóstico han ayudado a proporcionar salud y, de hecho, vida a millones de personas que anteriormente sufrían o perecían, y uno de los principales desafíos en el nuevo diseño de edificios debe ser servir eficazmente a las necesidades de estas nuevas tecnologías y prácticas. No obstante, argumenta el príncipe, junto con el milagro científico quedan aún muchos elementos de la atención sanitaria que siguen requiriendo un alimento para el alma y el espíritu tanto como para el cuerpo. Alcanzar las condiciones para que los pacientes se ayuden a sí mismos a curarse es una necesidad crucial en toda clase de servicio sanitario eficiente. Es precisamente esta necesidad de una completa, o entera, gama de percepciones sensoriales lo que ha hecho aumentar el interés en la atención sanitaria complementaria, u holística (que él prefiere llamar atención sanitaria integrada), y que también está generando un nuevo interés en el diseño holístico de los edificios. Bromeó diciendo que «en cuanto la palabra "holístico" sale de mi boca soy consciente de que muchos experimentan el deseo de empezar a caminar de puntillas en dirección a la puerta y acudir al bar para recuperarse. "Holístico" es una de esas palabras, como la palabra "sostenible", que se ha visto cargada de desafortunadas connotaciones, y se la relaciona con ideas flojas, basura anticientífica, al igual que ocurre con expresiones como "terapias alternativas". Que así sea».

Refiriéndose a los edificios en sí, el príncipe hizo notar que «no es necesario mirar muy lejos para ver cómo ha enfermado nuestro entorno construido. Lo que es peor, a menudo son los edificios destinados a la salud, particularmente algunos hospitales, los que ejemplifican aquello que más se ha dañado en nuestra herencia arquitectónica más reciente». Comentó que muchos de los diseños de hospitales de las décadas de 1960 y 1970 ofrecen una desnuda brutalidad en su exterior y, muy a menudo, también en su interior: «Diseñados en una época culminante de arrogancia profesional, frecuentemente se presentan al paciente, a los visitantes y al público que pasa como colosales estructuras semejantes a máquinas; amenazantes, brutales y como seres procedentes de otro planeta que no se encuentran a gusto en su entorno». En otras palabras, el

El príncipe radical

punto de vista del diseño refleja supuestos mecanicistas subyacentes a la vez en la arquitectura y la medicina.

Desafiar este punto de vista, argumenta el príncipe, implica una completa transformación en la práctica del diseño y la arquitectura destinados a la atención sanitaria, lo que

> [...] en sí mismo ha estado en gran parte condicionado por la noción convencional de que los edificios sean diseñados como "máquinas". Del mismo modo que Le Corbusier pensaba que las casas debían ser consideradas y diseñadas como "máquinas en las que vivir", también los hospitales se convirtieron en "máquinas en las que tratar a las personas". De hecho, fue precisamente esta actitud, que primaba sobre todo la innovación mecánica y tecnológica, la que dejó a tantos edificios del NHS divorciados de cualquier integración con los procesos naturales y la escala humana que pueden, estoy convencido de ello, ayudar en el proceso curativo.

La ironía de la preponderancia del "síndrome del edificio enfermo" en los hospitales tampoco se le escapó al príncipe. «¿Cuánta gente conocen que dice que no soporta los hospitales? La atmósfera. Los pasillos institucionales. La señalización, las sillas de ruedas, los sonidos, los olores, las vistas a patios interiores llenos de tuberías de los que sale un vapor que lo pone a uno enfermo». Esto significa que ahora tenemos una oportunidad de percatarnos de que «las vistas, los jardines, la luz, la proporción y la atmósfera no son extras opcionales, sino partes tan integrales de los hospitales como los quirófanos y las camillas de ruedas». Sugirió que la definición original de la palabra "hospitalidad" (de la que deriva "hospital") como "recepción amistosa y generosa y entretenimiento de los huéspedes, visitantes o extraños" podría proporcionar inspiración para el futuro diseño de los hospitales, los centros de salud y las clínicas.

Las fuentes de inspiración para el nuevo diseño de hospitales podrían empezar con el cuerpo humano. No sólo éste es

166

«el patrón de medida de la totalidad y la perfección, que ha servido como ejemplo para la disciplina arquitectónica en diversas sociedades y culturas durante milenios, sino que es también el sujeto crucial de clínicas y hospitales, lo que sugiere la necesidad de recuperar en estos edificios unas medidas y proporciones humanas». Anticipándose a sus críticos, el príncipe dijo que «una fe en la armonía y la proporción no significa que la arquitectura deba hablar en latín o griego. Tampoco significa que yo quiera ver quirófanos dóricos, salas de hospital con columnas corintias o UCI jónicas: cómo sean ventilados e iluminados los edificios, su acceso a la naturaleza y a los jardines, la textura de los materiales y el cuidadoso uso del color son todos elementos cruciales. También lo es la ausencia de desorden y ruido. Vivimos en un mundo ruidoso y, sin embargo, el silencio, la paz y la quietud son a menudo las claves de la recuperación, tal vez la mayor de las fuerzas curativas naturales».

La apariencia externa de los edificios también importa, incluyendo su situación dentro de la ciudad o en el paisaje. El príncipe observó que «da la sensación de que hemos perdido casi enteramente la capacidad de planificar y diseñar edificios públicos como composiciones arquitectónicas verdaderamente dignas, que enmarquen y articulen los paisajes, tanto de campo como de ciudad, que haya a su alrededor». El Hospital Maudsley original, en el sur de Londres, es un buen ejemplo para el argumento del príncipe de que, «históricamente, esos edificios ocuparon su lugar en una jerarquía de tipos de construcciones, y constituyeron hitos que proporcionaban un claro sentido del orden tanto a sus residentes como a sus visitantes». Junto a él, sin embargo, está el desangelado Instituto de Psiquiatría, construido en la década de 1960, un ejemplo de cómo «los edificios más recientes se han visto segregados de su entorno por aparcamientos de coches, espacios abiertos sin objeto o métodos y materiales de edificación inapropiados». Sólo que ahora incluso la zona de aparcamiento se ha visto reducida por una nueva extensión del hospital que, todo hay que decirlo, constituye una ligera mejora en el edificio, enteramente funcional.

El príncipe concluye con una llamada a llevar el arte y la belleza a las construcciones hospitalarias. Reconoce que el valor del arte es ampliamente apreciado en el mundo de la atención sanitaria, y que él ha visto algunos ejemplos interesantes del buen trabajo que se ha hecho para integrar el arte en la vida de hospitales y clínicas: «Pero yo iría más allá, y preguntaría si no es posible integrar el arte en los edificios mismos, dado que no puede dudarse de que estar rodeado de belleza es muy probable que ayude a nuestra salud, como un creciente cúmulo de evidencias parece sugerir». Cita al gran maestro de artes y oficios William Lethaby cuando éste dice que «el arte es el bienestar de lo que necesita hacerse», y añade: «En este espíritu, intentemos hacer que esta nueva generación de centros para la atención sanitaria se adecue verdaderamente a la curación del cuerpo y del alma».

Alan Milburn, entonces secretario de Estado para la Salud, recibió con agrado la iniciativa del príncipe. Comentó que «la calidad de los edificios es vital para la calidad de los cuidados que los pacientes reciben en ellos. Un millón de pacientes a la semana utilizan los hospitales del NHS. Una tercera parte de esos hospitales fueron construidos antes de que se creara el NHS. Una décima parte de ellos se remontan a la época victoriana. Muchos sienten, con razón, que el descuido de los edificios del NHS a lo largo de muchas décadas es poco menos que un escándalo nacional». Milburn previó que esta asociación trajera consigo los principios de flexibilidad y el diseño de los entornos hospitalarios para ayudar a la recuperación.

En la actualidad se están llevando a cabo trabajos en los cinco proyectos hospitalarios piloto de los que hemos hablado. El equipo de la Fundación del Príncipe está trabajando junto con los trusts comisarios para desarrollar una visión de diseño y preparar informes y especificaciones de proyectos de diseño. El equipo de la fundación tiene en cuenta todos los aspectos necesarios, desde la accesibilidad y los entornos internos terapéuticos hasta la integración urbana y social.

Medicina integradora y salud integrada

> *La medicina integradora es neutral, certera y aceptable dentro del discurso académico, y evita las connotaciones equívocas de la medicina alternativa (que sugieren un remplazo del sistema ortodoxo) y de la medicina complementaria (que sugieren una retención de las terapias convencionales como centrales y primarias).*
>
> DOCTOR ANDREW WEIL

La integración –en una u otra forma– es en la actualidad la palabra clave cuando alguien se refiere al futuro de la medicina y la salud. La utilización de la sigla MCA está dando paso al lenguaje de la integración, donde la MCA puede tener su lugar dentro de un marco más amplio que incluye a la vez lo mejor de la medicina ortodoxa y los tratamientos de MCA. De hecho, el príncipe fue el receptor del primer Premio Internacional por el Liderazgo en los Cuidados Sanitarios Integrados que entregó la Universidad de Columbia a finales de 2003. Uno de los más relevantes portavoces de la medicina integrada en los Estados Unidos es el doctor Andrew Weil, quien, además de ser el autor de ocho libros y numerosos artículos, es director del Programa de Medicina Integradora de la Universidad de Arizona. En un artículo para el *American Journal of Medicine* el doctor Weil habla de «la crisis económica de proporciones sin precedentes que está afectando a la atención sanitaria en los Estados Unidos y que resulta de la fractura de los sistemas de seguros porque la medicina convencional se ha vuelto demasiado cara. Una de las razones de esta situación surge de los éxitos de la medicina, que han conseguido dominar las enfermedades infecciosas, dejando atrás las enfermedades degenerativas crónicas que, más difíciles de tratar, son «un problema mucho más porfiado y costoso». Además, existe una población que envejece y una mayor dependencia de la tecnología. Sin embargo hay una demanda creciente de soluciones de baja tecnología. El 40% de los ciudadanos norteamericanos están recurriendo a la MCA (¡aunque la mayoría de ellos sigue sin decírselo a sus médicos!), y las visitas a practicantes de MCA son superiores a las que se realizan a profesionales de asistencia primaria. También se gastan en MCA mayores sumas de dinero.

Los pacientes quieren más poderes, médicos informados y una visión más amplia del ser humano: «Quieren médicos que sean sensibles a las interacciones de la mente y el cuerpo, que estén dispuestos a considerar a los pacientes como seres mentales/emocionales, entidades espirituales y miembros de la comunidad, además de con cuerpos físicos». También quieren que sus médicos compartan sus opiniones acerca de la salud y la curación y que estén informados sobre la importancia de la nutrición en la salud. El desafío, según el doctor Weil, es el de «examinar todo lo que se sabe acerca de los sistemas de curación e intentar extraer aquellas ideas y prácticas que son seguras, útiles y eficaces en relación con su coste. Luego debemos intentar reunirlas en un sistema de práctica nuevo y comprehensivo que tenga una base comprobada y responda también a las demandas del consumidor».

El resultado será un sistema transformado: la medicina integradora no sólo se ocupa de proporcionar a los médicos nuevos elementos como las hierbas además de, o en vez de drogas farmacéuticas. Más bien intenta modificar algunas de las orientaciones básicas de la medicina: buscar la curación antes que los alivios sintomáticos, una relación más íntima con la naturaleza, una relación reforzada entre médico y paciente y un énfasis en la mente y el espíritu además del cuerpo. Estas modificaciones deberían dar como resultado una medicina mejor además de una mayor satisfacción de los pacientes.

Con este objetivo, el doctor Weil ha estado dirigiendo un programa de medicina integradora en la Facultad de Medicina de la Universidad de Arizona en Tucson. Éste empezó centrándose en becas de posgrado de dos años de duración, y ahora se ha ampliado para incluir una beca asociada que se tramita por Internet para médicos que han completado sus residencias especializándose en atención primaria y que están interesados en convertirse en dirigentes académicos. El programa se desarrolla en un ambulatorio de medicina integradora del Centro de Ciencias de la Salud de Arizona y tiene una lista de espera de mil pacientes. También auspicia un programa de investigación financiado por una subvención del Instituto Nacional de la Salud (NIH).

El currículum incluye medicina nutricional, medicina de la mente y el cuerpo, "medicina de estilo de vida" y espiritualidad y medicina. «Llamar "alternativos" a estos campos –escribe el doctor Weil– sería un grave error. Deberían ser una base fundamental del entrenamiento de todos los médicos del futuro». Otros cursos incluyen filosofía de la ciencia, arte de la medicina y medicina curativa, además de información acerca de la teoría, la práctica, los puntos fuertes y los débiles de las terapias alternativas más importantes. Los becarios no se convierten en expertos en otras formas de la medicina, pero son entrenados para saber cuándo otros métodos podrían ser útiles. Finalmente se insta a los becarios a desarrollar su propia salud y bienestar de manera que sirvan como modelos para sus pacientes. El doctor Weil considera que el hecho de que los estudiantes del sistema actual probablemente no acaben con estilos de vida sana constituye una acusación a dicho sistema.

Como hemos visto en este capítulo, la Fundación Príncipe de Gales para la Salud Integrada está trabajando en las mismas líneas sugeridas por el doctor Weil, y cuenta para ello con muchos profesionales del campo de la salud. En mayo de 2002 el príncipe lanzó una nueva iniciativa de salud integrada destinada a aumentar el acceso a la atención médica integrada y complementaria dentro del NHS con cinco proyectos en Londres, Bradford, Wiltshire, Newcaste y Bristol, que proporcionan terapias complementarias a la vez que tratamientos convencionales. El príncipe explicó que estos cinco proyectos de salud integrada en centros sanitarios de atención primaria en la Gran Bretaña «harán las veces de estudios piloto para determinar la mejor manera de facilitar terapias complementarias junto con medicina convencional. Otros siete proyectos, como el Glastonbury Health Centre, ya familiarizado con los cuidados sanitarios integrados, proporcionarán expertos consejos y apoyo. Lo que aprendamos lo compartiremos con todos los profesionales de la salud interesados a través de un sistema de red electrónica que también hará circular información acerca de estudios de investigación y conferencias». Éstas son noticias alentadoras para más del 75% de la población que cree que el NHS debería proporcionar tratamientos de MCA.

Podemos esperar muchas iniciativas similares en la próxima década. La contribución pionera del príncipe de Gales en este campo fue reconocida cuando recibió el primer Premio de Liderazgo Internacional en Medicina Integradora del Rosenthal Center de la Universidad de Columbia en noviembre de 2003. Aunque el príncipe entiende que las prácticas de medicina complementaria y ortodoxa pueden unirse en los cuidados sanitarios integrados, está claro que la filosofía correspondiente debe ser algo más que el materialismo reduccionista: no podemos instaurar un sistema transformado basándonos en el limitado punto de vista mecanicista que lleva a una escala inadecuada del ser humano. No obstante, el rigor analítico y la capacidad técnica del reduccionismo científico pueden ser extendidos a un contexto humano más amplio que ponga mayor énfasis en una relación activa con los pacientes y en sus propias capacidades autocurativas inherentes. Esto queda expresado en la actitud inclusiva por la que el príncipe aboga y que resuelve las dicotomías analizadas en este mismo capítulo.

4. EL SENTIDO
DE LO SAGRADO: EL PRÍNCIPE
COMO DEFENSOR DE LA FE

El espíritu en una época secular

> *He llegado a la convicción de que los elementos estéti-*
> *cos e históricos, y la magnífica extensión de nuestro conoci-*
> *miento y poder material no forman en sí mismos la esencia*
> *de la civilización, sino que ésta depende de la disposición*
> *mental de los individuos y naciones que existen en el mun-*
> *do. Todas las demás cosas son simplemente circunstancias*
> *acompañantes de la civilización, que no tienen nada que ver*
> *con su esencia real... Si falta el fundamento ético, entonces*
> *la civilización sucumbe, aun cuando en otras direcciones*
> *fuerzas creativas e intelectuales de la mayor importancia*
> *estén en funcionamiento.*
>
> DOCTOR ALBERT SCHWEITZER

Cuando el príncipe de Gales insiste, como lo hace a menudo, en la necesidad de tener en cuenta el aspecto sagrado de
nuestras vidas, ¿hay alguien que le escuche? ¿Vivimos en una
sociedad que progresivamente se vuelve más secular y en la

175

que tales sentimientos espirituales son cada vez más irrelevantes en el asunto de la vida? ¿O la mayoría de los seres humanos son "incurablemente religiosos", como dijo Denis Alexander en una reunión sobre ciencia y valores humanos en la Universidad Saint Andrews? Para responder a estas preguntas necesitamos hacer un breve diagnóstico de nuestra actual condición religiosa y espiritual, que no es en modo alguno tan simple como sugiere la historia de la secularización.

El relato secular convencional afirma que el progreso de la ciencia ha convertido gradualmente la religión en redundante: hay pocos huecos abiertos, si no ninguno, para que Dios los llene. Despojado de las esposas de la superstición dogmática, el ser humano es liberado, en la impersonal vastedad del universo, sólo para que se le asegure que todo el proceso de la vida en última instancia carece de sentido. No cabe duda de que la evolución, la geología y la astronomía han hecho saltar por los aires el cuidadoso cálculo del arzobispo Usher de que el mundo fue creado en 4004 aC. Tampoco cabe duda de que la ciencia ha explicado con todo detalle el funcionamiento físico del universo. Sin embargo, la ciencia por sí sola no puede relatar la historia completa.

A pesar de las impresiones populares de lo contrario, los rumores sobre la muerte de Dios y de una dimensión espiritual han sido vastamente exagerados. Un programa de la BBC, *The soul of Britain* [El alma de Inglaterra], emitido en el año 2000, brindó algunos interesantes resultados en una encuesta de mil participantes elegidos al azar dirigida por la *Opinion Research Business* [Empresa de Investigación de Opinión].

¿Cuál de estas afirmaciones se acerca más a sus creencias?

Existe un Dios personal	26%
Existe alguna clase de espíritu o fuerza vital	21%
Existe algo ahí fuera	23%
Realmente no sé qué pensar	12%

No creo realmente que exista un Dios,
    espíritu o fuerza vital   15%
Nada de eso   3%

Algunas personas dicen que todas las religiones ofrecen un camino hacia Dios. Otras dicen cuál creen ellas que es el mejor camino hacia Dios. ¿Cuál de las siguientes afirmaciones se acerca más a su punto de vista?

Todas las religiones ofrecen un camino hacia Dios   32%
Lo que yo creo es el único camino hacia Dios   9%
Hay un camino hacia Dios fuera de las religiones
    organizadas   33%
No creo en Dios   26%
No sabe   5%

Estos resultados muestran que el 70% de la gente cree en algo, pero sólo una cuarta parte cree en un Dios personal. De manera similar, una cuarta parte (es decir, una minoría) es atea o agnóstica. En respuesta a la segunda pregunta, menos del 10% cree que el suyo es el mejor camino, mientras que el 65% creen en una multi-fe o en una religión no-organizada. Esto demuestra la tremenda influencia de los estudios de religión comparativos a lo largo de los últimos cien años, junto con las iniciativas de intercambio entre las diversas fes y, posiblemente, la popularidad de líderes espirituales como el Dalai Lama. Curiosamente, estas cifras se corresponden con las conclusiones de David Hay, que muestran que alrededor de dos terceras partes de la población han tenido una experiencia espiritual o religiosa. Además, la experiencia cercana a la muerte ha atraído una gran cobertura por parte de los medios de comunicación a lo largo de los últimos veinte años. Esto también indica un componente espiritual en la vida humana. Sin embargo, durante este mismo período, la asistencia a la iglesia no ha hecho más que disminuir. Esto significa, como se refleja en los resultados señalados, que existe un amplio segmento de la población para el cual los temas espirituales son significativos, pero no se adhieren a las religiones convencionales. Algunas de estas personas encuentran un lugar en los nuevos movimientos religiosos, otras en tradiciones como el budismo y el sufismo, y aun otras, más superficialmente, en la plétora de prácticas recomendadas en la avalancha anual de libros de autoayuda o relacionadas con la mente, el cuerpo y el espíritu. Aquí el énfasis se pone en la meditación y la experiencia personal; los orígenes intelectuales de tales prácticas pueden encontrarse en los primeros grupos esotéricos gnósticos con su énfasis en la *gnosis* o conocimiento intuitivo directo de las realidades ocultas.

Si es verdad que en nuestra época está teniendo lugar un renacimiento espiritual, entonces éste parece adoptar dos formas diferentes. Por un lado, como hemos visto, hay varias formas de práctica espiritual personal que están basadas en otras tradiciones o son vagamente llamadas "holísticas" o de la "Nueva Era", y por el otro están los renacimientos evangélicos ejemplificados en el Curso Alfa que tuvo su origen en Holy Trinity Church, Brompton, en Londres. Cada una de estas prácticas espirituales tiende a dar más importancia al corazón que a la cabeza, pero son completamente opuestas en todo lo demás. De hecho, cada uno de los grupos tiende a considerar sospechosas las actividades del otro: los evangélicos ven las prácticas de la Nueva Era (o incluso en algunos casos las budistas) como amenazantes y heréticas, mientras que los de la Nueva Era ven a los evangélicos como a personas que se han sometido a la autoridad y a un dogma anticuado. De modo que la respuesta a la pregunta inicial de si hay alguien que escucha la llamada del príncipe a reivindicar el sentido de lo sagrado es un enfático "sí": aproximadamente un 70 % de la población, una cifra que jamás podría adivinarse por el modo en que los medios de comunicación, y especialmente algunos científicos, reaccionan a esta llamada.

Tradiciones vivas y filosofía perenne

> *Lo que falta en nuestra época es el alma; no le ocurre nada malo al cuerpo. Sufrimos de una enfermedad del espíritu. Debemos descubrir nuestras raíces en lo eterno y recobrar la fe en la verdad trascendente que ordenará la vida, disciplinará elementos discordantes y le traerá unidad y propósito.*
>
> SIR SARPEVALLI RADHAKRISHNAN

El príncipe de Gales se ha inspirado a lo largo de los años en un cierto número de exponentes de la "filosofía perenne", cuyos escritos seminales no son ampliamente conocidos. Estos escritos han sustentado la crítica del príncipe al modernismo, con su pérdida del "centro" sagrado y del alma, y el rechazo de la tradición. Seyyed Hossein Nasr deja claro que la crítica tradicional de la ciencia moderna se dirige al panorama total del mundo, sus premisas y fundamentos, que considera en principio falsos y equivocados. Ya hemos visto cómo la Conferencia Reith se centraba en la recuperación de un sentido de lo sagrado, y cómo criticó la dominación del racionalismo científico mientras que convocaba a un acercamiento más equilibrado.

Las premisas de la ciencia moderna están basadas en una comprensión materialista que sistemáticamente niega la realidad de una dimensión espiritual o metafísica de la existencia. Es esta premisa la que el príncipe opina que es culturalmente perjudicial además de falsa. No obstante, no hay razón en principio para pensar que una nueva ciencia no debería adoptar un conjunto diferente de asunciones, que deberían servirle para abrirla a espacios interiores de la conciencia. Sus métodos no necesitan ser menos rigurosos que los de la ciencia actual.

179

Una noción clave para los filósofos perennes es la de la "tradición", que implica la transmisión de conocimiento y práctica de una persona a otra. El punto importante es que su verdad está sutilmente incorporada a ejemplos vivientes –los santos y los sabios– que demuestran su espíritu. Mucha gente tiene una idea mucho más limitada de la tradición como algo pasado de moda, pero su verdadero significado está en la continuidad que ésta establece entre el pasado, el presente y el futuro, como el propio príncipe explica: «La tradición no es una cosa muerta; es, de hecho, el único medio por el cual podemos experimentar un sentido de la pertenencia y el significado dentro de un mundo rápidamente cambiante. Es, en última instancia, la única manera de darles sentido al pasado y al futuro a través de una sutil reconciliación en una suerte de eterno presente». En su sentido más alto, la tradición es la entrega del testigo de un método de contemplación, que es en sí mismo una forma de cultivación de la conciencia. A través de tales medios, la conciencia llega a ser conocida como una realidad fundamental, más fundamental incluso que la materia.

La Academia Temenos. Las artes y la imaginación

> *Todo lo engendrado en la existencia es imaginación, pero también es realidad. Quienquiera que comprenda esta verdad ha comprendido los misterios del camino.*
>
> IBN ARABÍ

La Academia Temenos fue inaugurada en 1990 como una organización de enseñanza dedicada a la misma idea central que había inspirado la anterior *Temenos Review* (una revista dedicada a las artes de la imaginación). En palabras de su fundadora, la historiadora literaria y poeta Kathleen Raine, «la Academia Temenos es una asociación dedicada a la enseñanza y diseminación de la sabiduría perenne, que ha sido la base de todas las civilizaciones». Eruditos y maestros, comprometidos con lo que ahora generalmente se conoce como "la sabiduría perenne" –el aprendizaje de la imaginación– fueron invitados a impartir conferencias y crear grupos de estudio. Desde el principio la academia tuvo su sede en el Instituto de Arquitectura Príncipe de Gales, en Regents Park, donde se esperaba que algunos de los estudiantes de arquitectura asistieran a las conferencias y absorbieran así parte de la filosofía que había inspirado a sus predecesores durante siglos. La doctora Raine escribe:

> Mientras que en palabras de Shelley «la verdad profunda es sin imágenes», las artes (desde la arquitectura, la pintura, la música y la poesía hasta las canciones y bailes de los pueblos y los diseños textiles y de cerámica) han sido, dentro de todas las civilizaciones, el florecimiento de una visión de lo sagrado, incorporada dentro de alguna tradición de enseñanza espiritual. Las artes de la imaginación florecen por lo tanto en la Academia Temenos, el recinto de ese centro sagrado, sea ese centro templo, sinagoga, iglesia, mezquita o el santuario invisible dentro del corazón. Dado que el conocimiento es universal, buscamos aprender de todas las tradiciones. Dentro de la tradición occidental, Temenos sigue la tradición platónica y plotiniana desde sus orígenes presocráticos hasta el día presente. Nuestro propósito es estudiar el aprendizaje de la imaginación, a la vez en las artes y en las enseñanzas metafísicas, que son igualmente la expresión del conocimiento espiritual tradicional. Rechazamos las premisas del materialismo secular, que niegan las bases mismas del significado y el valor. Por tanto, buscamos también expresiones contemporáneas en las artes y otros modos de pensamiento que estén enraizados en esa realidad espiritual intemporal.

La doctora Raine recuerda que fue su amigo sir Laurens van der Post, también amigo del príncipe, quien solía enseñar a éste copias de la *Temenos Review* original. Ella fue invitada a cenar a Kensington Palace, donde explicó la idea que había detrás de Temenos utilizando un comentario hecho por el doctor A.K. Coomaraswamy acerca de que «lleva cuatro años obtener la mejor educación universitaria, ¡pero cuarenta años deshacerse de ella!». La doctora Raine descubrió que el príncipe compartía su «compromiso con los tres valores fundamentales sobre los que se basa la civilización europea: lo bueno, lo bello y lo verdadero, la tradición sagrada que ha inspirado a la civilización europea tanto a lo largo de los siglos precristianos como de los cristianos». La doctora Raine dice que son «esencialmente los mismos valores que subyacen en la civilización hindú como *satyam, shivam, sundaram* (ser, conocimiento y beatitud)», y continúa:

> Mantenemos que no es el "progreso", con sus valores por siempre cambiantes, sino la tradición, lo que constituye la espina dorsal de la civilización. La tradición, lejos de mirar hacia atrás, es una continua renovación de la fuente viviente de la inspiración, permanente en la naturaleza humana misma. La novedad y la "originalidad" no son progresivas, y tampoco lo es el hecho de almacenar "información", que no constituye conocimiento y no tiene relación alguna con la sabiduría, que es un principio viviente. Esta tradición debe ser llamada "sagrada" porque surge en todo momento de una fuente viviente, y no puede ser conservada de ninguna forma salvo como conciencia misma.

Cada año, un punto culminante de la academia es la Conferencia de Intercambio entre las Fes creada por el antiguo alto comisionado hindú en Londres, el doctor L.M. Singhvi, quien pronunció la conferencia inaugural en 1998. El conferenciante de 2004 fue el Dalai Lama, a quien el príncipe saludó personalmente como a un antiguo defensor de la causa tibetana. Además, la academia celebra un concierto anual para agradecer a aquellos que han apoyado su trabajo. Durante los últimos años esto ha sido auspiciado por su real patrono, el príncipe de Gales, en Saint James Palace o en Highgrove. En el concierto de 2001, el príncipe habló del «papel vital de la Academia Temenos en ayudar a conservar vivos los restos rápidamente menguantes de las tradiciones sagradas en un mundo en el que la fantasía está remplazando cada vez más a la imaginación». El príncipe insistió en que "el mundo real" está dentro de nosotros, y añadió que:

> [...] la verdad, la bondad y la belleza en el mundo exterior y manifiesto sólo son posibles a través del patrón interior e invisible, el arquetipo no-manifestado. Mi vida hasta ahora ha estado dedicada a reintegrar ese arquetipo. Creo que el desafío del nuevo siglo está en la urgencia con que afrontemos la necesidad de reintegrar ese maltratado patrón arquetípico en nuestros corazones, de modo que, de alguna manera, podamos recrear los hábitats perdidos a la vez del mundo físico y de esa sagrada dimensión interior que es el misterioso regalo de Dios a la humanidad.

Los principios que sirven de base al trabajo de la academia son:

- El reconocimiento de la divinidad.
- El amor por la sabiduría como base esencial de la civilización.
- La visión espiritual como aliento vital de la civilización.
- El mantenimiento de las tradiciones reverenciadas por la humanidad.
- La comprensión de la tradición como una renovación constante.
- La provisión de enseñanza por medio de los mejores maestros disponibles en sus diversas disciplinas, y de publicaciones que establezcan los más altos niveles, tanto en contenido como en diseño.

- La conciencia de que el propósito de la enseñanza es el de capacitar a los estudiantes para que apliquen lo que aprendan a sus propias vidas.
- Recordarnos a nosotros mismos y a aquéllos a quienes enseñamos que miren hacia arriba y no hacia abajo.
- El gobierno de la propia Academia Temenos a la luz de los principios arriba mencionados.

Como patrono de la academia, el príncipe no tiene dudas acerca del significado de su trabajo:

> El trabajo de Temenos no podría ser más importante. Su compromiso con la intención de alentar una conciencia más amplia de las grandes tradiciones espirituales que hemos heredado del pasado no constituye una distracción de las preocupaciones de la vida cotidiana. Estas tradiciones, que constituyen la base de los valores más civilizados de la humanidad y que nos han sido entregadas a lo largo de muchos siglos, no sólo son parte de nuestra vida religiosa interior. Tienen una relevancia intensamente práctica en la creación de auténtica belleza en las artes, en una arquitectura que lleve armonía e inspiración a la vida de las gentes y en el desarrollo dentro del individuo de un sentido del equilibrio que es, en mi opinión, el signo de una persona civilizada.

El islam y Occidente: la conexión más profunda

> *Olvidar el espíritu y conformarse sólo con sus reflejos terrenales significa estar condenados a un mundo de multiplicidad, a la separación, la división y, finalmente, a la agresión y la guerra. Por mucho que se ensalce el espíritu humano, no podrá llenarse el vacío creado por el olvido del espíritu que enciende el alma humana pero no es en sí mismo humano. Es necesario darse cuenta de la unidad del espíritu que*

existe detrás de la multiplicidad de las formas religiosas para alcanzar la paz que busca la humanidad.

SEYYED HOSSEIN NASR

Lo que viene de los labios llega a los oídos. Lo que viene del corazón llega al corazón.

PROVERBIO ÁRABE,
CITADO POR EL PRÍNCIPE DE GALES

Mucho se ha escrito sobre el islam y Occidente desde los atentados terroristas del 11 de septiembre de 2001. Ateos y agnósticos han utilizado los ataques que tuvieron lugar en Nueva York y otros lugares para reforzar sus argumentos de que la religión es inherentemente irracional y peligrosa, mientras que otros comentadores han sostenido que tales acciones son contrarias al espíritu del islam o de ninguna otra tradición de fe del mundo. No cabe duda de que el fundamentalismo –la búsqueda de certeza a través de un retorno al sentido literal de las escrituras– es rampante a lo largo de una amplia variedad de fes, y que puede resultar en actos de violencia que repudian las bases éticas mismas de sus fundadores. En el ampliamente difundido escepticismo de nuestra época puede apreciarse el significado de la afirmación de Jung en *Tipos psicológicos* de que «el fanatismo es duda compensada en exceso».

Un tema importante que se desarrolla a lo largo del debate es la tensión entre el tradicionalismo de la cultura islámica y los (como lo consideran muchos) efectos corrosivos de la moderna cultura liberal. Éste es uno de los aspectos del contraste entre Oriente y Occidente que ha interesado al príncipe de Gales a lo largo de la última década, especialmente dado que tres de los más importantes exponentes de la filosofía perenne –Guénon, Schuon y Nasr– tienen sus raíces en el misticismo islámico. El primer discurso importante del príncipe sobre este tema fue pronunciado en octubre de 1993 en su calidad de patrono del Centro de Estudios Islámicos de Oxford. El príncipe aprovechó esta ocasión para hacer un llamamiento en pro de una genuina comprensión mutua, especialmente debido al hecho de que Inglaterra es una sociedad multicultural en un mundo cada vez más interdependiente. El príncipe señaló que hay mil millones de musulmanes en todo el mundo. Muchos millones de ellos viven en países de la Commonwealth. Diez millones o más viven en Occidente, y alrededor de un millón en Inglaterra. Nuestra propia comunidad islámica ha estado creciendo y floreciendo durante décadas. Existen unas quinientas mezquitas en Inglaterra.

Desde la perspectiva de mediados de 2004 resulta conmovedor que a continuación el príncipe procediera a expresar su furia y desesperación acerca de la destrucción sistemática por Sadam Hussein del modo de vida único de los árabes de las ciénagas en el sur de Irak. La suprema y trágica ironía, comentó,

> [...] lo que le ha estado sucediendo a la población chiíta de Irak –especialmente en la antigua ciudad y lugar santo de Kerbala– es que, después de que los aliados occidentales tomaron inmensas precauciones para evitar bombardear esos lugares santos (y yo recuerdo implorarle al general Schwarzkopf cuando lo conocí en Riyad en diciembre de 1990, antes de que empezara la guerra para liberar Kuwait, que hiciera lo posible por proteger esos santuarios durante el conflicto), Sadam Hussein mismo, y su régimen aterrador, fuera quien causara la destrucción de algunos de los lugares más sagrados del islam. Y ahora debemos ser testigos del deliberado drenaje de los pantanos y de la destrucción casi total de un hábitat único, junto con la de toda una población que ha dependido de ellos desde los albores de la civilización humana. A la comunidad internacional se le ha dicho que el drenaje de los pantanos responde a propósitos de carácter agrícola. ¿Cuántas más mentiras obscenas debemos escuchar antes de que se tomen medidas reales? Incluso en esta hora penúltima no es demasiado

tarde para prevenir un cataclismo total. Yo rezo para que ésta sea al menos una causa en la que el islam y Occidente unan fuerzas en nombre de nuestra humanidad común.

El príncipe es bien consciente de la multitud de problemas profundos e intratables que se hallan detrás de muchas de las zonas del mundo desgarradas por la guerra, como Bosnia, y de las causas que subyacen a esos conflictos. No obstante, añade que «el conflicto también surge, trágicamente, de una incapacidad para comprender, y de las poderosas emociones que, basadas en esa incomprensión, llevan a la desconfianza y al miedo». Urge a su audiencia a que «no debemos adentrarnos en otra época de peligro y división porque los gobiernos y los pueblos, las comunidades y las religiones no puedan vivir en paz en un mundo cada vez más pequeño».

El príncipe argumenta que las raíces comunes del judaísmo, el cristianismo y el islam hacen más por unir que por dividir:

> El islam y el cristianismo comparten una visión monoteísta común: una creencia en un Dios divino, la transitoriedad de nuestra vida en la tierra, el tener que rendir cuentas de nuestras acciones y la seguridad de una vida más allá. Compartimos muchos valores clave: el respeto por el conocimiento, por la justicia, la compasión hacia los pobres y los no privilegiados, la importancia de la vida familiar y el respeto hacia los padres. «Honrarás a tu padre y a tu madre» es también un precepto del Corán. Nuestra historia ha estado íntimamente ligada.

Sin embargo, gran parte de esa historia ha sido una de conflicto –por ejemplo, las cruzadas–, que ha generado un miedo y una desconfianza perpetuos. El islam ha estado históricamente considerado como una amenaza «en la época medieval como conquistador militar, y en épocas más modernas como una fuente de intolerancia, extremismo y terrorismo». Lo que el príncipe más lamenta, sin embargo, es que «nuestro juicio del islam ha estado enormemente distorsionado porque hemos pensado que los extremos son la norma». De hecho, continúa el príncipe, las bases de la ley islámica son la equidad y la compasión, y deberíamos estudiar cómo esa ley se practica en realidad antes de sacar conclusiones prematuras. Lo mismo puede decirse de la posición de las mujeres, frecuentemente publicitada, en las sociedades tradicionales islámicas como la talibán en Afganistán: «las mujeres no son automáticamente ciudadanos de segunda clase porque vivan en países islámicos. No podemos juzgar adecuadamente la posición de las mujeres en el islam si tomamos a los estados islámicos más conservadores como representativos de la totalidad».

El príncipe recordó a su audiencia que «los occidentales también necesitamos comprender cómo el mundo islámico nos ve a nosotros. No hay nada que ganar, y se puede hacer mucho daño, negándonos a entender hasta qué punto mucha gente del mundo islámico teme genuinamente nuestro materialismo occidental y nuestra cultura de masas como un desafío mortal a su cultura y estilo de vida islámicos». Del mismo modo, añade el príncipe, «el mundo islámico necesita comprender la actitud de Occidente hacia algunos de los aspectos más rigurosos de la vida islámica». El entendimiento mutuo es un camino en ambos sentidos.

Esto «nos ayudaría a comprender lo que comúnmente hemos llegado a considerar como la amenaza del fundamentalismo islámico». Y especifica: «Necesitamos ser cuidadosos con esa etiqueta emotiva, el "fundamentalismo", y distinguir, como los hacen los musulmanes, entre los que quieren revivir su religión, y que eligen practicarla más devotamente, y los fanáticos o extremistas que utilizan su devoción para sus fines políticos». Éste es un argumento que no se ha utilizado en ninguno de los comentarios de los dos últimos años, pero que tiene paralelismos históricos que se remontan a las cruzadas y más allá. Por ejemplo, el papa Urbano absolvió por adelantado a los cruzados por las masacres que iban a llevar a cabo, utilizando así la religión para propósitos políticos. En tales casos el líder religioso no habla en nombre de Jesús, del mismo modo que Bin Laden no habla en nombre de Mahoma.

El príncipe prosigue: «Entre las muchas causas religiosas, sociales y políticas de lo que podríamos llamar más exactamente la revivificación islámica, existe un poderoso sentimiento de desencanto, de la percatación de que la tecnología y el materialismo de Occidente son insuficientes, y de que en la esencia de la fe islámica subyace un significado más profundo de la vida». Esta misma inquietud espiritual también está presente en Occidente, como hemos visto más arriba.

El príncipe advierte también acerca de interpretaciones simplistas:

> Al mismo tiempo, no debemos sentirnos tentados de creer que el extremismo es de alguna manera la marca y la esencia del musulmán. El extremismo no sólo existe en el islam sino también en otras religiones, incluyendo el cristianismo. La gran mayoría de los musulmanes, aunque personalmente devotos, son moderados en sus ideas políticas. La suya es la religión del camino medio. Si queremos comprender este importante movimiento, debemos aprender a distinguir claramente entre lo que cree la gran mayoría de los musulmanes y la terrible violencia de una pequeña minoría entre ellos, que las personas civilizadas de todo el mundo deben condenar.

El príncipe procedió a esbozar la deuda cultural que Occidente tiene con el islam en términos de la conservación del aprendizaje clásico en la Edad Media:

> No sólo la España musulmana reunió y conservó el contenido intelectual de la antigua civilización grecorromana, sino que también interpretó y expandió esa civilización, e hizo

una contribución vital propia en muchos campos del quehacer humano: en ciencia, astronomía, matemáticas, álgebra (que es una palabra árabe), leyes, historia, medicina, farmacología, óptica, agricultura, arquitectura, teología y música. Averroes y Avenzoar, como sus contrapartidas Avicena y Rhazes en Oriente, contribuyeron al estudio y la práctica de la medicina en modos de los que Europa se benefició durante siglos. El islam alimentó y preservó la búsqueda de conocimiento. En palabras de la tradición: «La tinta del erudito es más sagrada que la sangre del mártir». Córdoba, en el siglo X, era de lejos la ciudad más civilizada de Europa. Sabemos de bibliotecas circulantes en España en la época en que el rey Alfredo estaba cometiendo terribles torpezas con las artes culinarias en este país. Se dice que los 400.000 volúmenes que contenía la biblioteca de su soberano sumaban más libros que los de todas las demás bibliotecas de Europa juntas. Eso fue posible porque el mundo islámico aprendió de China a fabricar papel más de 400 años antes que el resto de los países no islámicos.

El príncipe va más allá:

Muchos de los rasgos de los que se enorgullece la Europa moderna vinieron de la España islámica. La diplomacia, el mercado libre, las fronteras abiertas, las técnicas de la investigación académica, de la antropología, de la etiqueta, de la moda, de varios tipos de medicina, hospitales, todo ello vino de esta gran ciudad de ciudades. El islam medieval era una religión admirablemente tolerante para su época, permitiendo a los judíos y a los cristianos el derecho a practicar sus creencias heredadas y estableciendo un ejemplo que, por desgracia, no fue copiado por Occidente hasta muchos siglos después. La sorpresa es hasta qué punto el islam ha sido una parte de Europa durante tanto tiempo, primero en España, luego en los Balcanes, y hasta qué punto ha contribuido a la civilización que demasiado a menudo pensamos que es enteramente occidental.

El príncipe concluye: «El islam es parte de nuestro pasado y de nuestro futuro en todos los campos del quehacer humano. Ha ayudado a crear la Europa moderna. Es parte de nuestra herencia, no una cosa ajena». Más que esto, el islam tiene una contribución vital que hacer a Occidente. «En el corazón del islam está su preservación de una visión integral del universo. El islam –como el budismo y el hinduismo– se niega a separar al hombre de la naturaleza, a la religión de la ciencia, a la mente de la materia, y ha conservado una visión metafísica y unificada de nosotros mismos y del mundo que nos rodea. En el núcleo del cristianismo aún existe una visión integral de la santidad del mundo, y un sentido claro de la confianza y la responsabilidad que se nos han entregado con respecto a nuestro entorno natural». Occidente ha perdido esta visión integrada del mundo: «Una filosofía comprensiva de la naturaleza ya no forma parte de nuestras creencias cotidianas».

El príncipe hace una llamada para que vuelva a recuperarse una visión de conjunto del mundo que nos rodea: «Este sentido crucial de unidad y de responsabilidad para con el carácter sacramental y espiritual vital del mundo que nos rodea es sin duda alguna algo importante que podemos aprender del islam». El príncipe es consciente de que los críticos le acusarán de «vivir en el pasado y negarse a reconciliarse con la realidad y la vida moderna». Por el contrario, continúa, «a lo que estoy apelando es a una comprensión más amplia, profunda y cuidadosa de nuestro mundo; a una dimensión metafísica además de material en nuestras vidas, para recuperar el equilibrio que hemos abandonado, la ausencia del cual, creo yo, resultará desastrosa a largo plazo. Si los modos de pensamiento que se encuentran en el islam y otras religiones pueden ayudarnos en esta búsqueda, entonces hay cosas que podemos aprender de este sistema de creencias que, en mi opinión, ignoramos a costa nuestra». El príncipe, a diferencia de sus críticos, no hace una división entre estos temas: siempre tiene cuidado de presentar una perspectiva equilibrada y comprensiva: «Metafísica además de material, no metafísica antes que material».

El príncipe retomó el tema del islam y Occidente en un discurso –"Un sentido de lo sagrado. Construir puentes entre el islam y Occidente"– pronunciado en un seminario en Wilton Park en diciembre de 1996. Fue el propio príncipe quien eligió el tema, y empezó por admitir cuán difícil era para nosotros, los hombres contemporáneos, hablar de ello:

> Pero me siento alentado por el hecho de que, cada vez que me he armado de valor para hablar de este tema en el pasado –incluso a grupos de personas prácticas y tozudas como financieros internacionales o dueños de empresas inmobiliarias–, siempre parece que toco una fibra especial y capto un importante grado de atención. Yo creo que en cada uno de nosotros hay un eco distante del sentido de lo sagrado, pero que la mayoría de nosotros estamos aterrados de admitir su existencia por miedo al ridículo o a la burla. Este miedo al ridículo, incluso hasta el punto de no mencionar jamás la palabra Dios, es una indicación clásica de la pérdida de significado en la llamada civilización occidental.

La pérdida de una visión integrada del carácter sagrado de la naturaleza nos ha dejado a la deriva en un universo sin significado, lo que el príncipe considera una situación grave. Su propuesta es que tenemos algo que aprender de estas tradiciones, como el islam, que no han perdido esa visión y han retenido «un profundo respeto por las tradiciones intemporales del orden natural». Su diagnóstico de nuestra situación es, como el de Schuon y otros, que el materialismo científico ha asumido un monopolio de autoridad intelectual que ha desequilibrado nuestra cultura y nos ha llevado a la desintegración:

> El materialismo moderno, en mi humilde opinión, es desequilibrado y cada vez más perjudicial en sus consecuen-

Además de sus múltiples deberes reales, el príncipe Carlos patrocina o preside 363 actividades que ascienden a cien millones de libras esterlinas al año para 17 sociedades benéficas. Se interesa por el campo y su gente, y en 2002 donó quinientas mil libras a los granjeros afectados por la fiebre aftosa.
(Foto: Press Association)

El príncipe consideró Poundbury como una oportunidad para poner en
práctica sus ideas sobre la edificación y planificación urbana.
(Foto: Press Association)

El príncipe Carlos ha convertido Highgrove en una granja en la que se cultivan numerosos productos orgánicos y los comercializa bajo la marca *Duchy Originals*. Sus beneficios los destina a la Fundación Benéfica del Príncipe de Gales, con el propósito de crear un círculo virtuoso. El príncipe Guillermo comparte la pasión de su padre por la ecología y la agricultura.
(Foto: Press Association)

La compositora e intérprete Sarah Bennett proclamada Joven Creadora del Trust del Príncipe en los Premios al Orgullo Británico de 2003.

El Trust del Príncipe consiguió su primer reconocimiento como entidad benéfica nacional en 1976 por su ayuda a los jóvenes necesitados. Aquí el príncipe Carlos saluda al Blazin' Squad en la Fiesta del Parque de 2003.
(Fotos: Press Association)

Los Premios al Periodismo Local recompensan a los periodistas que escriben historias inspiradas en jóvenes discapacitados y las personas que tratan de ayudarles. Sharat Hussain (izquierda) y Mohammed Arif dirigen un proyecto deportivo en la comunidad de Bradford. (Foto: Press Association)

Una visita a la Lent Rise Combined School de Burnham, Berksdire, que encabeza un programa de formación inspirado por el príncipe. La Education Summer School se propone reavivar la confianza en la calidad de la enseñanza en los textos de literatura e historia.   (Fotos: Press Association)

En 1982 el príncipe Carlos ya reclamó una mayor integración de las terapias complementarias en el NHS y creó su Fundación para la Salud Integrada en 1996. La Gateway Clinic de Lambeth, que ofrece medicina tradicional china y asesoramiento dietético, ganó un premio de esta Fundación en 2003.

En el corazón de su programa el príncipe coloca siempre su sentimiento de lo sagrado y lo espiritual. Esta acuarela la pintó durante un viaje estival al monte Athos.
(© AG Carrick Ltd)

En 2004 el príncipe invitó al Dalai Lama a pronunciar una de las conferencias
de L.M. Singhvi para el intercambio religioso en la Academia Temenos.
(Foto: Press Association)

cias a largo plazo. Sin embargo, todas las grandes religiones del mundo han sostenido una visión integral de la santidad del mundo. El mensaje cristiano, por ejemplo, con su doctrina simbólica y profundamente mística de la encarnación, ha sido tradicionalmente un mensaje de unidad de los mundos de la materia y el espíritu, y de la manifestación de Dios en este mundo y en la humanidad. Pero durante los últimos tres siglos, al menos en el mundo occidental, ha surgido una peligrosa división en la manera como percibimos el mundo que nos rodea. La ciencia ha intentado asumir un monopolio, incluso una tiranía, sobre nuestra comprensión. La religión y la ciencia se han separado, con el resultado, como dijo William Wordsworth, de que «poco vemos en la naturaleza que sea nuestro». La ciencia ha intentado arrebatarle a Dios el mundo natural, con el resultado de que ha fragmentado el cosmos y ha relegado lo sagrado a un compartimento separado, y secundario, de nuestra comprensión, divorciado de la experiencia cotidiana.

El príncipe tiene razón al decir que en la actualidad la ciencia es la primera autoridad intelectual, y que algunos científicos vociferantes han arrinconado a la religión, pero la situación no es ahora tan mala como él supone aquí. Para el príncipe, lo sagrado es central y primario, y esto se refleja en su comprensión integral del mundo natural como "una teofanía" o manifestación de lo divino. Ésta es una postura que viene de lejos, aun cuando en la actualidad no esté de moda. El príncipe piensa que «sólo ahora estamos empezando a calibrar los desastrosos resultados de este punto de vista (materialista)»:

> Nosotros en el mundo occidental parecemos haber perdido el sentido de la totalidad de nuestro entorno y de nuestra inmensa e inalienable responsabilidad para con toda la Creación. Esto nos ha llevado a un fracaso cada vez mayor en apreciar o comprender la tradición y la sabiduría de nuestros antecesores acumuladas a lo largo de los siglos. De hecho,

se discrimina activamente contra la tradición, como si ésta fuera una enfermedad socialmente inaceptable.

La pérdida de la totalidad también se manifiesta como alienación, una pérdida de conexión y una pérdida de responsabilidad. El príncipe lamenta el desdén con el que se trata a la tradición, y sugiere que se necesita una actitud más integradora en la que la ciencia natural reconozca sus propios límites:

> En mi opinión, necesitamos un enfoque más holístico en nuestro mundo contemporáneo. La ciencia nos ha prestado el inestimable servicio de mostrarnos un mundo mucho más complejo de lo que podíamos haber imaginado. Pero en su forma moderna, materialista y unidimensional, no puede explicárnoslo todo. Dios no es meramente el matemático newtoniano definitivo, ni tampoco el relojero mecanicista. Francis Bacon dijo que Dios no haría milagros para convencer a aquellos que no pueden ver el milagro de una brizna de hierba que crece o de la lluvia que cae. Al tiempo que la ciencia y la tecnología se han ido separando cada vez más de consideraciones éticas, morales y sagradas, también las implicaciones de dicha separación se han vuelto más sombrías y aterradoras... como podemos ver, por ejemplo, en la manipulación genética, o en las consecuencias de la clase de arrogancia (científica) tan flagrante en el escándalo de la encefalopatía espongiforme bovina.

El príncipe llega ahora a la palabra "puente" de su título, señalando un nuevo renacimiento con el reavivamiento del interés en las tradiciones sagradas:

> Pero sigue existiendo una necesidad de descubrir de nuevo el puente entre lo que las grandes fes del mundo han reconocido como nuestro mundo exterior e interior, nuestra naturaleza física y espiritual. Ese puente es la expresión de nuestra humanidad. Cumple con este papel a través del conocimien-

to y el arte tradicionales, que han civilizado a la humanidad y sin el cual la civilización ya no podría ser mantenida. Después de siglos de descuido y escepticismo, la sabiduría trascendental de las grandes tradiciones religiosas, incluyendo la judeocristiana y la islámica, y la metafísica de la tradición platónica, que fue una inspiración tan importante para las ideas filosóficas y espirituales de Occidente, están finalmente volviendo a descubrirse.

A continuación el príncipe se refiere sin ambages a lo que constituye el corazón de su filosofía espiritual:

> Siempre he sentido que la tradición en nuestras vidas no es un elemento fabricado por el hombre, sino una intuición otorgada por Dios de los ritmos naturales, de la armonía fundamental que emerge de aquellos paradójicos opuestos que existen en todos los aspectos de la naturaleza. La tradición refleja el orden intemporal del cosmos, y nos instala en una percepción de los grandes misterios del universo, de manera que, como dijo Blake, podemos ver el universo entero en un átomo y la eternidad en un momento. Por eso creo que el hombre es mucho más que sólo un fenómeno biológico descansando en lo que ahora parecemos definir como "el renglón último" de la gran hoja de balance de la vida, según la cual el arte y la cultura constituyen cada vez más extras opcionales en la vida.

El príncipe aprecia que se ha destruido una inocencia esencial, y que ésta se ha destruido en todas partes, pero continúa: «A pesar de todo yo creo que la supervivencia de los valores civilizados, tal como los hemos heredado de nuestros antepasados, depende de la correspondiente supervivencia en nuestros corazones de ese profundo sentido de lo sagrado y lo espiritual». El humanismo no es suficiente; necesitamos sondear las profundidades de nuestro ser para encontrar un núcleo sagrado de unidad. El príncipe argumenta que el redescubrimiento de una visión integrada de lo sagrado puede tener implicaciones importantes para la curación, el entorno y la agricultura, además de para la arquitectura y el trazado urbano. Y concluye:

> El milenio que se acerca puede ser el catalizador ideal para ayudar a explorar y estimular estos vínculos, y yo espero que no ignoremos la oportunidad que esto nos da para descubrir de nuevo las bases espirituales de toda nuestra existencia. En cuanto a mí, estoy convencido de que no podemos permitirnos, para la salud y la sostenibilidad de una existencia civilizada, seguir ignorando esas características intemporales de nuestro mundo. Un sentido de lo sagrado puede, creo yo, ayudar a proporcionar las bases para desarrollar una nueva relación de comprensión que sólo puede realzar las relaciones entre nuestras dos fes –y de hecho entre todas las fes– para beneficio de nuestros hijos y de las generaciones futuras.

En noviembre de 2001, el mes sagrado de ramadán, como él mismo observó, el príncipe inauguró el Proyecto del Centro Musulmán de Londres en la mezquita del East End con el príncipe Mohamed Al-Faisal de Arabia Saudí. La Fundación del Príncipe, a través de su programa "Visual Islamic and Traditional Arts" [Artes Visuales y Tradicionales Islámicas], se involucró en el proyecto (véase más adelante), que proporciona un medio para toda la comunidad. El príncipe aprovechó la ocasión para expresar su idea de que «es particularmente importante que alentemos a nuestros hijos a apreciar y a aprender de las muchas culturas que constituyen su herencia personal». De nuevo subrayó que el cristianismo, el islam y el judaísmo comparten muchas de las mismas creencias espirituales y los valores sociales clave de «la compasión, la tolerancia, el respeto a la familia y la comunidad, la fe en la justicia y la búsqueda de mayor comprensión y sabiduría». Concluyó diciendo que «nadie posee el monopolio de la verdad. Reconocer esto es, en mi opinión, un primer paso hacia la verdadera sabiduría, y un revés brutal para la sospecha y la mala interpretación que tan a menudo caracterizan las relaciones públicas entre las diferentes fes».

Escuela de Artes Tradicionales del Príncipe

> *Todo arte tradicional está profunda e inseparablemente arraigado en el aspecto más interior de la religión.*
>
> DOCTOR MARTIN LINGS

El programa VITA fue fundado en 1984 por el profesor Keith Critchlow en el Real Colegio de Arte para especializarse en las artes y la arquitectura del islam, pero desde entonces ha extendido sus intereses hasta incluir las artes tradicionales de otras civilizaciones. Ahora se alberga dentro de la Fundación del Príncipe. VITA busca comunicar una comprensión de lo sagrado y alentar la apreciación de los valores universales que son fundamentales para el arte de las grandes tradiciones del mundo. VITA se propone que los estudiantes se den cuenta de que la belleza de forma, dibujo y color de las diversas ramas del arte islámico (o, de hecho, de cualquier arte tradicional) no cumplen solamente una función estética ni son demostraciones de buen diseño, sino que representan un orden universal más profundo. La perspectiva de VITA con respecto al arte y la arquitectura es que éstas están integradas en la vida como un todo. La actividad artística «no es ni un lujo ni un experimento psicológico subjetivo, ni tampoco es un caprichoso ejercicio de nostalgia. Es un [camino de] arte contemplativo basado en verdades espirituales».

VITA otorgó los primeros títulos de doctorado en el Real Colegio de Arte y ha sido pionero en la entrega de títulos de práctica de posgrado en los niveles máster y de doctorado. Cuando el programa fue transferido al Instituto de Arquitectura Príncipe de Gales en 1993, obtuvo la convalidación de sus cursos en la Universidad de Gales. El programa VITA es el único en el mundo occidental que ofrece un curso de posgrado que integra una visión comprensiva de la filosofía y las habilidades prácticas en arte y oficios.

Con esto *in mente*, los alumnos estudian arte "desde dentro". Por ejemplo, aprendiendo las habilidades prácticas de la geometría y al mismo tiempo entendiendo su significado como el del lenguaje que constituye la base de las artes sagradas y tradicionales del mundo, a los estudiantes se les ofrece la oportunidad de participar en la naturaleza contemplativa del arte. Se les capacita para percatarse, a través de la actividad y la participación –antes que de la observación y el estudio teórico–, de que los dibujos intrincados y sutiles trascienden el terreno puramente decorativo y representan una profunda belleza intemporal. Por medio de su trabajo, los estudiantes también llevan a cabo otro servicio haciendo una contribución práctica a la supervivencia de las artes tradicionales. El curso ofrece a los candidatos de diferentes culturas procedentes de todo el mundo una oportunidad de estudiar y practicar un arte/oficio tradicional como vocación, y es, por su propia naturaleza, una forma creativa de intercambio internacional.

El programa VITA equilibra la técnica con la belleza, la enseñanza de habilidades prácticas con el trasfondo y el significado simbólico inherente al arte producido por estas habilidades. El curso abarca el significado en la raíz de la palabra "educar", es decir, "hacer surgir", "sacar hacia afuera" talentos y habilidades ocultos más que "empujar hacia dentro". Esto significa que los educadores y estudiantes trabajan y discuten juntos de una manera activa. La artesanía, según el director de VITA, el doctor Jaled Azzam, es a la vez un proceso y una experiencia espiritual. La geometría es absolutamente vital como una de las cuatro artes/ciencias tradicionales de las "siete artes liberales" ("liberales" en el sentido de que liberan el alma de los intereses materiales), y Platón la consideraba como un lenguaje universal. La geometría como base matriz proporciona el vínculo entre todas las artes sagradas y tradicionales.

El curso comienza con la geometría de estructura y espacio a través de una comprensión de la dimensión. VITA también introduce a los estudiantes a las otras tres artes liberales, la aritmética, la música o armonía, y la astronomía o cosmología, como han sido diversamente interpretadas por las tradiciones griega, judía, islámica y cristiana. Otras habilidades incluyen la caligrafía en relación con el simbolismo del alfabeto arábigo, métodos de pintura y preparación de materiales, fabricación de azulejos y modelos, *islimi* o arabescos con formas biomórficas basadas en los dibujos fluyentes de la naturaleza y los principios geométricos ya aprendidos, cristales coloreados, iconos o pintura de miniaturas, papiroflexia japonesa, grabado de letras y escultura en piedra. Los estudiantes también inician un proyecto de arquitectura, y deben diseñar un pequeño santuario. En el segundo año, los estudiantes trabajan en sus propios proyectos, que en el mes de junio son exhibidos al público.

El catálogo de la exposición da a cada estudiante la oportunidad de explicar su proyecto y reflexionar sobre su experiencia del curso. Uno de sus trabajos está ilustrado –cerámica, azulejos, pintura, joyas, escultura– y todos ellos comunican ese tangible sentido de la belleza y proporción con el que todos podemos sintonizar. Por ello alimentan el alma. También lo hacen algunos de los inspirados comentarios de los estudiantes: «Dos profundas nociones que siempre llevaré conmigo son la sutileza y el centro...»; «Una de las cosas más valiosas que he aprendido en VITA es como poner en práctica una idea. He sido testigo de cómo, utilizando las manos, el corazón y la mente, un simple esbozo puede convertirse en un objeto bello...»; «La verdad y la belleza son la fuerza vital de las obras de arte tradicionales... trabajando de una manera tradicional y disciplinada intento representar estas cualidades en mis vasijas».

VITA también dirige programas de educación comunitaria destinados a estimular los vínculos con las minorías étnicas, alentándolas, especialmente a los jóvenes musulmanes, a descubrir y evaluar de nuevo su herencia cultural dentro del contexto de la Gran Bretaña moderna. Existen relaciones especiales con la mezquita de East London, la Escuela Mulberry en Shoreditch (donde se celebran sesiones de verano principalmente para estudiantes bengalíes sobresalientes), y la Escuela Islamiya (donde se ha diseñado un currículo de artes). VITA tiene proyectos que la vinculan con universidades e instituciones de todo el mundo, principalmente en Jordania, Abu Dhabi, Lahore y Karachi. Otros proyectos VITA han incluido el Espacio para la Oración Musulmana en la Cúpula del Milenio, el diseño interior de Ar-Rum, un centro musulmán en Clerkenwell, una extensión del edificio de la mezquita de East London, la alfombra de flores para la Feria de Flores de Chelsea 2001 (ahora instalado en Highgrove) y el techo de una casa en Queen Anne's Gate.

El programa VITA hace así una significativa contribución práctica y educacional al cultivo de las tradiciones sagradas del arte, manteniendo viva la llama y enviando a sus estudiantes a practicar su artesanía y realzar la belleza del entorno en el cual trabajan.

El príncipe como defensor de la fe

> *En una época de secularización y escepticismo me parece esencial que todos los hombres de fe –aquellos que reconocen la existencia de una dimensión más alta más allá de los estrechos, destructivos confines de la visión egocéntrica del mundo– se reúnan en reconocimiento de una com-*

prensión común de lo que es sagrado y perdurable en la experiencia humana.

EL PRÍNCIPE DE GALES

Como heredero del trono, el príncipe de Gales hereda también el papel especial del soberano, que se remonta al siglo XVI, como defensor de la fe y gobernador supremo de la Iglesia de Inglaterra. El primer título le fue otorgado al rey Enrique VIII por el papa León X, y el segundo surge del subsiguiente establecimiento de la Iglesia de Inglaterra por parte de Enrique. El príncipe de Gales está profundamente apegado a los ritos tradicionales de la Iglesia de Inglaterra, y especialmente al *Libro de la plegaria común*, que él describió en 1997 como «una gloriosa parte de nuestra herencia y un libro de oraciones para toda la comunidad». El príncipe preguntó: «¿Por qué importa el *Libro de la plegaria* y el numinoso misterio de su lenguaje?» Y su respuesta fue: «Porque, como ha demostrado su supervivencia misma a lo largo de los siglos, su lenguaje y su liturgia son sensibles a la profunda necesidad humana de continuidad y permanencia, y han demostrado pertenecer no a una época, sino a todos los tiempos».

Para el príncipe, «el genio del *Libro de la plegaria* de Cranmer reside en que transmite ese sentido de lo sagrado a través del poder y la majestad de su lenguaje: "Entre los variados y diversos cambios en el mundo, nuestros corazones pueden seguramente afirmarse allí donde se encuentren las verdaderas alegrías"». En este contexto, el príncipe recordó a su audiencia de la Sociedad del Libro de la Plegaria que «la Iglesia ortodoxa, por ejemplo, nunca ha perdido, abandonado ni menguado la belleza y el simbolismo sagrados de su liturgia. La gran, sobrecogedora tristeza es, para mí –y estoy seguro de que para todos vosotros–, que parecemos haber olvidado que para las ocasiones solemnes necesitamos un lenguaje excepcional y solemne que a veces trasciende nuestro lenguaje cotidiano. Alabamos "la belleza de la santidad" y sin embargo olvidamos la santidad de la belleza».

Esto lleva al príncipe a algunas observaciones acerca del lenguaje que reaparecerán cuando examinemos sus opiniones sobre la educación:

> Si alentamos el uso de lenguaje vulgar, indigno u ordinario, alentamos una visión vulgar, indigna y ordinaria del mundo en que vivimos. Mucha gente se lamenta de lo que le está ocurriendo a nuestro lenguaje en el lugar mismo en el que nació y creció. Se preguntan qué le ocurre a nuestro país y a nuestra sociedad para que el lenguaje se haya vuelto tan empobrecido, tan torpe y limitado... para que hayamos llegado a un erial tan descorazonador de banalidad, lugares comunes y obscenidad gratuita. Para muchos ha sido una absoluta tragedia ser testigos del abandono de la idea del inglés como algo que debe ser aprendido a través del esfuerzo y la aplicación y la larga y cuidadosa familiaridad con aquellos que nos habían demostrado cómo vestir sus pensamientos con el lenguaje más vívido, preciso y memorable. Hemos terminado por hacernos dignos de esa terrible acusación del verdadero maestro de lo banal, Samuel Goldwyn, que dijo: «¡Lo habéis mejorado para peor!».

El príncipe concluye: «Así, la supervivencia del *Libro de la Plegaria* es, en mi opinión, una prueba de nuestra capacidad como sociedad de valorar sus raíces espirituales, su continuidad litúrgica y su identidad misma como una nación de creyentes».

La reina Isabel nos recordó en su mensaje de Navidad del año de su Jubileo de Oro cuánta fuerza extrae ella del mensaje de esperanza del Evangelio cristiano, y añadió que confiaba inmensamente en su propia fe para que ésta la guiara en los malos y los buenos tiempos: «Sé que la única manera de vivir mi vida es intentar hacer lo que está bien, ver las cosas con perspectiva, dar lo mejor de mí a todo lo que me traiga el día, y poner mi confianza en Dios». El príncipe de Gales se haría eco de esos sentimientos, pero ha dejado bien claro que considera su compromiso potencial como algo que va más allá de la Iglesia de Inglaterra por sí sola, como hemos visto en los capítulos anteriores. Fue su profunda creencia en la importancia de la comprensión del papel intemporal del espíritu y de lo sagrado en un mundo cada vez más dominado por una visión materialista y a corto plazo lo que inspiró este comentario del príncipe en 1994: «Personalmente yo prefiero considerarlo [su futuro papel] como el de defensor de fe, antes que de *la* fe». La controversia que esto originó tendió a oscurecer la explicación del príncipe de su profunda preocupación porque «todo el concepto de la fe en sí, o el de cualquier cosa más allá de esta existencia, más allá de la vida misma, está considerado anticuado e irrelevante». La naturaleza de la multiplicidad de fes en la sociedad inglesa moderna significa que esta idea atañe a las gentes inglesas de todas las fes.

Como observó el obispo de Londres en un sermón pronunciado en la Capilla Real en el decimoquinto aniversario del acceso al trono de Isabel II, ésta, como reina cristiana, representa «una actitud vocacional a la vida, vivida, no como consumidora con la gratificación personal como supremo bien, sino como una servidora de Dios cuyo papel es el de fortalecer a la comunidad entera». El doctor Chartres procedió a afirmar que «para un monarca cristiano, la comunidad entera incluye a personas de fes diferentes, o de ninguna». «El monarca da una respuesta libre a la llamada de Dios en su misa de coronación, y "la monarquía cristiana" representa una vida, una completa vida humana, vivida en la presencia y la llamada de Dios que dignifica a toda la humanidad.» El príncipe de Gales aprobaría totalmente esta idea de la monarquía como una vocación, una vocación que requiere considerables sacrificios personales aun cuando entrañe sus correspondientes privilegios.

El príncipe radical

En los últimos años el príncipe de Gales ha demostrado su respeto por las otras grandes fes visitando sus lugares sagrados y de devoción, incluyendo un templo hindú recientemente construido en Neasden, al noroeste de Londres, y una nueva mezquita en Northolt, al oeste de la ciudad, en 1996; la Sinagoga Unida en Saint John's Wood, al norte de Londres en abril de 1998, y santuarios budistas durante su gira por Asia en 1998. Durante un viaje oficial por Europa central, también en 1998, el príncipe reconoció la importancia de la tradición ortodoxa cristiana visitando un número de importantes iglesias y monasterios en el monte Athos, al que acudió más tarde en visitas privadas como lugar de retiro.

En 2002, el príncipe presentó la iniciativa Respeto por las Fes, ideada para alentar la buena vecindad entre las fes en la comunidad. Ésta emergió de una discusión en 1998 acerca de «una manera de celebrar el milenio de modo que éste tenga un fuerte componente espiritual; una idea que tenga resonancia y propósito para las gentes de fe; una idea que podría, tal vez, cambiar actitudes. Algo para estimular la tolerancia, el respeto y la comprensión». La idea fue recordada de nuevo por el gran rabino, el profesor Jonathan Sacks, en el otoño de 2001 con el objetivo de encontrar un modo en que las comunidades de la fe pudieran celebrar los temas de comunidad y servicio como parte del año del Jubileo de Oro. La sencilla idea central era la de «regalarle tiempo a alguien que pertenezca a otra fe; compartir y aprender juntos, disfrutar de la compañía de personas de fe, cultura y experiencias diferentes».

La iniciativa fue presentada en un momento en que abundan los ejemplos de intolerancia nacional e internacional. De modo que el príncipe observó que «la tolerancia es una palabra fácil de pronunciar, pero parece ser algo muy difícil de llevar a cabo en nuestras vidas. Y sin embargo es una tragedia muy grande el hecho de que cuando las diversas comunidades religiosas tienen tantas cosas en común, sus miembros se encuentren tan a

204

menudo divididos por las diferentes maneras que tenemos de interpretar el significado interior de nuestra existencia». El príncipe recordó a su audiencia que «después de todo, los fundadores de nuestras antiguas religiones fueron aquellas almas verdaderamente iluminadas cuyas propias vidas constituyeron el más profundo ejemplo de cómo el amor y el perdón, a la vez en los planos interior y exterior, son los únicos medios para interrumpir el ciclo de causa y efecto –de odio, venganza y conflicto– y de reconciliar los opuestos en lo referente a nuestras relaciones con los demás». El príncipe concluyó:

> Así, cuando hagamos un regalo de tiempo, recordemos que estamos de hecho unidos por una frontera común de fe... la fe en una dimensión sagrada que nos trasciende; la fe en, a falta de una descripción mejor, una divina "esencia" en el significado de nuestra existencia; la fe en la integridad de la vida misma.
>
> Y este vínculo es algo infinitamente precioso en una época de la historia humana en la que ya hemos cruzado el umbral de un mundo en el que la fe misma es denigrada, en el que la humanidad ha de ser rediseñada a imagen del hombre y no de Dios y la naturaleza ha de ser redirigida en pro de nuestras propias conveniencias.
>
> Enfrentados a las últimas consecuencias de tales actividades prometeicas, yo diría que todos los hombres de Fe –con efe mayúscula– tienen muchas razones para poner a un lado sus diferencias e intolerancias y unirse en defensa de lo sagrado.

Como han señalado muchos comentadores, existe el peligro de extender el respeto y la tolerancia hasta el punto de incluir lo intolerable. La fe de los fanáticos se manifiesta como una ideología política dogmática que favorece el autosacrificio y el martirio por encima de cualquier otra cosa. En este aspecto al fanático fundamentalista no le importa nada la humanidad de los demás, como lo han demostrado los atentados terroristas en muchas partes del mundo. Tampoco esos hombres están abiertos al diálogo: la suya es la única forma de salvación; todos los demás caminos están equivocados y sus seguidores condenados a la perdición a menos que se conviertan. Y en lo que respecta al hecho de que tal fanatismo esté alimentado por las afirmaciones eclesiásticas de beatitud celestial para sus perpetradores, los líderes religiosos son culpables por asociación. En su empresa destructiva, el fanático da a su fe una pésima fama destruyendo el básico e irreductible orden espiritual del amor. En sus discursos sobre el islam y Occidente, el príncipe ha dejado bien claro que aborrece tales demostraciones y acciones fanáticas. Su interés está en promover la clase de apertura, diálogo y tolerancia que tales actitudes niegan intrínsecamente.

En un nivel más profundo, el príncipe está interesado en lo que Fritjof Schuon llama la unidad trascendente de las religiones. Al mismo tiempo este diálogo permite a las tradiciones apreciar la manera en la que todas representan –incluso aunque no los cumplan– principios universales como el amor o la sabiduría, como proféticamente proclamó el sabio búlgaro Peter Deunov:

> El amor es necesario para la transformación del mundo. Es la única fuerza que puede traer la paz entre las naciones, cada una de las cuales tiene una misión que cumplir en la tierra. El amor está empezando a aparecer; la bondad, la justicia y la luz triunfarán; es sólo cuestión de tiempo. Las religiones necesitan ser purificadas; todas ellas contienen algo divino, pero esto ha estado oscurecido por la repetida adición de conceptos humanos. Todos los creyentes tendrán que reunirse y ponerse de acuerdo en un único principio: el de hacer del amor la base de todas y cada una de sus creencias. El amor y la fraternidad, ésa es la base común.

Tal vez la defensa de la fe sea, en última instancia, una defensa del amor y la sabiduría.

Ideas en transición:
¿hacia un renacimiento espiritual?

> *El hombre no es sólo un organismo, sino que es también el depositario del valor absoluto. Como tal, es sagrado e, independientemente de su sexo, edad, raza o posición social, no puede ser utilizado como un simple medio para nada ni para nadie. Igualmente, los grandes valores de la cultura –la ciencia y la tecnología, la religión y la filosofía, la ética y el arte– son un reflejo, una realización, de los valores absolutos en el mundo empírico. Como tales, no pueden ser degradados a meros instrumentos para el disfrute o la utilidad puramente sensual. Son en sí mismos fines.*
>
> PITIRIM SOROKIN

En la emisión de Radio 4 del 1 de enero de 2000, el príncipe dijo que el milenio era un tiempo para la esperanza y la renovación, ya que entramos en nuevas fases de desarrollo. Para comprender y explicar los grandes movimientos de la historia y la decadencia y la renovación de las civilizaciones, nos ha servido de gran ayuda la publicación de un gran número de extensos análisis de las perspectivas de la cultura occidental en los últimos años. El voluminoso tomo *La decadencia de Occidente* de Oswald Spengler apareció al final de la primera guerra mundial, y en él el autor argumentaba que las culturas, como los organismos, pasa por fases cíclicas de crecimiento y decadencia. *Estudio de la historia*, de Arnold Toynbee, fue publicado en doce volúmenes entre 1934 y 1961. Toynbee propone factores clave implicados en la génesis, el crecimiento, la quiebra y la desintegración de las civilizaciones, finalizando con reflexiones sobre las perspectivas de la civilización occidental. Uno de los grandes pioneros de estos estudios interculturales fue Pitirim Sorokin, que nació en 1889 y fue ministro en el gobierno ruso de 1917. Tuvo la singular pero poco envidiable distinción de ser condenado a muerte a

El príncipe radical

la vez por los zaristas y los bolcheviques antes de ser desterrado de la Unión Soviética en 1922. Luego fue profesor de sociología en la Universidad de Harvard. En su libro *La crisis de nuestra era*, Sorokin ayuda a comprender las tensiones entre la ciencia y la religión y la fase transicional en la que ahora se encuentra la cultura occidental. Distingue tres sistemas principales de verdad y conocimiento que corresponden a los tres supersistemas de cultura, que él llama ideacional, sensata e idealista.

La *verdad ideacional* es la verdad revelada por la gracia de Dios, a través de sus portavoces (los profetas, los místicos y los fundadores de religiones), revelada de un modo suprasensorial por medio de la experiencia mística, la revelación directa, la intuición divina y la inspiración. Esta verdad puede ser llamada la verdad de la fe. Se considera infalible, y proporciona un conocimiento adecuado de los valores de la auténtica realidad. La *verdad sensata* es la de los sentidos, obtenida a través de nuestros órganos de percepción sensorial. Si el testimonio de los sentidos muestra que "la nieve es blanca y fría", la propuesta es verdad; si nuestros sentidos nos dicen que la nieve no es blanca ni es fría, la propuesta se convierte en falsa. La *verdad idealista* es una síntesis de las dos anteriores, construida por nuestra razón.

Los lectores comprenderán con facilidad el argumento de Sorokin de que la cultura occidental medieval (y de hecho la cultura islámica contemporánea) era preponderantemente ideacional basada en la fe, y que el auge de la ciencia en el siglo XVII gradualmente la remplazó por una cultura racionalista sensata en la que predominaba la verdad de los sentidos. Principalmente, el ideal del renacimiento de la razón ha sido hasta ahora aplicado sólo a la evidencia de los sentidos y de las matemáticas, antes que a la integración de las intuiciones supersensoriales de una nueva ciencia de la conciencia.

Sorokin explica que un sistema de la verdad sensato totalmente desarrollado es «de forma inevitable materialista, y lo considera todo, explícita o implícitamente, en sus aspectos materialistas [...]. El sentido general de la mentalidad sensata [es] el de considerar el mundo –incluso al hombre, la cultura y la conciencia misma– de una manera materialista, mecánica y de acuerdo con su comportamiento». Ésta es exactamente la posición de la ciencia y la filosofía modernas, y queda claramente revelada por «el hecho de que los términos "científico" y "verdadero" y "no-científico" y "falso" sean sinónimos». Sorokin y el príncipe argumentan que la crisis de nuestra propia imagen y el relativismo de nuestros sistemas de valores requieren una restauración del espíritu, un nuevo descubrimiento del sentido de lo sagrado.

Sorokin también esboza en cierto detalle los modos en que él ve cómo se desintegra la cultura sensata contemporánea, y lo dice sin ambages. Los árbitros competentes serán remplazados por «los ignorantes cualificados de la prensa diaria [...], por escritores de *best-sellers* y otras variedades de chicle cultural [...]. Los hombres de Estado serán remplazados por políticos [...] y [...] en las últimas etapas de la cultura sensata, su "maquinaria de selección" escogerá principalmente pseudovalores y descuidará los valores auténticos».Y prosigue, anticipando proféticamente los peores excesos del postmodernismo: «La distinción entre lo verdadero y lo falso, lo correcto y lo equivocado, lo bello y lo feo, el valor positivo y el negativo será cada vez más obliterada [...], el atomismo mental y moral crecerá y, con él, la anarquía mental y moral».

Una reacción muy extendida a este creciente relativismo moral y a esta incertidumbre espiritual es recurrir al fundamentalismo, ya sea éste cristiano, islámico o hindú. Esto corresponde a lo que Sorokin llamaría una nueva fase ideacional de la cultura que es hostil a la ciencia sensata. La otra salida, que parece tener más visos de progreso, y que está adquiriendo auge como movimiento raíz de aquellos llamados "creativos culturales", está en lo que Sorokin llama una "una concepción in-

El príncipe radical

tegradora de la verdad, la realidad y los valores". Una consecuencia de esta visión integradora es que las relaciones sociales deberían estar guiadas por el amor sublime. Además, dado que la verdad, la bondad y la belleza son valores absolutos, no deberían ser relativizados ni degradados; ni tampoco puede la ciencia aducir que está completamente libre del control de la bondad y la belleza, y por lo tanto no puede y no debe servir para ningún propósito maligno. Las mismas normas se aplican al arte como representante de principios sagrados, como veremos en el siguiente capítulo. Desde una perspectiva integradora no debería haber antagonismo entre la ciencia, la religión, la filosofía, la ética y el arte ya que, a la luz de una teoría adecuada de la realidad y el valor verdaderos, todos ellos sirven al propósito de «la manifestación de lo Absoluto en el mundo empírico relativo, para mayor nobleza del hombre y para mayor gloria de Dios».

Sorokin añade: «Nuestro remedio exige un cambio completo de la mentalidad contemporánea, una transformación fundamental de nuestro sistema de valores y la más profunda modificación de nuestra conducta con los demás, con los valores culturales y el mundo en general. Nada de esto puede conseguirse sin los esfuerzos activos, fatigosos e incesantes de cada individuo en esa dirección». Desde esta perspectiva integradora, la filosofía del príncipe de Gales es una sentida respuesta a nuestra crisis cultural. Sorokin insiste en que sociedades previas no han sido preservadas de la disolución gracias a prácticas y expertas manipulaciones de factores económicos, políticos, genéticos y otros, sino «principalmente a través de la transmutación de los valores, la espiritualización de la mentalidad, la socialización de la conducta y el ennoblecimiento de las relaciones sociales efectuados por medio de la religión». La clase de filosofía espiritual integrada por la que aboga el príncipe cumple con los criterios de Sorokin de una reorientación esencial de los valores, una espiritualización de la mentalidad y un consecuente ennoblecimiento de la conducta. En 1966 el príncipe vio algunos rayos de luz con respecto a esto:

> Existe, creo yo, un resurgimiento de la espiritualidad a través del mundo; pequeñas islas de valores civilizadores frente al materialismo de los últimos tiempos que todo lo invade, y que representan un anhelo de mejorar la calidad más profunda de nuestra vida y devolvernos esas prevalecedoras prioridades culturales que representan una fuente moral en un mundo dominado por el consumismo. Si el milenio puede ser utilizado para responder a esos sentimientos y emociones, llenará una necesidad que durará más allá del año 2000, y añadirá inconmensurablemente calidad a nuestras vidas.

La adopción de este punto de vista espiritual (y ecológico) es esencial si es que queremos emerger de nuestra problemática situación actual. Implica una profunda integración entre el corazón y la cabeza, la racionalidad y la intuición, más allá de la tensión de los opuestos. Es una búsqueda de compleción que forma parte de la dinámica intrínseca de la vida, la muerte y el crecimiento, y es tarea de cada individuo. Si no elegimos este camino de armonía y equilibrio, pueden sobrevenir desastres y, por el contrario, el camino nos elegirá a nosotros. En este caso el despertar será más brutal y el sufrimiento colectivo más intenso, pero el espíritu será devuelto al lugar que le corresponde.

5. EL JUSTO MEDIO: LA ARQUITECTURA Y NUESTRA HERENCIA CULTURAL. LA FUNDACIÓN DEL PRÍNCIPE

La belleza es el esplendor de lo verdadero.

PLATÓN

En esta época cada vez parece resultarnos más difícil adherirnos a lo que pensamos o sentimos. Se nos dice constantemente que tenemos que vivir en "el mundo real", pero "el mundo real" está dentro de nosotros. La realidad es que "la verdad, la bondad y la belleza" en el mundo exterior y manifiesto sólo son posibles gracias al patrón interior e invisible... el arquetipo no manifiesto.

EL PRÍNCIPE DE GALES

La preocupación del príncipe de Gales por la campiña y el paisaje se ve reflejada en su compromiso con su contrapartida en el entorno construido y el paisaje urbano. La apariencia del campo y la ciudad son el resultado de políticas que reflejan nuestra actitud y nuestros valores en general. La cita del príncipe deja claro que él es un platónico cristiano de corazón. El

213

platonismo cristiano tiene una larga historia dentro de la Iglesia de Inglaterra, con los platónicos de Cambridge como Ralph Cudworth en el siglo XVII y el deán Inge de Saint Paul en el XX. El príncipe cree que son los "patrones interiores e invisibles" los que en última instancia producen «orden del caos, valores civilizados antes que barbarie, la verdad revelada en vez de la excentricidad equivocada y arrogante».

Al referirse a la gran sabiduría perenne de los antiguos, el príncipe recuerda su admonición de que la clave del dilema humano reside en la subyugación del ego «y la búsqueda de la difícil meta de la *humildad*». Y prosigue: «Todas las artes tradicionales acentúan la necesidad de humildad y, sobre todo, de armonía con el pulsante corazón del cosmos, ya sea en arquitectura, música, literatura o arte. Lo mismo puede aplicarse a la agricultura, la medicina y la educación, donde la necesidad de un nuevo descubrimiento de la tradición jamás ha sido más urgente». Para el príncipe, esto implica un apasionado llamamiento para la recreación de hábitats físicos y la dimensión sagrada:

> Sólo a través de su reintegración y renovación, del redescubrimiento de la armonía y el equilibrio que están ocultos y esperando volver a ser encontrados dentro de las tradiciones vivas, podemos empezar a tener la esperanza de responder a los desafíos que se acumulan y a los supremos peligros de este siglo, y evitar lo que para mí, por mucho que me cueste reconocerlo, son las catástrofes de otro modo ineludibles que le esperan a un mundo inundado por una ilimitada plétora de "información", pero completamente carente de conocimiento y sabiduría.

Principios de arte y arquitectura sagrados

> *La civilizaciones son invisibles, del mismo modo que lo son las constituciones, los estados y las iglesias, y esto es así*

por las mismas razones. Pero al mismo tiempo las civiliza-
ciones se manifiestan de modos visibles. Explorando su al-
cance, en el tiempo y el espacio, es posible calibrar los lími-
tes temporales y espaciales de la civilización que un estilo
expresa. Las obras de arte visibles que revelan tanto de una
civilización son meramente expresiones de ésta. No son esa ci-
vilización en sí misma [...]. La más potente de las fuerzas que
mueven a las almas humanas es el espíritu que sopla como
el viento incalculable cuyo paso es audible pero no visible.

ARNORLD TOYNBEE

"Civilización" es una palabra bastante portentosa, populari-
zada por la serie de programas de televisión del mismo nombre realizada por Kenneth Clark hace más de treinta años. Lord
Clark dijo que él no podía definir la civilización en términos
abstractos, pero que si la veía la reconocía, y que la estaba mirando cuando se encontraba de pie en el Puente de las Artes
de París en su programa inaugural. Pocos disentirían de él.
"Civilización" es también la palabra utilizada por Arnold Toynbee en su monumental *Estudio de la historia*, y puede verse por la cita precedente que éste la define en términos de lo
que uno podría llamar su "espíritu"; el principio subyacente que
se expresa en diversas formas visibles. En su inspiradora obra
The Face of Glory, William Anderson argumenta que

> [...] el factor constante en los orígenes de las civilizacio-
> nes es la presencia en las sociedades de hombres y mujeres
> que han alcanzado la transformación interior y que, a través
> de su ejemplo y su trabajo, han dado origen a una transfor-
> mación significativamente más profunda del arte, el pensa-
> miento y la interpretación del conocimiento para su propia
> generación y las generaciones venideras. Ellos son los que
> son conscientes, los que han realizado los potenciales plenos
> de sus naturalezas, y aquéllos cuyas vidas operan un cambio
> en el clima de la opinión a través de esta sutil influencia de su
> existencia.

215

En otras palabras, tales personas han respondido a una llamada interior que representa y manifiesta principios espirituales más altos. Y estas personas tampoco consideran el arte simplemente como una forma de autoexpresión individual.

El argumento más evidente a favor de la filosofía del arte sagrado es que ésta da por sentada la existencia de una dimensión interior y espiritual de la realidad de la cual las obras de arte son una representación física. El arte sagrado requiere una comprensión de símbolos, y la obra de arte sagrada es en sí misma un símbolo que nos ofrece una oportunidad para la contemplación. Expresa lo más alto o refinado a través de lo bajo o lo burdo, y lleva al contemplador a un orden más alto de la realidad del cual el símbolo en sí es una expresión, completando así el círculo de la contemplación. El arte sagrado, según Seyyed Hossein Nasr, «tiene una función sacramental y es, como la religión misma, verdad y presencia». Los sabios –los maestros espirituales realizados– son la representación del centro divino, razón por la cual ellos también son "verdad y presencia", y forman el eje de las sociedades tradicionales o, más específicamente, su punto de conexión con el centro, con el que el mundo moderno ha perdido contacto. Los edificios sagrados son también «puntos en los que se puede entrar en contacto con la fuente del ser».

El arte sagrado es también un reflejo de la divina belleza y «el conocimiento de lo sagrado no puede ser separado de la belleza» porque, como lo expresa Nasr, explicando nuestra cita inicial de Platón, «dado que la belleza es el esplendor de la verdad, la expresión de la verdad siempre está acompañada por la belleza». La belleza es un valor central –de hecho, una expresión intrínseca– del arte sagrado, y absolutamente esencial para entender el punto de vista estético del príncipe.

La implicación de esta idea platónica de la belleza es que el orden creado en su totalidad es sagrado porque Dios es inmanente a él como unidad dentro de la diversidad, el Uno detrás de los muchos: el mundo es una teofanía, o manifestación de lo divino, si tenemos ojos para verlo de esa manera. Además, la experiencia de la belleza puede provocar la felicidad o incluso la beatitud, lo cual no es un accidente, dado que, como observa el filósofo artista Fritjof Schuon, «la belleza es un reflejo de la beatitud divina y, puesto que Dios es la verdad, el reflejo de su beatitud será esa mezcla de verdad y felicidad que se encuentra en toda la belleza».

Un aspecto especial de la belleza es el orden, la simetría, la proporción..., otra preocupación de los griegos que se refleja en su geometría y su filosofía desde Pitágoras en adelante. La proporción, según el arquitecto Keith Critchlow, se ocupa del «equilibrio, la armonía y la relación entre las cosas; entre el cuerpo y la mente, la naturaleza y la humanidad, la ilusión y la realidad». La proporción se extiende también a la conducta, según lo cual la arrogancia de la *hubris* es seguida inexorablemente por una *némesis* fatal, como Sófocles y otros dramaturgos griegos ilustran tan claramente. Es de esta tradición griega de la que se derivan las proporciones clásicas del segmento áureo.

Resumiendo, el arte y la arquitectura sagrados ven el mundo como una manifestación del divino ser. Están fundados en una ciencia de formas simbólicas que incluye los principios de proporción, orden y unidad apoyados en última instancia en la identidad platónica de lo bueno, lo bello y lo verdadero.

La visión sobre la Gran Bretaña que tiene el príncipe

Vivimos en un mundo de objetos; en otras palabras, en un mundo de mera existencia. Nuestra arquitectura lo demuestra. En Londres estamos siendo testigos de la destrucción de una gran ciudad. Todo gran arquitecto lo admite. Las más hermosas casas del siglo XVII están siendo derribadas y en su lugar se están construyendo gallineros en batería, máquinas

El príncipe radical

> *sólo destinadas a ganar dinero en espacio de oficinas, de*
> *modo que Londres se está convirtiendo rápidamente en una de*
> *las ciudades arquitectónicamente más mediocres de Europa*
> *y en la que no existe ningún orgullo ni cívico ni espiritual.*

CECIL COLLINS

Los oficiales del Real Instituto de Arquitectos Británicos se removieron incómodos en sus sillas del Hampton Court Palace cuando el príncipe de Gales se puso de pie para pronunciar su discurso en la cena del 150 aniversario de la institución en mayo de 1984. Habían tenido acceso a una copia de ese discurso unas horas antes y habían intentado evitar que fuera pronunciado (o más bien detonado), pero el príncipe estaba decidido, por razones que él explica en la primera cita que precede a estas líneas. Después de unas cuantas interesantes observaciones acerca de los intereses arquitecturales de su antepasado el príncipe Alberto, el príncipe de Gales fue directamente al grano: «Desde hace demasiado tiempo, me parece a mí, algunos planificadores y arquitectos han ignorado constantemente los sentimientos y deseos de la mayoría de la gente común en este país». Esto tal vez no sea sorprendente dado que «los arquitectos se forman para diseñar los edificios desde sus cimientos..., para derribar y construir». No suelen conocer a quienes van a habitar en sus edificios, prosiguió el príncipe, «y consecuentemente un gran número de nosotros nos hemos acostumbrado a pensar que los arquitectos diseñan casas para la aprobación de otros arquitectos y de los críticos, no para sus habitantes». Por ello, el príncipe recomienda una perspectiva comunitaria que aliente la participación local: «Interesarse en la manera como vive la gente, en el entorno que habitan y en la clase de comunidad creada por ese entorno debería ser uno de los principales requerimientos de un buen arquitecto». Y en aquellos días el príncipe resaltó una preocupación en particular: la del acceso de los minusválidos a los edificios.

Refiriéndose a ejemplos específicos en Londres, el príncipe habló de la Mansion House Square como un lugar en el que se podría haber utilizado un punto de vista comunitario: «Sería una tragedia que el carácter y la línea de edificación de nuestra capital se estropeasen aún más, y que la catedral de San Pablo se viera todavía más reducida por otro gigantesco tocón de cristal, más indicado para el distrito financiero de Chicago que para la ciudad de Londres». Estos "tocones de cristal" han proliferado, para detrimento general de la línea de edificación de Londres, que era una de las más bellas ciudades del mundo antes de la segunda guerra mundial. La destrucción sufrida durante el bombardeo alemán de Inglaterra en 1940-1942 es una de las causas principales que abrieron paso a la clase de desarrollo de posguerra del que se lamenta el príncipe. Gran parte de la herencia arquitectónica de las grandes ciudades europeas fue destruida. La reconstrucción de Dresde es incluso aún más deprimente que la de algunas partes de Londres.

En un pasaje memorable y muchas veces citado, el príncipe pone su argumentación al día preguntando qué planes se propusieron para la National Gallery en Trafalgar Square: «En vez de diseñar una extensión de la elegante fachada de la National Gallery que la complemente y que continúe el concepto de columnas y cúpulas, parece como si nos presentaran una especie de central de bomberos municipal, a la que completa una suerte de torre que contiene la sirena». Este trabajo de "alta tecnología", dijo el príncipe, sería más comprensible si fuera a «demolerse la totalidad de Trafalgar Square y se empezara de nuevo con un único arquitecto responsable de todo el proyecto, pero lo que se propone es como un monstruoso grano en la cara de un amigo muy querido y elegante». Añadió que resultaba irónico desear mostrar pinturas del Renacimiento en ese marco tan incongruente. Deploró la falta de curvas y arcos que expresan sentimientos en el diseño: «¿Por qué todo tiene

El príncipe radical

que ser vertical, recto, inflexible, sólo en ángulos rectos y...
funcional?». El príncipe terminó con una cita de Goethe –«No
hay nada más terrible que la imaginación sin buen gusto.»– y
expresó su esperanza de que los próximos 150 años «vean una
nueva armonía entre la imaginación y el buen gusto y en la relación entre los arquitectos y las gentes de este país».

Las ondas de choque empezaron a reverberar inmediatamente. La prensa se centró en la colorida imaginería del príncipe y el *establishment* arquitectural respondió diciendo que
las personas con influencia pero sin capacidades profesionales
no deberían expresar sus opiniones en público, exactamente
el sentimiento que el príncipe estaba criticando. Una variante
del mismo argumento fue que el príncipe estaba utilizando
su posición de una manera no democrática –«un nuevo, anti-
democrático obstáculo en el proceso de planificación»–; una
crítica vacua si se tiene en cuenta que el 99% de las 5.000
cartas recibidas después de la película del príncipe *A vision of
Britain* [Una visión de Gran Bretaña] en 1988 fueron positivas. Otros le acusaron de mirar hacia atrás en lugar de hacia
delante, cuando él mismo deja claro que él mira en ambas di-
recciones, pues defiende la continuidad de una tradición viva.
Lo más importante es que con este discurso el príncipe dio pie
a un debate público que ha continuado desde entonces.

La siguiente incursión sustancial del príncipe en el terreno
de la arquitectura fue en diciembre de 1987, cuando pronunció un discurso en la cena anual de la Corporación de Planificación de Londres y el Comité de Comunicación en Mansion
House. El problema con el que se enfrentaban los planificadores de la corporación era «cómo crear arquitectura comercial
tan eficaz como la Mansion House, o el Royal Exchange o el
edificio del Midland Bank construido por sir Edwin Luytens
antes de la guerra. Meritorias celebraciones, diría yo, de los
frutos del comercio». No puede decirse lo mismo, continuó el
príncipe, de Bucklesbury House, la torre del Stock Exchange

El justo medio: la arquitectura

o Paternoster Square. Y por entonces se estaban fraguando planes para crear un nuevo núcleo urbano alrededor del centro espiritual del Londres, la catedral de San Pablo. En los años de reconstrucción después del bombardeo de 1940 –cuando Churchill dijo que había que salvar San Pablo a toda costa–, y «a pesar de toda suerte de elaboradas reglas supuestamente diseñadas para proteger esa espléndida vista, sus predecesores, como los planificadores, arquitectos y urbanistas de la City, arruinaron la línea de edificación de Londres y profanaron la cúpula de San Pablo».

«No sólo destrozaron la línea de edificación de Londres en general –continuó el príncipe–, sino que hicieron lo posible por perder la gran cúpula en medio de un apretado montón de edificios de oficinas, tan mediocres que el único modo que tiene uno de recordarlos es por la frustración que producen... equiparable a la que podría causar que un equipo de baloncesto se pusiera entre uno y la Mona Lisa. Hay que admitir –dijo– que en París los franceses han construido unos rascacielos bastante espantosos en La Défense, pero ¿pueden imaginarlos construyendo esas mismas torres alrededor de Notre Dame?». El tema es éste: en otras ciudades europeas como Munich y Varsovia se hicieron algunos intentos de restaurar los edificios a su condición anterior, mientras que «aquí, incluso la calle a la que Shakespeare y Milton llevaban sus manuscritos, la legendaria Paternoster Row, The Row, el corazón mismo del mundo editorial desde los tiempos isabelinos, ¡fue convertida en una calle de servicio asfaltada que conduce a un aparcamiento subterráneo!». El príncipe expresó su argumento principal en términos inequívocos: «Hay que concederle esto a la Luftwaffe: cuando derribó nuestros edificios, no los remplazó con nada más ofensivo que escombros. Nosotros sí lo hicimos. Clausewitz dijo que la guerra era una continuación de la diplomacia por otros medios. Alrededor de San Pablo, la planificación resultó ser la continuación de la guerra por otros medios».

Paternoster Square, explicó el príncipe, fue una de las primeras áreas de desarrollo comprensivo "elogiadas" por los arquitectos; se convirtió en el modelo de planes que han destruido el centro de la ciudad de Bristol, de Newcastle, de Birmingham y de Worcester. La lista es interminable. «Se lo ha llamado la violación de la Gran Bretaña». No obstante, continuó el príncipe, hubo una segunda oportunidad para Paternoster Square, y esta vez pueden adelantarse otras opiniones distintas a las de los expertos. El mensaje del príncipe fue que «un gran número de personas en este país estamos hartos de que los poderes establecidos existentes en lo referente a la planificación, la arquitectura y el desarrollo nos dicten lo que tenemos que hacer». Y se refería a las mismas personas que estaban entre el público a pocos metros de él.

El príncipe dijo que le habían invitado a comentar los planos de los siete finalistas, pero confesó que se había sentido desmoralizado incluso por el informe de la competición:

> [...] [cuya] preponderante consideración comercial (sin la cual el proyecto de Paternoster Square no será construido) –y ahora cito del documento mismo– «es proporcionar la mayor cantidad posible de espacios de oficina de la mejor calidad y eficiencia que permitan los límites de planificación». Eso, y lo que llaman «un osado concepto comercial». ¡Un osado concepto comercial! ¡Vaya desafío!

Luego añadió, con infinito desprecio: «Supongo que sir Christopher Wren fue inspirado por la misma clase de informe: "Dénos un osado concepto de la devoción, sir Chistopher... y la zona de oración más eficiente dentro de los límites de la planificación"».

Este informe dejaba a los arquitectos pocas opciones y todos los incentivos para amontonar todo lo que pudieran en el solar, pero nadie se cuestionó la lógica y las prioridades del informe. Además, el sistema de planificación está instituido de manera tal que los ciudadanos mismos no pueden tomar iniciativas positivas sino sólo reaccionar a las propuestas de los constructores y oponerse a su oscura determinación táctica, ideada para agotar toda oposición: «Algo malo ha de haber en un sistema que involucra a la opinión pública en una etapa tan tardía que el único curso de acción que les queda es obstruir la construcción valiéndose de cualquier medio que permita el sistema de planificación». El príncipe identificó tres defectos principales: primero, que «el control sobre el diseño de los edificios cercanos a monumentos importantes es confuso y, en la práctica, imposible de imponer». Y el segundo, que «el Departamento de Medio Ambiente no alienta a las autoridades de planificación a que impongan normas estéticas en las construcciones». Por lo tanto, «tal como están las cosas, sólo tienen justificación para rechazar una propuesta si ésta es espantosa; a cualquier cosa que sea meramente fea se la deja pasar». En tercer lugar, las medidas adoptadas para conservar la línea de edificación no han funcionado. ¿Por qué no establecer un límite de altura?, sugirió el príncipe. Resumiendo, según él, la legislación sobre planificación ha dotado a los arquitectos y constructores de "una libertad equivocada", permitiéndoles imponer sus propias ideas a un público desventurado.

El príncipe presentó sus propias ideas para la plaza, incluyendo la construcción a escala humana, la reconstrucción del plan de calles medieval, la utilización de materiales como el ladrillo rojo y las molduras de piedra con ornamentaciones clásicas, y el trabajo en equipo de artistas y artesanos. Aunque algunos dirían que el príncipe no vive en el mundo real del *Big Bang* y las operaciones financieras que funcionan las 24 horas del día, él argumentó que los propios hombres de negocios prefieren lugares con encanto y carácter. Aunque ésta es la era de los ordenadores y los procesadores de palabras, dijo, «¿por qué tenemos que estar rodeados de edificios que se parezcan a esos aparatos?». De modo que no entendía «por qué la riqueza no

223

podía financiar la belleza que está en armonía con la tradición, tanto hoy como ayer», y añadió que «el Londres de la época de Wren era el mayor imperio financiero que el mundo había visto jamás... La prosperidad y la belleza no necesariamente deben excluirse una a otra». Por lo tanto, concluyó el príncipe, «éste es un buen momento para reafirmar un sentido de la visión y los valores civilizados en medio del tumulto y el comercialismo de la City».

Una vez más el impacto fue inmediato –«una trifulca bastante interesante», como la calificó el príncipe– y al Palacio de Saint James llegó una avalancha de 2.000 cartas, en su mayoría favorables. Tras una larga y prolongada serie de reuniones y negociaciones, la elección del plan recayó sobre el diseño más clásico de Peter Simpson. El príncipe volvió a la cuestión de la línea de edificación de la City –especialmente la altura, la escala y el contexto de los edificios altos– en un discurso pronunciado en diciembre de 2001, poco tiempo después de la destrucción de las Torres Gemelas. En épocas anteriores, observó, «las torres estaban casi totalmente reservadas para los monumentos con un estatus especial cívico o eclesiástico [...] Sin embargo el "rascacielos" en su forma moderna –continuó– es algo muy diferente. Obviamente, es un edificio cuya función es utilitaria y comercial antes que cívica o sagrada; un, por así llamarlo, "edificio emblemático" que es autorreferencial y que no cumple ningún propósito comunal». Tampoco facilita la creación de comunidad, que es tan importante para la vida en la ciudad: «En términos geométricos, tiene más en común con un callejón sin salida suburbano puesto de pie que con el creativo urbanismo en forma de red de calles y plazas».

Básicamente el príncipe no está en contra de los edificios altos, pero insiste en que deberían ser situados donde encajan correctamente. Así, las nuevas torres deberían ubicarse juntas para crear una nueva línea de edificación en vez de destruir la que ya existe. Haciendo una analogía entre los edificios y las personas, el príncipe observó: «Las personas necesitan "encajar" en el entorno público, y ésta es la razón por la que siempre solíamos cultivar buenos modales, modestia y amabilidad. Lo mismo debería aplicarse a los edificios, aunque me temo que gran parte de la estética modernista está basada en la noción de "destacar" antes que en la de "encajar"». Sus constructivas sugerencias incluían «el requisito de que los edificios que sobrepasen una cierta masa o altura sean destinados a usos variados; que alberguen tanto oficinas como viviendas y que sean capaces de cumplir diversas funciones a lo largo del tiempo». Propuso que «en su base, los nuevos edificios deberían adecuarse al paisaje urbano y ayudar a definir un entorno público que sea verdaderamente público en su forma y funciones. Las plantas bajas tendrían que incluir tiendas, restaurantes y otros negocios que inviten a la gente a entrar en el edificio y lo ayuden a integrarse en el entorno urbano». Y continuó: «Dejémonos ya de esos espacios sobrantes que tan a menudo se disfrazan de amenidad pública, lo que Thomas Wolfe divertidamente describió como "una cagarruta en cada plaza"». Finalmente, «en lo alto de estas nuevas estructuras veamos obras artísticas genuinas que realmente lleguen al alma y al corazón de aquellos que las miran, en vez de las inmensas esculturas fálicas y antenas deprimentemente previsibles que manifiestan más un ego arquitectural que cualquier clase de artesanía».

En el verano de 1988 se emitió el programa del príncipe *A vision of Britain* [Una visión de Gran Bretaña] en la BBC. Esto le dio una oportunidad de expresar de forma más extensa sus opiniones y de ilustrarlas gráficamente. El correspondiente libro ilustrado se publicó al año siguiente. Tanto la película como el libro son cautivadores, y alientan al público a considerar con ojos más críticos la arquitectura de la ciudad moderna y llegar a sus propias conclusiones. Al principio del libro el príncipe expresa su preocupación en general en relación con los arquitectos y constructores: «su punto de vista filosófico con respecto a toda la cuestión del diseño del entorno construido tal como afecta a las personas y a las vidas que llevan». En otras palabras, los edificios deben tener en cuenta a las personas y estar basados en principios humanos. Manifiesta su propio credo cuando dice: «Creo que cuando un hombre pierde contacto con el pasado pierde su alma. Del mismo modo, si negamos nuestro pasado arquitectónico y las lecciones que debemos aprender de nuestros antecesores, también los edificios pierden su alma. Si abandonamos los principios tradicionales en los que se basó la arquitectura durante más de 2.500 años, entonces nuestra civilización sufre». Una vez más vemos que el príncipe argumenta en favor de una continuidad antes que de romper con el pasado, como lo hace en lo referente a la agricultura y la medicina.

El príncipe fue tajante en su juicio sobre planos y edificios discordantes. Ante nuevos planos para el Bullring de Birmingham (el libro contiene fotografías y cuadros de su ilustre pasado), el príncipe «eligió sus palabras para que fueran lo menos ofensivas posible», y describió esos planos como un «desastre sin paliativos» y «un accidente planeado». La falta de visión significó que «el centro de la ciudad de Birmingham se convirtió en un monstruoso laberinto de hormigón en el que sólo los automóviles se sentían cómodos. La gente tendía a sentirse perdida. Se puso a los coches por encima de las personas, y a las personas se las puso una encima de la otra en estantes de hormigón». El príncipe describe con cierta complacencia una ocasión en la que fue invitado a ayudar a demoler un aparcamiento en Bow construido en la década de 1960: «Demoler edificios modernos es más difícil de lo que parece –dijo, y añadió–: Mientras martillaba las paredes del aparcamiento se me ocurrió pensar que esto era un símbolo del triste legado de la construcción de viviendas de la década de 1960: un edificio moderno que había nacido extinto. Un fósil colosal. Nunca estuvo vivo, pero se mantenía en sus trece como si en ello le fuera la vida». Fiel a sus ideas, pero no sin ironía, el príncipe declaró que «los bloques de rascacielos pulverizados, mezclados con la tierra, constituyen una buena base para cultivar rosas». Como sabemos, muchos más de estos antiestéticos bloques de torres están ahora derrumbándose o siendo demolidos.

El príncipe fue duramente crítico con el proyecto del South Bank de 1951 y describió el *National Theatre* como «una astuta manera de construir una central nuclear en mitad de Londres sin que nadie pusiera objeciones». *Mondial House*, en la City, es una excrecencia «que recuerda a un ordenador» y Poultry nº 1 «se parece bastante a una radio de la década de 1930». En cuanto a la *British Library*, «¿cómo puede incluso adivinarse que *es* una biblioteca? Nada sugiere que sea un gran edificio público. Y la sala de lectura se parece más al centro de reunión de una academia de la policía secreta». Finalmente, *London's Royal Free Hospital* [el Real Hospital Gratuito de Londres] parece un bloque de oficinas. Sin duda es espléndidamente eficiente como centro médico, pero el alma y el cuerpo se encogen cuando se enfrentan a una arquitectura amenazante como ésa».

El príncipe se ve a sí mismo como el adalid de la escala humana y tradicional y se opone por lo tanto al modernismo inhumano. En su libro ofrece «diez principios sobre los cuales podemos construir» que desde entonces han sido elaborados en la guía de diseño arquitectónico de Poundbury y que forman las bases de cualquier proyecto emprendido por el ducado de Cornwall. En la introducción, el príncipe escribe que él cree que «ya llevamos demasiado tiempo sufriendo la imposición de cierta clase de estilo internacional de arquitectura anodino, mediocre y sintético que se encuentra en todas partes, desde Riyad a Rangún. Nuestro propio patrimonio de estilos regionales y características individuales ha sido devorado por este cáncer insidioso, y yo sugeriría que ha llegado el momento de des-

El príncipe radical

cubrir de nuevo la extraordinaria riqueza de nuestro pasado arquitectónico, además de los principios básicos que permitieron a nuestros bien amados pueblos y ciudades desarrollarse como lo han hecho».

Los principios

1. **Lugar:** comprender e integrarse en el paisaje del entorno. Esto incluye proteger la tierra y asegurarse de que los nuevos edificios no dominan excesivamente.
2. **Jerarquía:** el tamaño de los edificios en relación con su importancia pública, la relación de los edificios unos con otros, la relativa significación de sus diferentes elementos (por ejemplo, las entradas principales). En nuestros pueblos y ciudades, las iglesias, los edificios públicos, los recintos y los *pubs* tienen todos su escala y sus lugares especiales. La desalentadora uniformidad de los bloques modernos hace que resulte difícil distinguir entre un hotel, un bloque de oficinas y un hospital.
3. **Escala:** el hombre es la medida de todas las cosas. Los edificios deben relacionarse con las proporciones humanas y respetar la escala de las otras construcciones que los rodean. Cada lugar tiene su escala y proporción características.
4. **Armonía:** cada edificio debe estar en consonancia con sus vecinos de modo que se integre en el entorno natural y local. Ciudades como Bath, Edimburgo y Cheltenham ejemplifican las virtudes de la armonía arquitectónica.
5. **Enclaves:** límites definidos por el desarrollo y áreas definidas como plazas y patios que ayuden a crear una comunidad reconocible de vecinos. Patios en lugares como Winchester, Oxford y Cambridge, atrios de catedrales y las *Inns of Court* [el Colegio de Abogados] de Londres son buenos ejemplos de espacios que contribuyen a consolidar la comunidad, como ocurre con los jardines cerrados.

228

6. **Materiales:** utilizar materiales tradicionales de una región (pedernal en las lomas de Sussex, madera en Herefordshire, tejados de paja en el West Country). Esto a su vez estimulará a los artesanos. Como dijo William Morris, «nosotros somos los administradores de aquellos que vengan después». La uniformidad tipificada de los materiales de construcción modernos –el hormigón, los revestimientos plásticos, el aluminio, los ladrillos fabricados a máquina y la piedra reconstituida– crearon una general mediocridad, «una especie de culebrón arquitectónico».

7. **Decoración:** los edificios modernos funcionales despojados de decoración producen poco placer o deleite: «La belleza está hecha por la asociación única entre mano, cerebro y ojo». Las reglas de ornamentación no suelen enseñarse en las escuelas modernas de arquitectura, pero podemos aprender de los hábiles artesanos de las escuelas de artes y oficios. Se necesita una reeducación en este terreno, y para ello se crearon las becas de artesanía de la Fundación del Príncipe.

8. **Arte:** los arquitectos y los artistas solían trabajar juntos. Imaginen el Sheldonian Theatre en Oxford sin sus emperadores esculpidos. No hay arte incorporado al National Theatre ni a la más reciente British Library. Tanto artistas como arquitectos necesitan practicar dibujo del natural y estudiar la naturaleza.

9. **Carteles y luces:** La fea luz vial que emite un brillo anaranjado sirve para revelar una plétora de carteles de publicidad y fachadas de tiendas poco imaginativas. Unas bellas letras realzan enormemente la apariencia de una tienda, y esto puede ser enseñado y aprendido. Nos vemos asaltados por el tamaño y la escala de los diseños que buscan captar nuestra atención y olvidan fácilmente el encanto de carteles más discretos que ocasionalmente se encuentran en pequeños caminos vecinales.

10. **Comunidad:** el orgullo y la sensación de que todos contribuyen a la planificación y organización de un lugar. La planificación y la arquitectura son demasiado importantes como para dejarlas en manos de profesionales.

El príncipe concluye diciendo que «si seguimos este camino podemos continuar siendo modernos, actuales y contemporáneos, puesto que aprovechamos los avances tecnológicos a nuestro alcance, pero satisfaciendo al mismo tiempo necesidades intangibles del espíritu».

Para finales de la década de 1980 el príncipe ya había trazado las grandes pinceladas de su ideología, pero en estos años ha vuelto sobre algunos de estos temas y ha profundizado más en ellos. En abril de 1989 inauguró la exposición *"Build a Better Britain"* [Construyamos una Inglaterra mejor] como patrono del *Civic Trust*. Aquí habló de la importancia de nuestra herencia de diseño y artesanía tradicional:

> Si queremos construir una Inglaterra mejor, algo que tanta gente parece desear, necesitamos buscar inspiración en la intuitiva habilidad de nuestros antepasados para construir en armonía con su entorno y expresar la esencia de su humanidad a través del diseño y la planificación de sus viviendas y edificios públicos, creando así un verdadero sentido de comunidad y, sobre todo, de pertenencia.

El príncipe también criticó, en los términos más duros posibles, los planes del entonces presidente Ceaucescu de demoler más de ocho mil pueblos y trasladar a sus habitantes a bloques anodinos de apartamentos que estaban tan pobremente construidos que empezaban a deshacerse en cuanto eran erigidos. El príncipe hizo notar que «el siglo XX ha sido testigo de algunas extrañas aberraciones del espíritu humano, pero pocas pueden igualar las actividades de dirigentes que se jactan de su patriotismo y luego se dedican sistemáticamente a destruir la herencia cultural de su pueblo. La extraordinaria diversidad cultural de Rumanía no es sólo parte de su riqueza natural sino también una posesión de inestimable valor para toda la humanidad».

En 1990 el príncipe pronunció un discurso –*Acento en la arquitectura*– en la cena de gala del Instituto Americano de Arquitectos de Washington. Recordó a su audiencia que la arquitectura es, o debería ser, para los seres humanos, pues es la representación de los valores de una nación. Puede que la nuestra sea una era de vastas riquezas, dijo, «pero a veces parece que cuanto más ricos nos hacemos, más feo tendemos a volver nuestro entorno». Extrajo ejemplos de la tradición americana de arquitectos como Frank Lloyd Wright (1869-1959) que trabajaban «a favor y no en contra de la naturaleza». El desafío, dijo, «está en si somos capaces de aplicar las lecciones del pasado, y un amor por las formas naturales, a la construcción de edificios de oficinas en ciudades como Londres o Nueva York en el siglo XXI». Refiriéndose a su encontronazo con el Real Instituto de Arquitectos Británicos (RIBA), el príncipe bromeó diciendo que «elegir un tema casi me costó la salud... ¡Además, no quiero crear un incidente diplomático!» Está muy bien, dijo el príncipe, que los arquitectos quieran que sus edificios «reflejen el espíritu de la época, pero lo que me alarma es que la época no tenga espíritu. Todo es materia, y por lo tanto incapaz de perdurar». El príncipe achacó esto a nuestro concepto del tiempo lineal y por lo tanto del progreso lineal, según el cual el pasado se devalúa en términos de las ideas del presente. Este tema también lo recoge Lewis Mumford (1895-1990), que acababa de morir poco antes de este discurso, y a quien el príncipe se refirió. En su libro *The Case Against Modern Architecture,* Mumford analiza algunas de las preconcepciones acerca de la civilización moderna que se reflejan en la arquitectura moderna, la principal de las cuales es la creencia en el progreso mecánico. Se suponía que el mejoramiento humano vendría sobre todo a través de una expansión del conocimien-

El príncipe radical

to científico que conduciría a nuevos inventos técnicos. Y que «el conocimiento, la experiencia, las formas y los valores tradicionales hacían las veces de freno para esa expansión y esos inventos, y que dado que el orden que representaba la máquina era el más alto tipo de orden, no era deseable ningún tipo de freno». Hemos visto esta misma clase de tensión en nuestra discusión acerca de los alimentos genéticamente manipulados.

En 1990, alentado por el apoyo que había recibido por parte de un creciente número de arquitectos y comentaristas, el príncipe creó una Escuela de Verano de Arquitectura Civil, única en su género. Un grupo de unos veinte estudiantes tuvieron la oportunidad de aprender arquitectura de una manera nueva, a lo largo de seis semanas intensivas en Inglaterra e Italia. Esta iniciativa marcó el principio de la implicación activa y práctica del príncipe en educación arquitectónica, que ha continuado desde entonces. En un discurso en Villa Lante, Italia, en septiembre de 1991, el príncipe observó que el único problema con el lugar elegido era que «los estudiantes opinan que el entorno es casi demasiado bello para trabajar en él». Se les pidió que considerasen «¿qué hace que la arquitectura sea civil? ¿Qué la eleva más allá de lo puramente funcional y material y proporciona al entorno construido esas características, principios y verdades que de algún modo extraordinario tocan una fibra de nuestros corazones y nos dan un sentido de bienestar, de armonía y de adecuación?» Sólo con estas características y una conexión con la belleza a través de una vida interior, dijo el príncipe, podemos decir que somos herederos de la civilización. Expresó su esperanza de que cada estudiante, «cuando se vaya de aquí, confíe en que algo del valor y la sabiduría intemporales de la arquitectura tradicional emerja en su trabajo futuro. Que consideren sus habilidades como parte de un vínculo en esa cadena finamente labrada que nos une a las dos dimensiones del pasado y el presente».

El éxito de ésta y una segunda escuela al año siguiente llevó al príncipe a anunciar en enero de 1992 que iba a crear una nueva organización con el nombre de Instituto de Arquitectura del Príncipe de Gales (cuyas actividades han sido desde entonces configuradas dentro de la Fundación del Príncipe). La intención era enseñar los principios intemporales básicos de la arquitectura necesarios para crear edificios de una belleza «que nos eleve el espíritu». El instituto se inauguró como un lugar de enseñanza, investigación e intercambio de ideas en octubre de 1992. En su discurso el príncipe reiteró sus principios y su punto de vista, relacionándolos con su preocupación por las distorsiones introducidas por la visión mecanicista del mundo, y que ya han sido comentados en capítulos anteriores. «En este escenario, el hombre mismo se convierte en un mero objeto mecánico, y cualquier noción de una realidad metafísica desaparece del todo. El sentido de la cualidad única de la humanidad como un microcosmos del universo entero es arrojado por la ventana, para ser remplazado por una visión egocéntrica del mundo que niega ese sentido de lo sagrado que todo lo abarca y acentúa lo puramente racional». Mucha gente tiene la incómoda sensación de que hay algo que falta en esta visión, una sensación que el príncipe ayuda a articular.

Él se «había preguntado a menudo por qué no me seducía este punto de vista filosófico convenientemente lógico pero despojado por completo de alma», cuando «las presiones para ceder a este concepto de vida han sido, y siguen siendo, hasta cierto punto, enormes. En el mejor de los casos a uno se lo describe como un excéntrico; en el peor, como un loco refunfuñón... La tentación de conformarse –dijo– puede ser muy poderosa. Así que, ¿por qué no lo he hecho? ¿Qué es lo que produce este intenso sentimiento –puesto que es sólo un sentimiento– en mi corazón de que el universo entero está basado en los más profundos principios que en sí mismos representan una gigantesca paradoja, pero que a mí me inspiran un perpetuo sentido de asombro y reverencia?». En un pasaje que revela su actitud básicamente mística (en el sentido no peyorativo del término) continúa diciendo: «Confieso que no sé lo que es, salvo que procede de mi corazón y que envuelve todo mi ser. Es una conciencia de algo que va más allá de los confines del ego y que se vuelve más evidente cuando se halla en presencia de una gran belleza». El místico, como vimos en el último capítulo, es alguien cuyo "ojo del corazón" está abierto y tiene un sentido intrínseco de la unidad y el sentido interior del cosmos. Al preguntar «¿Qué es el espíritu, y cómo puede su esencia ser devuelta a un lugar apropiado en la totalidad de nuestra experiencia?», el príncipe expresa su propio punto de vista:

> No soy un filósofo, pero puedo intentar explicar lo que pienso que es el espíritu. Es ese sentido, esa poderosa experiencia de percatación de ser uno con el mundo natural y, más allá de ello, con la fuerza creativa que todos llamamos Dios y que yace en el punto central de todo. Es, sobre todo, una "experiencia". Desafía al pensamiento consciente. Se hace contigo e inunda todo tu ser a pesar de todas tus lógicas intenciones. Está en lo más profundo del corazón de la humanidad como una memoria primigenia. Es a la vez "pagano" y cristiano, y en este sentido es sin duda alguna la expresión fundamental de lo que llamamos religión.

Como hemos visto en nuestra discusión sobre los principios del arte y la arquitectura sagrados, los principios sagrados matemáticos y geométricos fueron heredados de los griegos y los egipcios y, como subraya el príncipe, «toda la cultura europea está basada en nuestra herencia grecorromana, en la raíz de la cual estaban lo que muchos consideran ser estos profundos y de hecho "sagrados" principios». De modo que la difícil pregunta (y la tarea del instituto) era «cómo restaurar el elemento del "espíritu", tal como está contenido en esos principios intemporales, a su justa posición en el equilibrio general que en mi opinión debe conseguirse en la educación de un arquitecto». El príncipe se cuida de señalar que esto significa una «arquitectura del corazón», una arquitectura que alimente el espíritu, que «no es tanto una arquitectura tradicional, que se asemeje o imite la del pasado, sino una clase en particular de arquitectura cuyas formas, planos y materiales estén basados en el sentimiento humano». Esto también incluiría «nuevas (más sensibles e imaginativas) formas de arquitectura, basadas en nuevos materiales, nuevas maneras de construir, nuevas formas de tecnología». Expresó su esperanza de que fuera en esto donde su instituto «podría convertirse en una especie de crisol en el que podría forjarse la arquitectura del siglo XXI». La meta «será producir arquitectos prácticos, no sólo teóricos. Los programas curriculares del instituto contendrán todo el rigor necesario para las exigencias técnicas y económicas de esta compleja profesión. Pero éstas serán situadas dentro del contexto más amplio de nuestra historia y nuestra cultura y, de hecho, de las culturas y las situaciones geográficas de otros pueblos».

El príncipe piensa que en la arquitectura, al igual que en la agricultura y la medicina, es importante combinar lo mejor del pasado y el presente, lo tradicional y lo innovador, basándose en principios y conocimientos demostrados a lo largo del tiempo.

La Fundación del Príncipe. Una visión general

Creo apasionadamente que el espíritu humano tiene una necesidad profunda de un sentido de pertenencia y comunidad. Esa búsqueda de identidad, algo que es intrínseco del ser humano, está íntimamente unida a aquello que construimos. El espectáculo deprimente de los edificios de viviendas vacíos de alma, de los "parques" industriales barridos por

> *el viento y los anodinos centros comerciales corroe el espí-*
> *ritu humano y disminuye el entorno natural.*
>
> EL PRÍNCIPE DE GALES

The Prince's Foundation for the Built Environment [la Fundación del Príncipe para el Entorno Construido] es una organización benéfica que se formó para extender las iniciativas del príncipe de Gales sobre el diseño arquitectónico y la regeneración urbana y de edificios. Su cometido es «mejorar la calidad de vida de la gente enseñando y practicando formas de construcción intemporales» y reúne en su seno la Red Urbana, Regeneración a través del Patrimonio, el Fideicomiso Fénix del Príncipe de Gales, el Equipo de Proyectos, el Estudio de Dibujo del Príncipe de Gales y la Escuela de Artes Tradicionales. También alberga a la Academia Temenos, aunque ésta no forma parte de la fundación.

La Fundación del Príncipe trata de estimular una aproximación más humana y holística en la planificación y el diseño de nuestras comunidades urbanas, «trabajando para conjugar el arte de la edificación con la creación de una comunidad». Es la única institución en el Reino Unido especializada en proporcionar servicios de consulta y educación para la regeneración y el desarrollo de proyectos urbanos a gran escala. Su objetivo es alentar un sentido de comunidad, de orgullo del lugar en el que se vive, y promocionar la edificación y la artesanía de calidad. Como explicó el príncipe en 1999:

> Mi fundación proporcionará una aplicación muy práctica
> a la idea de unir lo mejor del pasado con las necesidades del
> futuro y, espero, contribuirá de manera importante a crear me-
> jores lugares en los que vivir y trabajar. La fundación trabaja
> con una amplia gama de profesionales y socios para ayudar en
> el desarrollo de lugares que puedan satisfacer mejor las ne-
> cesidades sociales, económicas, medioambientales y espiri-
> tuales de los individuos y las comunidades.

La fundación une ideas con acción práctica, basándose en una hoja de ruta de estudios e investigaciones académicos, un papel preponderante en muchos proyectos de desarrollo urbano a lo largo de Inglaterra y un extenso conjunto de amplia base de profesionales, individuos y comunidades. Con sede en su propio edificio singular en Charlotte Road, Shoreditch, en el East End de Londres, la fundación ha establecido un centro para la educación, la investigación y el trabajo activo en proyectos prácticos.

Las iniciativas que forman parte de la Fundación del Príncipe incluyen:

Proyectos de desarrollo

Gracias al trabajo de su equipo de proyectos, la Fundación del Príncipe está cumpliendo un papel clave en la planificación y desarrollo de más de veinte planes de regeneración y construcción a gran escala en todo el Reino Unido, incluyendo algunos pueblos. Trabajando en colaboración con agencias gubernamentales, consejos, comunidades locales y empresas, el equipo de proyectos de la fundación quiere poner en práctica, a través del ejemplo, medidas para crear barrios más humanos y habitables, sobre todo en áreas urbanas ya existentes, pero también en zonas despejadas verdes o áridas. Los equipos de proyectos y educación de la Fundación del Príncipe trabajan en estrecha colaboración para desarrollar y diseminar la mejor práctica en cuanto a los métodos tradicionales del desarrollo urbano y para asegurar la provisión de entrenamiento práctico relevante y una capacidad de construcción más amplia para aquellos interesados en mejorar la planificación, la renovación y el mantenimiento de nuestro entorno urbano.

Programa del curso intensivo sobre diseño y arquitectura urbana

Este nuevo programa de cursos se inició en mayo de 2004. La historia de la Fundación del Príncipe como maestra de las artes de la construcción, líder en proyectos de regeneración urbana y del núcleo de la red urbana, la convierte en el vínculo natural entre la idea de construir espacios habitables adecuados y las técnicas prácticas para llevarlos a cabo. El programa anual del curso consiste en diez módulos intensivos diseñados para proporcionar una comprensión de los principios que hay detrás del urbanismo y la arquitectura logrados, a la vez que una rigurosa educación sobre las herramientas y las técnicas del buen diseño urbano. El programa está diseñado para satisfacer las necesidades de planificadores, diseñadores urbanos, arquitectos e ingenieros de tráfico que se hallen a mitad de sus carreras, además de constructores y miembros de autoridades locales involucrados en el desarrollo urbano y en proyectos de restauración arquitectónica. Los temas para el 2004-2005 incluyen: el orden en la naturaleza, los lenguajes de la arquitectura, construir el futuro y la cultura de la edificación.

Construir un entorno mejor para el paciente

El príncipe de Gales inició el programa «Construir un entorno mejor para el paciente» en colaboración con NHS Estates [Edificios afines al National Health Service, equivalente a nuestra Seguridad Social] en noviembre de 2001 (ya hemos mencionado esto en el capítulo sobre la salud). El programa procura asegurar la mejor calidad de diseño para el programa principal de construcción de nuevos hospitales del NHS. El personal de la fundación ayuda a formar a representantes clave de fideicomisos del NHS en los principios y la necesidad del buen diseño; también proporciona asistencia práctica en relación con la buena calidad del diseño para un número de proyectos piloto.

El plan de becas de artesanía

En marzo de 2002 el príncipe de Gales presentó la primera de las becas Príncipe de Gales de artesanía. La Fundación del Príncipe creó el plan de becas de artesanía para paliar la gran escasez de artesanos tradicionales competentes a la que hoy en día se enfrenta la Gran Bretaña. Las becas financian a personas que deseen adiestramiento práctico para utilizar técnicas y materiales de construcción tradicionales, ya sea en la creación de nuevos edificios o en la conservación y restauración de edificios históricos.

Iniciativas en restauración y patrimonio

La Fundación del Príncipe está profundamente involucrada en los temas más amplios de la regeneración urbana y el papel de los edificios del Patrimonio en el entorno construido. La fundación auspicia una iniciativa independiente que se ocupa de estos temas, Regeneración a través del Patrimonio, que a su vez trabaja muy de cerca con otra de las organizaciones benéficas del príncipe de Gales, el *Phoenix Trust.*

Regeneración a través del Patrimonio

Esta iniciativa nació en 1966 por el deseo del príncipe de Gales de promover la reutilización de edificios industriales del Patrimonio, principalmente prestando ayuda a sociedades que pretenden desarrollar proyectos sostenibles en la comunidad. En la actualidad financia diez proyectos, de un valor total de 50 millones de libras, en los que proporciona especialización y ayuda en conservación, arquitectura y planificación de empresa. El Patrimonio Inglés y empresas del sector privado costean la iniciativa.

El Phoenix Trust del príncipe de Gales

Ésta es una organización benéfica que adquiere, repara y encuentra nuevos usos para importantes edificios históricos que de otra manera podrían quedar en estado ruinoso o ser demolidos, y de esta forma pueden ser disfrutados por la comunidad donde se encuentran. El príncipe fundó el Trust en septiembre de 1997, en Stanley Mills junto al río Tay, cerca de Perth. Este grupo de redundantes construcciones fue el proyecto inaugural del Trust, e implicó la conversión de dos edificios en casas y apartamentos. Otros proyectos del *Phoenix Trust* incluyen un molino de agua del siglo XIX en Paisley, una mina de carbón del siglo XX en Gales y parte de un ex recinto de avituallamiento de la Royal Navy cerca de Plymouth. (Véase www.thephoenixtrust.org.uk.)

Las iniciativas del príncipe de Gales en la enseñanza del arte

La Escuela de Dibujo del Príncipe

Fue inaugurada en el año 2000 para ofrecer a los artistas la oportunidad de ampliar y extender su práctica del dibujo, especialmente el dibujo al natural. En la escuela imparten clases 35 artistas procedentes de importantes escuelas de arte, incluyendo la *Royal Academy*, el *College of Art* y el Slade. Más de 400 artistas asisten a clases en el estudio, en Shoreditch y en el exterior. Una parte vital del programa es el Año del Dibujo, un máster que proporciona a los jóvenes artistas profesionales la oportunidad de centrarse en el dibujo. (Véase www.princesdrawingschool.org.)

La Escuela de Artes Tradicionales del Príncipe. Programa de Artes Visuales Islámicas y Tradicionales (VITA)

El programa VITA (mencionado en un capítulo anterior) ofrece una oportunidad única para profundizar en el estudio técnico y práctico de las artes visuales islámicas y tradicionales. Los cursos de este programa, convalidados por la Universidad de Gales, capacitan a estudiantes de másters, másters en filosofía y doctores en filosofía para explorar las técnicas y materiales de las artes y la arquitectura tradicionales, y también los significados simbólicos y filosóficos de estas artes. Es el único curso del mundo en el que los estudiantes tienen la oportunidad de estudiar y practicar en un postgrado las artes tradicionales. (Véase www.princes-foundation.org/traditionalarts.html.)

En el año 2000 la Fundación del Príncipe se trasladó de Regency Gloucester Gate, la sede original del Instituto de Arquitectura del Príncipe, a su propio edificio en Charlotte Road en Shoreditch. El edificio industrial original de mediados del siglo XIX ha sido adecuadamente restaurado y rediseñado para albergar las diversas actividades reseñadas más arriba. Esta obra forma parte de la revitalización de un número de edificios comerciales vacíos y casi desahuciados que han sido transformados en estudios para artistas. El arquitecto local Matthew Lloyd llevó a cabo la mayor parte del trabajo de diseño del edificio. Respetando los deseos del príncipe, utilizó materiales naturales y técnicas tradicionales y conservó algunas de las características interesantes del edificio, como las columnas de hierro forjado en lo que es ahora un espacio para exposiciones al aire libre. Los muebles y estanterías sólidos pero elegantes de la biblioteca se fabricaron con madera de fresno blanco cultivado en Highgrove y fueron diseñados por Robert Kime, mientras que Nicholas Coryndon se encargó de la fabricación de las vitrinas. Una de las características interesantes del edificio es su sistema natural de acondicionamiento de aire que funciona sin electricidad. El edificio como un todo es una excelente expresión de los ideales que la fundación intenta promover, y alberga además el Phoenix Trust, la Escuela de Dibujo y la Escuela de Artes Tradicionales.

Como el propio príncipe dijo acertadamente: «La arquitectura en su máxima expresión no necesita, en mi opinión, ser pomposa ni ostentosa, pero tampoco debería ser irracional ni estar desprovista de alma. De hecho, a menudo es la modestia misma de los edificios bien construidos lo que ayuda a crear el mejor y más duradero sentido de bienestar comunitario, orden urbano y vitalidad».

Planificación urbana. El ejemplo de Poundbury

> *Nuestras ciudades no necesitan crecer incontrolablemen-*
> *te. Sin duda debemos aceptar un marco de restricción que*
> *pueda devolver un equilibrio saludable a nuestro entorno*
> *urbano, y restaurar la armonía entre los edificios y la natu-*
> *raleza. Estos asuntos nos llevan a algunas de las cuestiones*
> *vitales de nuestra época ¿Qué significa ser verdaderamente*
> *humano y cuál es el modo adecuado de albergar esta cuali-*
> *dad de humanidad? ¿Cuánta influencia tiene realmente el*
> *diseño del entorno construido en el bienestar de los seres*
> *humanos, en su sentido de pertenencia y por ende en la re-*
> *lación que un individuo tiene con sus congéneres, en otras*
> *palabras, con su comunidad? ¿Y cuál, al fin y al cabo, ten-*
> *dría que ser nuestra relación con la naturaleza?*
>
> EL PRÍNCIPE DE GALES

El origen del proyecto Poundbury en las afueras de Dorchester se remonta a 1987, cuando el consejo de distrito de
West Dorchester seleccionó 1,5 km^2 de tierras de cultivo en
la franja oeste de la ciudad, propiedad del ducado de Cornwall desde 1342, para urbanizarlas respondiendo a las necesidades de vivienda de la localidad. El ducado podría sencillamente haber vendido las tierras a un constructor que edificara
una zona más destinada a viviendas –como lo había hecho en
otras ocasiones–, pero el príncipe de Gales, como duque de
Cornwall, vio una oportunidad de responder a algunos de sus
críticos del Real Instituto de Arquitectos Británicos (RIBA),
como Richard Rogers, que habían señalado que él jamás había construido nada. Vender las tierras habría sido sencillo y
fácil de justificar ante el Tesoro, que por ley debía ser convencido de su viabilidad económica. Sin embargo, el príncipe
estaba decidido a «romper el molde y asegurarse de que esta
expansión recuperaba la forma y el espíritu de nuestras ciudades y pueblos históricos. Poundbury representaba el desafío

de conseguir esto sin poner en entredicho su privilegiada situación rural. También presentaba una oportunidad de construir una comunidad que incluyera una amplia gama de viviendas entremezcladas con núcleos de actividad económica». La situación en Dorchester es un microcosmos del desafío nacional de satisfacer la demanda de aproximadamente 4.400.000 viviendas para el año 2016.

Gran parte de la planificación y la construcción de posguerra en la Gran Bretaña ha estado caracterizada por la *zonificación*. Las viviendas privadas y sociales han sido segregadas, mientras que se han creado zonas comerciales y de edificios de oficinas aisladas en las afueras de las ciudades. Esto a su vez ha disminuido la sensación de vivir en una comunidad, ha erosionado la vitalidad comercial de las ciudades y ha obligado a una mayor dependencia de los automóviles, un factor que ha contribuido sustancialmente a la desaparición de pequeñas tiendas en los pueblos, dado que la gente se traslada a los supermercados para su compra semanal. Muchas ciudades, pueblos y villas están ahora rodeados de extensas urbanizaciones suburbanas que, las más de las veces, tienen muy poca relación con el corazón y la herencia del lugar original. Nuestro pueblo local de Saint Andrews es un buen ejemplo de ello, con sus filas de nuevos bungalows y viviendas protegidas todas iguales. Poundbury es el último de una serie de desafíos a las convenciones actuales de planificación y desarrollo que el príncipe de Gales explica en su libro *A Vision of Britain*. Es la primera nueva urbanización en Inglaterra en la que, con la ayuda de arquitectos y constructores, y la cooperación de las autoridades locales, los ponderados principios de diseño urbano contemplados en *A Vision of Britain* son puestos en práctica. Tampoco es éste el primer proyecto pionero llevado a cabo por el ducado de Cornwall: Eduardo VIII, mientras fue príncipe de Gales, se implicó en el mejoramiento de su propiedad de Londres en Kennington. El período transcurrido entre la idea original de Poundbury en 1987 y el principio de su construcción en el otoño de 1993 estuvo lastrado por toda clase de complicaciones y dificultades que por fuerza deben quedar fuera de nuestra narración. Una persona con menos determinación habría tirado la toalla, pero el príncipe persistió en su visión. Los hitos significativos en el desarrollo de Poundbury son éstos: el nombramiento del arquitecto y planificador belga Leon Krier para que confeccionara un plan maestro para la zona, el fin de semana de 1989 en Dorchester en el que se discutió la planificación y en el que estuvo presente el propio príncipe, la revisión de las ideas clásicas del plan para poner el énfasis en el estilo y los materiales locales, y la formulación del plan de modo que fuera a la vez innovador y económicamente viable a lo largo de los 25 años que duraría el proyecto.

En vez de separar las construcciones según su finalidad, los diferentes tipos de propiedad están mezclados en todo Poundbury. Las vivendas privadas y sociales (20% de la urbanización) están entremezcladas y construidas con la misma calidad y diseño de modo que resultan completamente indistinguibles. Los edificios comerciales, desde fábricas hasta oficinas, están situados en zonas residenciales, e incluyen tiendas y centros comunitarios y de ocio. En este caso el ducado ha demostrado conocer la naturaleza humana al asegurarse de que los edificios comerciales estén ya construidos para que los nuevos residentes que se añadan a la comunidad no puedan quejarse sobre ellos. Las calles se trazan alrededor de los edificios para crear espacios interesantes y un control natural de la velocidad de los coches. De hecho, el diseño general favorece a los peatones y no a los automóviles, ya que hay un "obstáculo" (elevación en la calzada, curva ciega, farol o cosas parecidas) cada más o menos cincuenta y cinco metros. El resultado es que los coches circulan a unos treinta y dos kilómetros. Hay también una notable falta de señales de tráfico y líneas pintadas en el suelo por esa misma razón: a esa velocidad resultan superfluas. De hecho, las únicas señales de tráfico evidentes son carteles de "prohibido el paso", ya que los estacionamientos y los servicios están en su mayor parte confinados a patios interiores ajardinados en la parte trasera de los edificios, de modo que es raro ver coches aparcados en la calle. Además, los residentes firman un acuerdo según el cual se comprometen a no estacionar caravanas o remolques de barcos en ningún sitio.

La arquitectura –utilizando materiales locales y a veces reciclados– se basa en la rica herencia de Dorset y, en particular, en las atractivas calles de Dorchester. En Poundbury no sólo es importante la arquitectura, sino también la utilización del terreno y el desarrollo integrado. Está diseñado como un entorno general de alta densidad urbana para crear un lugar atractivo, moderno y agradable en el que la gente pueda vivir, trabajar, comprar y divertirse. Se ha dado una especial importancia a la calidad del diseño y los materiales, el paisaje y la atención al detalle, todo lo cual está descrito en *Poundbury, Design Guidance*. El dibujo de la portada muestra el "antes y el después" de una casa, y en la segunda de las imágenes se ve la casa con un montón de antiestéticas excrecencias debajo de las cuales puede leerse: «¿No podría ocurrir aquí...?». ¡Por supuesto que no, si las normas de Poundbury se cumplen al pie de la letra!

Existen guías ilustradas sobre extensiones y materiales de construcción y de revestimiento de paredes (incluyendo los tipos de ladrillo permitidos) y sobre dinteles y arcos. Los elementos de construcción que se adjuntan al edificio principal están regulados: «Unidades prefabricadas como garajes techados de planchas de plástico o garajes de estructura metálica NO serán permitidos». Los tejados pueden ser variados, pero con limitaciones claramente definidas en lo referente a techados, aleros, desagües y saledizos. Los ángulos de los tejados pueden variar entre 30 y 65°, pero «los ángulos de 45° deben ser evitados ya que producen tejados que son "inefablemente aburridos"». Algo poco usual en las edificaciones modernas, hay hogares y por lo tanto chimeneas en todas las casas, que «deben elevarse de forma generosa por encima de los tejados, y no deben ser robustas ni pesadas». Los diseños de las ventanas están afortunadamente regulados para excluir las planchas de cristal y las horribles placas de plástico que se ven a veces en las casas de campo reformadas de los Cotswolds, y se requiere que los paneles de las ventanas se aproximen al justo medio en su eje vertical. También se especifica una cierta gama de puertas y porches permitidos, con todas las puertas delanteras dando directamente a la calle. Y dado que los constructores proporcionan un sistema de antenas comunitarias, no se permiten antenas externas ni antenas de satélite. Se especifican claramente las letras de las señales y los carteles de las tiendas, con un resultado elegante y agradable para el visitante, que no se ve asaltado visualmente por grandes carteles ni fachadas comerciales de mal gusto. Una anécdota divertida relativa a esta guía de diseño la protagonizó un residente al que se le reprochó que pusiera una salida de gas de aluminio en el exterior de su casa. Su solución –que no fue barata– ¡fue la de encargar la escultura de una gárgola para que el fuego saliera de su boca!

Parte del legado del pasado industrial de Inglaterra dictaminaba que las fábricas estuvieran tradicionalmente situadas lejos de las viviendas, pero en la actualidad una buena parte del empleo local en West Dorset lo proporciona el sector de servicios o las industrias de alta tecnología que pueden convivir felizmente entre los edificios destinados a viviendas, reduciendo de este modo la necesidad de trasladarse en coche al trabajo. Esta integración y facilitación de la vida ayuda a fomentar el sentido activo de comunidad que es tan importante para el príncipe. El diseño del centro cívico en Pummery Square, la plaza principal de Poundbury, está imaginativamen-

El justo medio: la arquitectura

te basado en un edificio similar en Tetbury, mientras que el
pub que se encuentra enfrente ha sido comprado e inaugurado recientemente. La tienda local y la oficina de correos están
a punto de abrirse, y ambas cosas proporcionarán a los residentes más oportunidades de contacto. La mera variedad de
materiales y diseños dentro de un marco tradicional convierte
a Poundbury en un lugar único entre las urbanizaciones modernas: ninguna casa adyacente es igual a su vecina y no obstante todas ellas forman un todo armonioso. Resulta interesante que el coste de utilizar materiales de alta calidad hace que las
casas resulten sólo un 10% más caras, un precio que la gente ha estado más que dispuesta a pagar dado que las casas de
Poundbury valen un 15% más que las de otras urbanizaciones
comparables en West Dorset.

El desarrollo sostenible y el realce del entorno natural son
otros dos elementos clave. Alrededor de una tercera parte del
terreno de 1,5 km^2 se dedicará a crear parques y zonas de juego para niños. Los árboles nativos –a menudo procedentes de
viveros del ducado de Cornwall–, como hayas, plátanos, cas-
taños de Indias, fresnos y mostajos blancos, han sido plantados en todas las calles y en los patios interiores. Además, se
ha pedido a los residentes que incorporen a sus viviendas las
más modernas medidas de conservación de energía como ais-
lantes, cristales dobles, calderas condensadoras y reguladores
de agua. Se fomenta el uso de materiales reciclados en todo lo
posible. Los servicios como el teléfono, la electricidad y el gas
se suministran a través de un único canal situado en los patios.
Finalmente, todos los residentes pagan a una empresa de mantenimiento que se cuida de las instalaciones comunitarias, lo
que ayuda a generar un sentido de colaboración entre todos los
vecinos.

En un artículo publicado en *The Spectator* en 1998 el príncipe comentó que:

Hoy, a pesar de las primeras advertencias de algunos escépticos, Poundbury se está convirtiendo en un gran éxito: se han construido y ocupado ciento cuarenta casas y ciento cincuenta personas están trabajando en nuevos talleres y fábricas de la zona. Además, el pueblo está muy lejos de la monotonía de muchas urbanizaciones y zonas comerciales proporcionalmente comparables. En suma, se ha convertido en un lugar con su propio espíritu e identidad; en una parte inherente a la ciudad de Dorchester, y no es simplemente una urbanización más.

Entre los escépticos convertidos después de visitar Poundbury ha habido periodistas de relevancia y un buen número de políticos, incluyendo al primer ministro John Prescott, que señaló que «lo que se está haciendo aquí es un trabajo muy importante para el futuro urbano de este país». Además, el comité electo de Medio Ambiente, Transporte y Asuntos Regionales de la Cámara de los Comunes se quedó lo suficientemente impresionado por los principios que han guiado la construcción de Poundbury como para convenir en que el entorno autóctono de un lugar debe ser respetado en el diseño de sus viviendas allí donde esto sea posible. Poundbury –y Highgrove, como hemos visto– es un ejemplo de que es posible llevar a cabo las ideas del príncipe. Pero no se trata solamente de un monumento: es un modelo de buenas prácticas para el futuro del desarrollo urbano sostenible que ha sido ahora aprobado por el gobierno en sus planes para nuevas edificaciones urbanas.

La regeneración a través del Patrimonio. Pueblos urbanos, el Phoenix Trust

Siempre me ha parecido que cuanto más cambian las estructuras y las tecnologías sociales, más grande es el deseo de la gente de retener y atesorar los objetos y los lugares que les son familiares. La gente siente instintivamente la necesidad de raíces e hitos en un mundo rápidamente cambiante.

EL PRÍNCIPE DE GALES

No le resultará sorprendente al lector que el príncipe de Gales crea que es importante conservar lo mejor del entorno construido de Inglaterra por el bien de las generaciones venideras y como vínculo cultural con el pasado. Fue presidente del National Trust en el año del centenario de este, en 1995, y recientemente se ha convertido en patrono después del fallecimiento de la reina madre; es también patrono del National Trust de Escocia. Sin embargo, no se trata de conservar edificios sólo por sus ladrillos y su mampostería, o, como él mismo ha dicho, de «la creación de "un parque temático llamado Inglaterra" en el que volvemos a empaquetar nuestro legado sólo para beneficio de los turistas». El príncipe opina que restaurar y conservar edificios históricos puede cumplir un importante papel en la regeneración de zonas deprimidas creando ventajas para las comunidades y generando un sentido de orgullo de comunidad. El príncipe puede mostrar ahora ejemplos prácticos que han tenido éxito, como veremos a continuación.

Habiendo tomado parte en discusiones acerca del destino que se le daría a los edificios del Real Colegio Naval en Greenwich a principios de la década de 1990, el príncipe se interesó más generalmente en los planes para otros edificios proyectados por el Ministerio de Defensa y el Departamento de Salud (particularmente los antiguos hospitales psiquiátricos). Le interesaba que éstos no fueran simplemente vendidos al mejor postor, sino que fueran remodelados con sensibilidad para beneficio de las comunidades locales. El príncipe hizo una presentación a estos efectos ante un grupo de ministros del Consejo. Éstos le escucharon con interés y, en consecuencia, se creó el Phoenix Trust (una organización benéfica) en 1998 para llevar estas teorías a la práctica. El Trust actúa como un fideicomiso para la conservación de edificios. Adquiere construcciones históricas en mal estado –como molinos abandonados, fábricas y muelles–, los restaura y los acondiciona para que puedan tener otros usos.

El príncipe de Gales inauguró el Phoenix Trust en Stanley Mills, unas algodoneras en desuso localizadas en Perth. La restauración de los edificios junto al río, las algodoneras situadas más al norte de Inglaterra, se convirtieron en el primer proyecto del Trust, y los trabajos dieron comienzo en junio de 1998. El Trust concentra sus proyectos en zonas que han experimentado una depresión económica y en las que los recursos de la comunidad son a menudo escasos. Los proyectos proporcionan un catalizador para la regeneración local, generando oportunidades de trabajo y haciendo las veces de focos para el desarrollo económico y residencial. En una época en la que existen cada vez más presiones para nuevos desarrollos en lo referente a la construcción y las zonas verdes, el Phoenix Trust piensa que es importante mostrar cómo estos bellos complejos de edificios pueden proporcionar interesantes lugares para trabajar y para vivir. El Trust adquiere y reforma edificios históricos en venta y luego dedica las ganancias obtenidas a nuevos planes. El Trust también se ha dedicado a formar sociedades de construcción con organizaciones tales como *English Heritage*, *Historic Scotland* y *Heritage Lottery Fund*. [Patrimonio Inglés, Escocia Histórica y Fondo de Lotería para el Patrimonio].

La parte más antigua de Stanley Mills fue construida por sir Richard Arkwright en 1786 para aprovechar la energía hidráulica del río Tay. Las algodoneras fueron cerradas en 1989 y los edificios se deterioraron rápidamente. Su propietario quería demoler la mayor parte de ellos, pero el Phoenix Trust, junto con *National Lottery* [la Lotería Nacional] y otras ayudas financieras, adquirió los dos molinos más grandes para crear casas y apartamentos. El trabajo llevado a cabo por el Trust ha dado confianza a otros para seguir el mismo camino. Un hermoso edificio ha sido salvado, ha recibido nueva vida y se ha conservado su carácter original. Otros proyectos activos del Phoenix Trust incluyen Mills Bakery, en la Royal William Yard de Plymouth; Anchor Mills, en Paisley; Fort Gilkicker, en Hampshire, y la mina Penallta, en Glamorgan. La mina Penallta está situada en unas antiguas minas de carbón en el sur de Gales, unos 23 kilómetros al norte de Cardiff. (Véase www. thephoenixtrust.org.uk.)

Una iniciativa relacionada con este trabajo es Regeneración a Través del Patrimonio (RTH), que promueve la reutilización de los edificios industriales heredados para propósitos económicos, culturales y sociales, con la ayuda de asociaciones comunitarias con el fin de que desarrollen propuestas para la reutilización sostenible de edificios particulares con méritos arquitectónicos. Este proyecto está financiado por el *English Heritage* [el Patrimonio Inglés] y por el sector privado. En la actualidad se están realizando trabajos en Inglaterra e Irlanda del Norte, y RTH está intentando identificar nuevos proyectos en todo el Reino Unido. RTH proporciona apoyo a sociedades locales y les permite comprender las características de sus edificios, desarrollar propuestas adecuadas para su conservación y reutilización, y emprender el trabajo técnico necesario para su planificación comercial y la aplicación de fondos. RTH también organiza un programa de visitas de estudios, seminarios y conferencias, y pronto ofrecerá un directorio *on line* para facilitar esta información (que ahora se está confeccionando).

En un artículo publicado en la revista *Perspectives* en enero de 1996, el príncipe expuso sus ideas sobre el patrimonio: «Debemos empezar por apreciar el singular patrimonio de nuestro propio país». Y continuó: «Una sociedad que le da la espalda a su pasado y sólo valora lo que es nuevo y excitante jamás será una sociedad en paz consigo misma o que se comprenda a sí misma. El pasado representa nuestra memoria de quiénes somos y de dónde venimos, y del conocimiento y las inestimables tradiciones que se han ido acumulando a lo largo de los siglos». En otras palabras, el pasado representa un papel clave en nuestra identidad nacional. Refiriéndose al inminente milenio, el príncipe señaló que éste proporcionaba «la oportunidad de ejecutar obras de arte y de construir edificios públicos significativos que serán una reflexión genuina de los valores más profundos de nuestra humanidad». Animó a descubrir usos nuevos e imaginativos para antiguos edificios que realzaran la fuerza de las comunidades y sus tradiciones: «Celebrar el milenio no debe tratar solamente de construir desde las bases, sino también de renovar lo antiguo [...], deberíamos pensar en aprovechar el milenio para llevar una nueva vida a los centros decadentes y desahuciados de algunas de nuestras grandes ciudades, donde la necesidad de reconstruir el espíritu de la comunidad local es de suprema importancia si se ha de restablecer una vida de ciudad equilibrada y satisfactoria».

En un discurso clave durante una conferencia del 26 de abril de 1999 organizada por RTH, el príncipe dijo que muchos edificios industriales formaban parte del patrimonio nacional tanto como las catedrales, los palacios y las grandes casas de campo: «Estos edificios representan el pináculo de los logros arquitectónicos y funcionales durante la época en que Inglaterra era la fábrica del mundo». Encontrar nuevos usos para ellos devolvía el orgullo a las comunidades y llevaba vida nueva a las ciudades del interior en vez de crear centros comerciales en los extrarradios. La conferencia tuvo lugar en los antiguos, y restaurados, depósitos del Great Western Railroad, en Swindon, Wiltshire, que ahora se han convertido en un popular centro comercial y de oficinas. El príncipe efectúa visitas regulares a diversos edificios antiguos para atraer la atención de las comunidades locales sobre su valor potencial y para dar notoriedad a los planes de renovación llevados a cabo con éxito.

Antes que demoler antiguas fábricas y comunidades, el príncipe sugiere que «un camino mejor es el de promover el proceso de reinventar las comunidades en las que ya vive la gente, y reconocer el valor de lo invertido a la vez en sus habitantes y en el entorno construido que ya existe, en vez de abandonarlo. Ahora el desafío consiste en captar la imaginación popular del mismo modo con una política para conservar nuestra hermosa campiña, utilizar los recursos de nuestros pueblos y ciudades que ahora son desaprovechados, y crear nuevas y excitantes comunidades en los lugares en los que ya habita la gente».

Los proyectos de RTH que están en marcha en la actualidad incluyen Conway Mill, un antiguo molino de lino en Belfast; Harvey's Foundry, en Hayle, Cornwall; Houldsworth Mill, un antiguo molino de algodón cerca de Stockport; Mistly Maltings, en Essex; Navigation Warehouse, un depósito de grano en Wakefield; Perran Foundry, una antigua fundición de hierro cerca de Falmouth, en Cornwall; Salt Warehouse y Warehouse nº 4; Sowerby Bridge, y Torr Vale Mill, un antiguo molino textil, ambos en West Yorkshire. El espacio no nos permite una descripción detallada de más de tres proyectos. Los lectores interesados pueden consultar la página web de la Fundación del Príncipe para más detalles.

La Red Urbana de la Fundación del Príncipe

Un número de iniciativas para el desarrollo urbano fueron lanzadas bajo el epígrafe de Foro de los Pueblos Urbanos en 1992 y consiguieron causar un cambio radical en las actitudes hacia el entorno construido a lo largo de la década siguiente. Muchas de las ideas originalmente propuestas por el Foro, como los principios de comunidades sostenibles para usos diversos, son ahora aceptadas como moneda común. El Foro reunió a una gran variedad de profesionales especializados que aspiran a construir y regenerar barrios y ciudades según los principios clave del buen urbanismo (representados por la urbanización de Poundbury) y que incluyen:

- Una variada gama de instalaciones.
- Acceso a servicios locales (y densidad suficiente para sustentarlos).
- Una red integrada de calles y espacios públicos.
- Una diversidad de tipos de vivienda, incluyendo viviendas integradas asequibles.
- Una arquitectura que respete su entorno y sea a escala humana.
- La conservación y la reutilización de edificios antiguos.
- La protección y el mejoramiento del entorno.
- La participación y la propiedad de la comunidad.

Uno de los proyectos importantes más recientes del Foro fue desvelado a principios de 2003 en Llandarcy, en South Wales. Incluye la nueva puesta en marcha de una zona de terrenos baldíos que habían sido la sede de un complejo de refinerías de petróleo de British Petroleum (BP). El príncipe expresó su esperanza de que los resultados de Llandarcy respondieran a la retórica y representaran un modelo de inversión a largo plazo que implicara la creación de comunidades y no sólo la construcción de estructuras. «Es una oportunidad de demostrar que crear lugares con éxito significa comprender que las comunidades son organismos que viven y respiran y debe permitírseles desarrollarse y evolucionar, y que los espacios y las estructuras que creamos son cruciales para este proceso». El trabajo de lo que ahora se llama la Red Urbana está en la actualidad integrado en los programas de la Fundación del Príncipe.

El lector está ahora en posición de apreciar todo el alcance y la influencia de la contribución del príncipe de Gales en asuntos de arquitectura y utilización del patrimonio en los últimos veinte años. Desde su primer discurso ante el Royal Institute of British Architects [RIBA] en 1984 ha hecho una infatigable campaña en pro de los ideales tradicionales para que éstos sean considerados dentro de un contexto moderno, y se ha involucrado en una amplia gama de iniciativas prácticas pioneras. Como hemos visto, las localidades y las gentes han estado siempre en primer lugar para él, y se ha asegurado de que sus proyectos favorezcan la prosperidad de las comunidades y realcen la belleza de los paisajes naturales. Toda su empresa está basada en la trinidad platónica de lo bueno, lo bello y lo verdadero, en una inspiradora expresión de idealismo práctico.

6. DESARROLLAR TODO EL POTENCIAL. LA EDUCACIÓN Y EL TRUST DEL PRÍNCIPE

El trabajo educacional del príncipe

> *"Educación" es una palabra seria; implica una acción sobre nuestra naturaleza mental y la formación de un carácter; es algo individual y permanente, y se suele hablar de ella en relación con la religión y la virtud.*
>
> JOHN HENRY NEWMAN

El príncipe de Gales se interesa profundamente en los niveles y la calidad de la educación, lo que él ha llamado «la prioridad número uno para el futuro». Procura estimular y celebrar la excelencia, y al mismo tiempo, mediante varias iniciativas que describiremos más adelante, ayudar a los menos favorecidos a sacar el mayor partido de su educación. Él opina que conseguir niveles más altos de educación es crucial para ayudar a los jóvenes a comprender el mundo del que forman parte y la civilización y la sociedad que han heredado.

257

El príncipe radical

Según el príncipe, esta comprensión es el único camino para salvaguardar las cualidades intemporales de la vida para las generaciones futuras.

El príncipe hizo una importante declaración sobre sus ideas acerca de la educación en la Conferencia del Cumpleaños de Shakespeare en abril de 1991. Recordó que su primera lectura de *Julio César* en la escuela no le había conmovido, pero que una representación de *Enrique V*, en la que interpretó al duque de Exeter, le había impresionado profundamente. La importancia que Shakespeare tiene para el príncipe se ve reflejada en su propia selección, publicada como *The Prince's Choice*, con un prólogo adaptado de este discurso. Para el príncipe, la gran literatura nos ofrece la oportunidad de aprender verdades intemporales acerca de la condición humana que van más allá de una comprensión somera y mecanicista de la vida: «Las verdades que él [Shakespeare] ilustra son universales. En este sentido no sólo podemos leer una buena historia en todas sus obras, sino que también descubrimos puntos de vista psicológicos y arquetipos con toda su atractiva interacción». Además, el lenguaje y la cultura de Shakespeare son una parte inestimable de nuestra propia herencia cultural:

> Para todos nosotros, las raíces son importantes; las raíces de nuestro paisaje y nuestras comunidades locales; las raíces de nuestra herencia cultural y literaria; las raíces de nuestras tradiciones espirituales y filosóficas. Si perdemos contacto con ellas, si perdemos la noción de dónde venimos, nos privamos a nosotros mismos del valor, la seguridad y, con demasiada frecuencia, el propósito y significado de nuestras vidas.

Nuestras raíces nos dan un sentido de identidad y son vitales para la continuidad de la cultura. El príncipe hizo notar que los estudiantes franceses tienen que estudiar uno de los grandes textos de los siglos XVII, XVIII y XIX, mientras que algunos cursos de GCSE no contienen a Shakespeare y los nuevos cursos hacen preguntas sobre él que no requieren haberse leído ninguna de sus obras. Una sobrecarga de información es poco probable que nos convierta en sabios, ya que «la sabiduría proviene de la visión interior, y nuestros más grandes poetas y genios literarios son invariablemente los medios a través de los cuales podemos obtener esta visión interior del funcionamiento del universo y de los intemporales imperativos a los cuales, como individuos, estamos sujetos». El príncipe dijo temer que la marginación de Shakespeare «parece ser sintomática de una huida general de nuestra gran herencia literaria», estimulada por expertos que consideran dichos estudios demasiado elitistas o insuficientemente multiculturales: «Existe un terrible peligro en el hecho de seguir de este modo las tendencias de moda en la educación, ya que podemos encontrarnos con toda una generación de jóvenes culturalmente desheredados». No es la primera vez que el príncipe se enfrenta con los expertos, de quienes opina que no están en contacto con los sentimientos de la gente común. Lamentó el número de alumnos que salen de la educación estatal sin saber leer, escribir ni hacer cuentas, a la vez que alabó la dedicación de muchos maestros que trabajan en circunstancias difíciles.

El príncipe también apeló a un adecuado entrenamiento vocacional para la mayoría menos académica, que se ha hecho mucho más ampliamente disponible desde que él hizo esta llamada. En un discurso pronunciado en la exposición de Skill City en noviembre de 2002, dijo:

> Por lo tanto necesitamos, diría yo, una campaña concertada para elevar significativamente el nivel y la conveniencia de las carreras de oficios vocacionales a ojos de los jóvenes. Necesitamos compensar el énfasis desproporcionado

259

que yo creo se le da a los conocimientos académicos y teóricos para la minoría y la escasa importancia dada al entrenamiento y el aprendizaje vocacional para la mayoría.

En su conclusión, el príncipe aplaudió el énfasis puesto en lo técnico, lo práctico, lo vocacional y lo comercialmente visible, pero añadió: «Me gustaría subrayar una vez más que en mi opinión la educación es algo más que aprendizaje. Después de todo, no sirve de mucho volverse técnicamente competente si al mismo tiempo nos volvemos culturalmente ineptos». En un discurso en el William and Mary College en Virginia en 1993, el príncipe hizo un ruego similar en pro de proteger las raíces culturales.

> Necesitamos mantener nuestra capacidad de asombro, no sólo ante los logros de la ciencia de hoy en día, sino también ante la herencia que nos ha sido entregada; ante nuestro entorno natural, las glorias arquitectónicas que nos han dejado las generaciones pasadas, la belleza de nuestro lenguaje, la inspiración de nuestra historia y lo que nos revela la gran literatura.

Tampoco debería ser esta herencia patrimonio único de unos pocos privilegiados.

> Algunos dicen que a los niños de procedencia humilde no debería obligárseles a estudiar las obras de escritores del pasado porque esto les adoctrinará en los hábitos de una sociedad jerárquica. Este punto de vista equivale a decirles a esos niños que, porque no gozan de las ventajas de otros de su edad, debe privárseles de la grandeza del pensamiento y la belleza humanos.

Después del discurso sobre Shakespeare en 1993 el príncipe, como presidente de la Royal Shakespeare Company

(RSC), fundó la Escuela Shakespeare del Príncipe de Gales para ayudar a fomentar la calidad de la enseñanza de Shakespeare en las escuelas. Esta escuela, que desde entonces ha sido dirigida anualmente por la RSC, ofrece un curso impartido por 30 profesores procedentes de Inglaterra y Gales, que aplican los recursos de académicos y educadores, además de los de la RSC. Los objetivos principales de la escuela son ampliar los conocimientos de los profesores sobre la obra de Shakespeare, desarrollar su percepción crítica del ensayo y la actuación, y extender la variedad de métodos de enseñar a Shakespeare. El curso está basado en la premisa de que la enseñanza de la obra de Shakespeare tiene mucho en común con el de dirigir su obra en escena.

En un informe de la Inspección de Su Majestad de 1997 se señaló: «Está claro que el curso ha tenido un impacto considerable. Todos los profesores dijeron que había renovado su entusiasmo por la enseñanza de Shakespeare y había aumentado su confianza en la utilización de acercamientos más prácticos que, a su vez, habían tenido un efecto positivo en el aprendizaje de los estudiantes». El informe concluía: «La Escuela de Shakespeare del Príncipe de Gales hace una valiosa contribución al rendimiento de los profesores y todo indica que ayudará a mejorar la enseñanza de Shakespeare en las escuelas participantes».

Una iniciativa reciente en la misma línea es la Escuela de Educación de Verano para profesores de historia e inglés. La primera sesión se celebró en Dartington Hall en 2002. En su discurso de inauguración el príncipe explicó su opinión de que en la década de 1960 se habían abandonado los principios del pasado por considerarlos anticuados, y esto había creado una situación en la que los jóvenes «tendrán cada vez menos oportunidades de comprender su lugar en la historia, el significado de la cultura y las ideas que han heredado, la naturaleza de su propia identidad y la distinción entre lo bueno y lo

El príncipe radical

malo, lo creativo y lo mediocre». De modo que, continuó, «en el terreno de la educación me parecía una tragedia especial que el vínculo crucial y compartido entre las generaciones –ese "diálogo" que permite una especie de identidad nacional, cultural y espiritual de los valores que son el fundamento de nuestro modelo de democracia liberal– fuera a ser de alguna manera quebrantado».

La finalidad de la escuela era inspirar a los profesores a enriquecer sus enseñanzas «a pesar de la inevitablemente estrecha camisa de fuerza del sistema de exámenes». El príncipe pensó que «parte de lo que puede haber ido mal es que nos hemos alejado de la idea del inglés como algo que realmente debe ser aprendido, con esfuerzo y aplicación, y de la cuidadosa familiaridad con aquellos que nos han mostrado cómo vestir sus pensamientos con el lenguaje más preciso, vívido y memorable». Cualquier profesional dirá que la práctica –la mucha práctica– hace la perfección. «Yo sugeriría que, tanto en la literatura, como en el lenguaje –continuó el príncipe– existen grandes peligros en el hecho de seguir las tendencias de moda de la educación hacia lo relevante, lo exclusivamente contemporáneo o lo inmediatamente gratificante». Añadió que «lo que resulta gratificante se enseña porque es lo más accesible, pero podría no ser lo más útil o, en un sentido más profundo, lo más importante». El príncipe concluyó diciendo que «en un mundo donde lo superficial, lo banal, el cliché y los lugares comunes son una parte tan dominante de nuestras vidas, necesitamos aún más venerar, conservar y celebrar la belleza, la solemnidad y la armonía que heredamos del pasado».

En junio de 2002 el príncipe inauguró la Fundación el Arte y los Niños con una subvención de un millón de libras concedida por la Comisión del Milenio. La campaña nacional tiene como objetivo ampliar los estímulos creativos de la juventud actual proporcionando experiencia práctica de todas las formas del arte como el baile, la ópera, el teatro y las artes vi-

262

suales. El príncipe piensa que exponer a los niños al mejor teatro, música y otras artes escénicas a una edad temprana puede ayudar a «expandir las mentes y avivar la imaginación». La meta final de la fundación es involucrar a niños en edad preescolar en una amplia gama de formas de arte que incluya visitas a edificios y monumentos históricos, museos y galerías. También proyecta crear sociedades con grupos fuera de la escuela, como grupos de arte comunitarios, clubs de jóvenes y clubs para después de la escuela en los que se introduzca a los niños en el arte y se les estimule a practicarla. Powergen es el primer socio corporativo de La fundación el Arte y los Niños. Se ha comprometido a desarrollar iniciativas de lectura durante tres años en un intento de renovar la costumbre de contar cuentos a los niños.

El Trust del Príncipe: sus principios y su historia

> *Este sentido de lo que es sagrado ha ayudado a formar mi comprensión de la misteriosa naturaleza del alma humana; de nuestra humanidad compartida y de los potenciales aún sin explotar de tantos y tantos. Tal vez sea esto lo que reside en el corazón del trabajo que el Trust lleva a cabo. Durante más de veinticinco años el Trust del Príncipe ha intentado encontrar maneras de educar a los jóvenes que a menudo se encuentran desesperadamente a la deriva en una sociedad y sin ningún sitio a donde ir; ayudar a revivir en ellos esos sentidos de comunidad y esfuerzo común que en mi opinión son tan necesarios para permitir a nuestra sociedad enfrentarse con éxito a las heridas de la tristeza y la desesperación que afligen a tantos de nuestros congéneres.*
>
> EL PRÍNCIPE DE GALES

En una carta escrita a Tom (ahora sir Tom) Shebbeare en 1993, el príncipe explicó que sus actividades de los últimos quince años habían estado motivadas por el deseo de volver a hacer verdadero el adjetivo "gran" de Gran Bretaña. Él se daba cuenta de que su posición le permitía unir a las personas y actuar como catalizador «para ayudar a producir una respuesta mejor y más equilibrada a diversos problemas». La suya no era una agenda política, sino un deseo de ver a las personas alcanzar su potencial. En ninguna otra de las actividades del príncipe es más evidente esta pasión por la unificación y el deseo de fomentar el potencial de cada uno que en el Trust del Príncipe.

Éste fue fundado en 1976 y fue en parte inspirado por la propia experiencia del príncipe en las actividades de su escuela, Gordonstoun, y en la Marina. El príncipe también seguía los pasos de sus antecesores –por ejemplo, Eduardo VIII, cuando fue príncipe de Gales, recaudó más de un millón de libras en 1935 para que el Trust del Jubileo del rey Jorge las dedicara a «la urgencia del problema de la juventud». Ya en 1975 el príncipe había identificado la necesidad de una nueva iniciativa dirigida a los jóvenes más necesitados entre los quince y los veinticinco años. Uno de los principios cruciales era el de la autoayuda, por la cual los jóvenes podían «desarrollar y llevar a cabo sus propias ideas y ambiciones». Esto significaba que «su energía y su talento podían ser canalizados hacia actividades constructivas». Otro principio clave era aliar el desafío y la aventura en favor del servicio de la comunidad: las actividades generarían en los participantes respeto por ellos mismos, además de estimular en ellos un sentido de civismo y de interés por el bien común.

El Trust del Príncipe siempre ha puesto un gran énfasis en la confianza. El propio príncipe dijo en sus inicios que «nadie depositaba en ellos [en los jóvenes] la confianza que necesitaban. Así que me propuse hacer algo que corriera ese riesgo: confiar en los jóvenes y experimentar». Esto significaba conceder becas lo más rápidamente posible con el mínimo de tramitación y formularios que rellenar. Esta política implicaba inevitablemente algunos riesgos, pero el príncipe insistió en esta decisión: «A veces las cosas pueden salir mal. De vez en cuando alguien sale huyendo con el dinero. Bueno, eso son cosas que pasan. Pero no todos van a hacer eso. Y una vez se corre el riesgo, se descubre que se obtienen resultados enormemente satisfactorios». Además, como señala Adam Nicolson en su historia del Trust, el príncipe insistió en que «lo importante es que los jóvenes tengan autonomía. No quieren hacer cosas que estén prescritas, planificadas ni organizadas. Además, el Trust ha servido más como "válvula de escape" o "instrumento de libertad" que como obra benéfica convencional, ya que ha permitido a los jóvenes despegar valiéndose de su propia energía». No obstante, también ha reconocido que «por todas las virtudes de la autonomía propia, no hay libertad sin compromiso ni crecimiento sin ayuda». El Trust propició la idea de "autorrealización a través del servicio comunitario" en un momento en que ese concepto estaba mucho menos de moda que hoy en día.

Una aproximación similar fue adoptada por el economista Mohammed Yunnus cuando fundó el Banco Grameen de microcréditos en Afganistán. Hacía pequeños préstamos, un total de 27 dólares en primera instancia a cuarenta mujeres cuyos márgenes en el mercado local se veían exageradamente menguados por proveedores y compradores sin escrúpulos. Ningún banco quería prestar dinero a aquellas mujeres porque las cantidades eran muy pequeñas y no tenían cuotas de crédito. Además, dijeron los escépticos, se escaparán con el dinero. No lo hicieron, los préstamos las volvieron autosuficientes y les permitieron devolver el dinero y ampliar el negocio. El Banco Grameen es ahora una organización internacional y Mohammed Yunnus ha recibido numerosos premios por su trabajo. Una relación basada en la confianza crece y proporciona a la gente apoyo humano adecuado en forma de tutelaje, y éste es un principio que también aplica Mohammed Yunnus.

El Trust del Príncipe es ahora la obra benéfica para jóvenes más importante del Reino Unido, y la pasión que la mueve es la de convertir el potencial humano sin descubrir en auténticos éxitos. Tiene más de 10.000 voluntarios, 800 empleados y su actividad mueve más de 46 millones de libras al año. Ofrece una gran diversidad de oportunidades, incluyendo aprendizaje, desarrollo personal, ayuda para iniciar nuevas empresas, tutelaje y consejos prácticos. Estas actividades permiten a los jóvenes de entre catorce y treinta años desarrollar confianza y habilidades, acceder al trabajo y poner en marcha sus propias empresas. El Trust se centra especialmente en los jóvenes que están desempleados, los que no tienen un nivel adecuado de aprendizaje, los que han tenido que rendir cuentas a la justicia o los que acaban de salir de reformatorios.

Para finales de 2003 el Trust había ayudado económicamente a más de 480.000 jóvenes a lo largo de 26 años. Específicamente ha ayudado:

- A 80.000 a mejorar sus habilidades y oportunidades de trabajo a través del Programa de Desarrollo Personal del Equipo.
- A 58.000 a poner en marcha sus propios negocios (la proporción actual es de 17 por día de trabajo). En 2002-2003 ayudó a 4.359 jóvenes.
- A 20.000 a través de proyectos dirigidos a aumentar la confianza en uno mismo.
- A más de 185.000 a través de subvenciones a individuos, organizaciones de jóvenes y proyectos comunitarios.
- A casi 140.000 a través de programas basados en las escuelas.

En 2002-2003 el Trust ayudó económicamente a más de 33.000 jóvenes (2.000 más que el año anterior). Entre ellos, unos 13.000 estaban desempleados, 11.000 rendían poco en la escuela, 2.100 provenían de familias tuteladas y 2.600 estaban en la cárcel o tenían antecedentes penales.

El Trust inició sus actividades en 1976, con 21 proyectos piloto financiados en parte por una suma de dinero que recibió el príncipe de una compañía de televisión norteamericana por una entrevista sobre Jorge III, y en parte por otras donaciones, incluyendo 2.000 libras de sir Harry Secombe como resultado, dijo éste en broma, de «haberle vendido mi suegra a un árabe y por dar un concierto especial de beneficencia». El príncipe también contribuyó con su paga final de la Marina Real, 7.400 libras. Las subvenciones incluyeron una concedida a una joven de diecinueve años para que abriera un centro social para el Haggerton Housing Estate en el este de Londres, y a dos jóvenes con antecedentes penales para que abrieran un club de pesca. También se proporcionaron ayudas para alquilar piscinas en las que pudieran entrenarse jóvenes salvavidas y para abrir un negocio de reparación de bicicletas. Estos primeros proyectos no generaron demasiado interés, y el príncipe tuvo que persuadir a aquéllos de sus colaboradores que deseaban desalentar tales actividades sociales argumentando que podían ser consideradas como maniobras políticas. Además, al nuevo Trust le resultó mucho más difícil recaudar fondos que a los Trusts del Jubileo Real, ya establecidos.

El Trust despegó durante la década de 1980, un período en el que había un número mucho mayor de desempleados y la situación era lo bastante mala como para provocar revueltas como las de 1981. Adam Nicolson observa que esta inquietud atrajo «mucho más la atención del público a los problemas que el Trust estaba intentando solventar desde el principio. El espectro de una clase baja emergente, de una amplia capa de jóvenes desempleados que sentían que no tenían voz en una sociedad que los ignoraba y abusaba de ellos, se había convertido en una preocupación vital para la política pública». Su apoyo a la autonomía personal y sus ayudas económicas a las empresas nacientes (de lo cual hablaremos más adelante) permitieron al Trust avanzar en su agenda. El programa de apoyo a nuevas empresas se inició en 1982, el mismo año en que tuvo lugar en Birmingham el primer concierto para recaudar fondos con una recaudación de 72.000 libras. Bandas de rock ayudadas, fundadas o incluso iniciadas por el Trust tocaron al lado de grupos de renombre, como el legendario Status Quo. En 1983 tuvo lugar la primera gala de rock de la Fundación del Príncipe en el Teatro Dominion, en Tottenham Court Road, con Madness, Joan Armatrading, Phil Collins, Kate Bush y Peter Townshend. Las galas de rock para recaudar fondos continuaron a lo largo de la década de 1980. Los candidatos para estos programas de apoyo a nuevas empresas fueron cuidadosamente seleccionados y recibieron la ayuda de un mentor voluntario. Se crearon mil empresas en los primeros tres años, de las cuales un admirable 80% sobrevivió a su primer año. La actual proporción de éxitos después de tres años permanece alentadoramente alta, es del 60%.

Las ambiciones del Trust del Príncipe, sin embargo, eran demasiado grandes y precisaban de cierta ayuda del gobierno. Sir Angus Ogilvy tuvo un papel importante en esto, ya que persuadió a lord Young, el secretario de Estado para el Empleo, para que igualara cualquier suma de dinero recaudada por el Trust para los planes de jóvenes empresarios. Esto demostró ser más caro de lo que se había anticipado originalmente, especialmente cuando el Trust consiguió reunir 40 millones de libras en una recaudación de fondos para el cuarenta cumpleaños del príncipe en 1988. Lord Young tuvo que darle bastantes explicaciones a Margaret Thatcher, pero el Trust recibió la suma equivalente.

En este punto las ideas clave expuestas anteriormente –«actividades de expansión, autorrealización superando desafíos, aumentar la autoestima gracias a sentirse parte de un equipo»– empezaron a aplicarse a todas las actividades del Trust. Eventos de una semana de duración tuvieron lugar por primera vez en 1985 en campamentos de vacaciones por toda

---

LA HISTORIA DE UN ÉXITO

*En noviembre de 2001 **Celina Nessa** vivía en el este de Londres, llevaba seis meses en paro y formaba parte del programa de desempleo del Nuevo Pacto. Mientras ayudaba en un club para jóvenes descubrió un anuncio publicado por el Programa de Voluntarios del Trust del Príncipe. Celina se inscribió en un curso de voluntarios en el Proyecto Puente en Tower Hamlets, junto con otros doce jóvenes de distintas procedencias. Nueve de ellos estaban desempleados, dos eran voluntarios en el Servicio Fiscal de la Corona y otro en el Servicio de Tribunales. El programa incluía una colocación de trabajo en el Servicio de Empleos y una visita al Arsenal en Highbury Stadium, donde el grupo aprendió a redactar sus curricula vitae y completar búsquedas de trabajo a través de Internet. Al final del curso el grupo escenificó una pequeña obra y cada uno de sus miembros recibió certificados del vicepresidente del Arsenal, David Dein. Desde su curso de voluntaria, Celina ha completado una colocación con la empresa de publicaciones Condé-Nast de un día a la semana de trabajo, ha recibido la oferta de una colocación por parte del Servicio de Empleos, se ha sacado el permiso de conducir y en la actualidad se siente verdaderamente realizada y tiene una gran confianza en el futuro. Recomienda vivamente el curso a otros que se encuentren en su lugar y que quieran adquirir práctica y cualificaciones, y especialmente la experiencia de trabajar en un equipo de personas que se apoyen entre sí.*

LA HISTORIA DE UN ÉXITO

Mark Brann era epiléptico desde los diecisiete años y había tenido verdaderos problemas para conservar diferentes empleos; de hecho, había perdido 23 trabajos en tres años. Comprensiblemente se sentía frustrado y desilusionado. Como siempre le habían fascinado los reptiles, consideró la posibilidad de abrir una pequeña tienda de venta de reptiles, pero sin empleo no existía posibilidad alguna de reunir los fondos suficientes. Se puso en contacto con el Trust del Príncipe, que le ofreció un préstamo de 2.000 libras sujeto a un plan de empresa y de proyección de liquidez. Mark abrió el Centro de Mascotas Exóticas; su madre llevaba las cuentas y él atendía al negocio. El interés de la gente fue tal que la liquidez de Mark resultó ser el triple de lo que él había previsto, de modo que se trasladó a un local más grande. Ahora está construyendo un centro de visitantes llamado El Mundo Olvidado, que será uno de los centros de reptiles más grandes de Inglaterra. «Sin el apoyo del Trust del Príncipe –dice Mark– yo no estaría ahora aquí... ¡Esa es la verdad!

Inglaterra, y atrajeron a cientos de jóvenes necesitados. Los campamentos continuaron anualmente durante trece años, y en 1996 tuvo lugar en Francia un campamento internacional. Una carta procedente de un grupo de Greater Manchester recibida en 1987 deja claro que su estancia en el campamento fue una experiencia inolvidable, una semana de trabajo y de diversión: «La atmósfera en la que viví fue toda una experiencia para mí por ser tan cálida y amistosa; fue como pasar una semana en otro mundo. Sería estupendo que las cosas siempre fueran así. Gracias de todo corazón...». El príncipe quedó encantado y respondió al grupo personalmente. En 1985 se inició también la Aventura Comunitaria Príncipe de Gales, un programa intensivo de 42 semanas en las que se combinaba el trabajo en equipo en actividades al aire libre, la superación de determinados desafíos y el trabajo comunitario. Este plan se convirtió más tarde en el Programa de Voluntarios. Aunque 94 jóvenes de los primeros 137 que asistieron al programa encontraron empleos, hubo un alto porcentaje de bajas, y se consideró que como suponía un gasto de siete mil libras por persona resultaba demasiado caro. El Trust se ciñó a unas pautas económicas y de organización más ajustadas en 1987, con el nombramiento de sir Tom Shebbeare como primer director en funciones y la llegada de Jim Gardner como presidente de los fideicomisarios. Cabe señalar que los gastos del Trust aumentaron de algo más de 31.000 libras en 1980 a diez millones de libras en 1989.

En 1990 se inició el Programa de Voluntarios del Trust del Príncipe (ahora conocido como el Programa Equipo). Para 1995, diez mil jóvenes habían completado el programa y para el año 2000 la suma había aumentado a 50.000, de los cuales dos tercios consiguieron nuevos empleos o accedieron a nuevos niveles de aprendizaje. El Programa Equipo ahora está financiado por el gobierno como parte de su atención a las políticas de trabajo, y el Trust convenció al gobierno de que añadiese un elemento de autoempleo a su "New Deal" [Nuevo Programa]. *Study Support* [Apoyo al Estudio] también se inició en 1990 con el objetivo de proporcionar a los estudiantes mediocres centros de estudio para después de la escuela. Esta iniciativa también fue recogida por el gobierno en 1997 y la meta actual es de crear ocho mil centros semejantes utilizando fondos del Fondo para Nuevas Oportunidades. El golpe de suerte más estratégico de la década de 1990 fue la aceptación de que las actividades del Trust del Príncipe eran prototipos con éxito que debían ser copiados..., dicen que la imitación es el mejor halago. Según Tom Shebbeare, los programas «deberían ser lo suficientemente am-

271

plios como para establecer una diferencia y lo suficientemente buenos como para ser copiados».

En 1994 se creó la primera escuela residencial de música. Esto se convirtió en el programa *Sound Live* [Sonido en Vivo] de ámbito nacional, en el que se enseña música a jóvenes desempleados. En 1996 el Trust celebró el primer concierto de rock en Hyde Park desde hacía más de veinte años. Este acontecimiento marcó el principio de una estrategia a largo plazo para establecer un vínculo entre el Trust y la pasión de los jóvenes por la música, la moda y el deporte (especialmente el fútbol). En 1998 se propiciaron diversas nuevas iniciativas: mentores para adolescentes que abandonan la tutela; un plan dirigido a jóvenes delincuentes, el 70% de los cuales no tenían ninguna cualificación. Además, como estableció la investigación del Trust, un asombroso 90% de estos jóvenes delincuentes habían sido sometidos a abusos físicos o sexuales en su infancia.

Se consideró que se obtendrían progresos más fácilmente si se creaban grupos de jóvenes de la misma edad, y así nacieron los llamados *clubs xl*, cuyo objetivo era motivar a adolescentes de quince y dieciséis años y mantenerlos en la escuela. Los jóvenes expulsados de la escuela o los que rechazan el sistema tienen tres veces más probabilidades de caer en las drogas, la delincuencia y la cárcel. Estos clubs intentan que esto no suceda. Nuevos programas proporcionaron oportunidades para viajar y explorar Europa y una asociación con el Voluntary Service Overseas [Servicio de Voluntarios en el Extranjero] concedió estancias de seis meses de duración en otros países para los jóvenes más desaventajados del Trust. Se crearon premios para el desarrollo −originalmente por valor de cien o doscientas libras− para proporcionar guía y apoyo sostenidos. Ahora los grupos de jóvenes pueden presentarse para recibir subvenciones de hasta quince mil libras para desarrollar sus proyectos en sus comunidades locales.

HISTORIAS DE ÉXITO

Abby, de veintidós años, procedente de Northumberland, había estado en paro durante más de dos años y medio antes de decidirse a explorar el trabajo voluntario en ultramar. Se unió a un equipo de dieciocho jóvenes de Tailandia y el Reino Unido en un intercambio de seis meses. El objetivo de Abby antes de embarcarse en su fase del intercambio en Tailandia era de «conocer una cultura diferente y obtener experiencia de trabajo y de vida». Las experiencias de Abby en el programa –que incluyeron comerse un insecto acuático frito en Tailandia– la han hecho considerar seriamente el hecho de trabajar en un país subdesarrollado en el futuro.

Maryam, de 21 años, procedente de Milton Keynes, que llevaba seis meses en paro, quería unirse a un programa de intercambio de Jóvenes del Mundo porque pensaba que «tenía mucho que ganar». Maryam también pensaba que tenía algo que ofrecer a un programa de intercambio cultural como Jóvenes del Mundo, dado que «yo soy una asiática educada en una sociedad occidental». Descubrió que su mayor desafío en el programa de intercambio fue «intentar enseñar a la gente de Tailandia que de Inglaterra no sólo vienen personas blancas». A pesar de las vicisitudes, Maryam dice que el programa de intercambio fue una experiencia que jamás olvidará. En el futuro, espera continuar trabajando como voluntaria en otros países subdesarrollados.

En 1999 el Trust alcanzó un nivel estable en relación con los demás Trusts del Jubileo Real dentro del Trust del Príncipe, que recibió entonces una Carta Real de la reina Isabel en una ceremonia en el palacio de Buckingham a la que asistieron cientos de voluntarios, jóvenes y otros colaboradores. El príncipe dijo a los allí reunidos: «Sé, sin la menor duda, que los jóvenes pueden ponerse a la altura de las cir-

LA HISTORIA DE UN ÉXITO

Kelly Bridgwater tenía catorce años cuando fue recomendada al club xl por su escuela. No se sentía motivada y no entendía para qué servía la escuela. Disfrutó mucho participando en los proyectos y se sintió apoyada por su grupo, lo que ayudó a ganar la confianza en sí misma que le faltaba. Sus actividades incluían el teatro, la escalada, remar en canoas y la conducción para estudiar la prevención de accidentes. A los dieciséis años tiene una carpeta llena de informes de sus logros y está decidida a continuar con su educación. También ha hecho muy buenos amigos en el curso.

cunstancias si se les da la oportunidad y tener éxito. Y si tuviera que resumir cuál es el mensaje del Trust a los jóvenes que nos necesitan, lo haría así: "Sí, podéis"». Fue una poderosa vindicación de su visión original de hacía más de veinticinco años.

Más tarde, en el año 2000, la estructura organizativa del Trust se reformó, de modo que Gales, Escocia, Irlanda del Norte y cada una de las regiones de Inglaterra tuvieran su propio director y consejo autónomos. Y en 2002 el Trust anunció una inversión de cinco millones de libras en tres años para ayudar a los 30.000 jóvenes al año que abandonan la escuela sin conseguir la titulación y con un nivel básico de habilidades bajo. Para mantenerse informado de las aspiraciones, miedos y esperanzas cambiantes de los jóvenes, el Trust ha encargado una serie de informes que aseguren continuamente lo adecuado de sus programas. Muchos de los problemas originales que se proponían resolver siguen siendo graves, de modo que aún queda mucho por hacer.

LA HISTORIA DE UN ÉXITO

Joe tenía veintidós años, llevaba cuatro sin trabajar, era un ex delincuente y estaba viviendo en una residencia de libertad vigilada cuando recibió un premio al desarrollo. Su sueño era convertirse en un techador cualificado. Cuando pidió ayuda al Trust había encontrado a un empleador que estaba dispuesto a contratarlo y enseñarle. Pero había un problema: tenía que tener sus propias herramientas, pero no tenía ingresos para comprarlas. El Trust del Príncipe ofreció a Joe la ayuda de un voluntario y un premio al desarrollo de 300 libras para comprar sus herramientas. Joe está ahora trabajando y aprendiendo para convertirse en techador. En su solicitud le dijo al Trust: «Sólo quiero una oportunidad para construirme un futuro, y creo que todo el mundo debería tener esa oportunidad».

Los programas principales del Trust del Príncipe

Programa de Equipo

Éste es un programa de desarrollo personal que capacita a los jóvenes de entre dieciséis y veinticinco años, la mayoría de ellos en paro, para desarrollar su confianza, su motivación y sus habilidades trabajando en equipo en la comunidad. Los jóvenes se unen a un equipo de voluntarios de hasta quince participantes en uno de los más de trescientos posibles lugares que se encuentran en todo el Reino Unido. Un equipo está formado por personas desempleadas de los programas del Nuevo Pacto del gobierno, jóvenes de entre dieciséis y dieciocho años de *Learning Gateway* [Acceso a la Destreza], jóvenes que salen de tutela, jóvenes delincuentes, estudiantes y personas en activo patrocinadas por sus empleadores. Durante el programa de doce semanas, los participantes aprenden la importancia del trabajo en equipo, pasan una semana en un centro de actividad residencial, emprenden un proyecto comunitario (por ejemplo, redecorar un centro), completan una asignación de trabajo, participan en algún trabajo en equipo que supone un desafío (que generalmente implica a grupos desaventajados –por ejemplo, acompañar en un viaje corto a niños con dificultades para aprender–) y organizan una charla con los de su equipo para relatar sus experiencias.

Alrededor de unas 80.000 personas han tomado parte en el Programa de Equipo desde que éste fue inaugurado en 1990.

LA HISTORIA DE UN ÉXITO

Darren tiene veinticinco años y vive en un hostal de la Asociación de Jóvenes Cristianos en Londres. Ha vivido en la calle y ha tenido problemas con las drogas en el pasado, y entró en el programa Sonido en Vivo en junio de 2000. Darren es rapero, y cuando finalizó el programa se le pidió que hiciera una investigación de mercado para la Asociación de Jóvenes Cristianos, lo que le llevó a hablar en las conferencias de los partidos laborista y liberal el año pasado. Pronunció discursos para más de cien personas en cada ocasión, y habló de sus problemas con las drogas, de su vida en la calle y de lo que podría hacerse para evitar algunos de los problemas con los que los jóvenes deben enfrentarse hoy en día. También habló de trabajo del Trust, de su experiencia en Sonido en Vivo y de lo que el premio al desarrollo le ha permitido hacer. En la actualidad Darren está a punto de fundar una compañía discográfica y ha grabado un número de canciones que piensa presentar en otras compañías discográficas. Él ha utilizado su premio al desarrollo para pagarse cursos intensivos en ingeniería de sonido y está deseoso de mantenerse en contacto con el Trust, particularmente con Sonido en Vivo, para ayudar a otros jóvenes que asistan al curso.

Los resultados son positivos: más del 70% de los participantes desempleados encuentran trabajo o ingresan en un programa de educación o aprendizaje, mientras que el 90% de los empleadores informan de mejoras en las habilidades y las actitudes de los participantes empleados en su vuelta al trabajo. El programa ayuda a los jóvenes a obtener calificaciones reconocidas a nivel nacional, a mejorar su motivación y su confianza en sí mismos, a asumir ciertas responsabilidades, a desarrollar el trabajo en equipo y la capacidad de comunicación, y a aumentar el respeto por la comunidad y el deseo de contribuir a su desarrollo.

Programa de Empresas

En un informe reciente del Trust titulado "*Reaching the hardest to reach*" [Alcanzando a los Difíciles de Alcanzar] se señalaba que cerca de 650.000 jóvenes de entre dieciséis y veinticuatro años no trabajaban y no asistían a la escuela a tiempo completo. Esto significa que un abrumador total de más de un millón de jóvenes de menos de veinticinco años se encuentran sin trabajo. El Trust ofrece préstamos a bajo interés de hasta 50.000 libras además de subvenciones y ayudas para ayudar a jóvenes de entre dieciocho y treinta años a abrir sus propias empresas bajo la guía de un mentor voluntario. Todos están desempleados o subempleados y les han negado fondos otras fuentes. El Trust proporciona apoyo continuo en forma de mentores, guías de empresa especializados en la autoayuda y líneas gratis de información telefónica. Resulta admirable que el 60% de las empresas fundadas bajo los auspicios del Trust siga funcionando en su tercer año de operaciones (casi el doble de la media nacional), mientras que muchos de aquéllos cuyas empresas dejaron de funcionar ingresan en un programa de educación o aprendizaje de un oficio. Los puntos más importantes del programa incluyen lo siguiente:

- Más de 58.000 personas entre los dieciocho y los treinta años han sido subvencionadas desde 1983 y se han creado más de 45.000 nuevas empresas.
- Las cincuenta empresas más importantes tienen un rendimiento de casi 148 millones de libras y emplean a unas 2.255 personas.
- El coste medio de instalar y mantener a un joven en su propia empresa es de 3.300 libras.
- Casi 5.000 jóvenes recibieron financiación y apoyo para abrir una empresa en el último año financiero.
- El 43% se instalaron en el sector de servicios, el 23% en medios de comunicación, ocio y las artes, el 11% en la manufactura y el 8% en moda y diseño en el último año financiero.
- En la actualidad más de 8.000 personas se dedican a prestar sus servicios voluntarios como mentores de empresas.

El *Prince's Scottish Youth Business Trust* (PSYBT) [Trust del Príncipe para las Empresas de la Juventud Escocesa] ha replicado la idea de las ayudas para poner en marcha una empresa en Escocia desde 1989. Desde que el PSYBT comenzó, más de 5.400 jóvenes han abierto más de 4.500 empresas, de las cuales un 82% sobrevivió al siempre difícil primer año de las organizaciones, mientras que el 53% sigue funcionando después de tres años. El rendimiento total de las empresas apoyadas por el PSYBT es de más de 80 millones de libras: el rendimiento medio del primer año de las empresas individuales es de 23.000 libras, elevándose a 53.000 libras al tercer año. Se han otorgado más de 14.600 millones de libras, el 87% en forma de préstamos a bajo interés, y el 13% restante (1.900.000 libras) en forma de subvenciones. La inversión media del PSYBT es de 3.600 libras además del apoyo de seguimiento. El 36% de los jóvenes asistidos son mujeres, y la edad media de las personas que han recibido ayuda del PSYBT es de veintitrés años. Casi el 80% de ellas estaban desempleadas antes de recibir el apoyo del PSYBT, y el 18% abandonó la escuela sin ninguna titulación académica. En la actualidad el PSYBT tiene por objetivo crear 450 empresas al año. Gestiona un fondo de préstamos de casi cinco millones de libras y proporciona ayuda de seguimiento a más de mil empresas.

Premios a Grupos

Los Premios del Milenio a Grupos del Trust del Príncipe es la empresa asociada fundada con una duración de tres años por la Comisión del Milenio. Grupos de tres a doce personas de entre catorce y veinticinco años reciben premios en metálico de entre 3.750 y 15.000 libras por proyectos que beneficien a la comunidad. Existe también un plan internacional correspondiente de Premios a los Jóvenes del Mundo en el que jóvenes de diferentes países trabajan en parejas durante seis meses. Más de 900 jóvenes han participado en ellos. El Trust del Príncipe ha otorgado subvenciones a más de 2.000 jóvenes que participaron en más de 200 proyectos. Es necesario que los proyectos entren en una de las siguientes categorías:

- EDUC8: jóvenes que guían a otros.
- Tiempo de Recreo: uso positivo del tiempo de ocio.
- Dónde está@: nuevas tecnologías para mejorar la vida.
- Eco-Planet: mejorar el medio ambiente local.
- Armonizar: ayudar a otros a formar parte de la comunidad.

Los proyectos incluyen una estación de radio, un centro de ocio, un jardín y una página web comunitaria.

Clubs xl

Éstos constituyen una red dentro de las escuelas que estimula a los estudiantes a desarrollar su potencial ofreciéndoles un programa de guía puntual con metas tangibles. Los clubs se centran en el civismo, la acción comunitaria y la empresa, y están diseñados para aumentar la confianza en uno mismo y preparar a los participantes para la vida laboral. Los clubs intentan mejorar la asistencia, la motivación y las capacidades sociales de los estudiantes "de riesgo" que hayan hecho pellas o presenten un bajo rendimiento en la escuela. Se reúnen tres horas a la semana, parte de ellas en horario escolar, y se ofrece a los estudiantes apoyo para seguir con su educación, incluyendo consejos sobre entrevistas y cómo rellenar instancias. Más de 9.000 jóvenes de entre quince y dieciséis años han participado en estos clubs desde 1999, a los que se añadieron otros 4.800 en 2001-2002. Había 700 clubs en diciembre de 2003 ayudando a 9.000 jóvenes (430 más que en septiembre de 2002) con una meta de más de 1.000 para el año 2005. Los clubs producen hojas de noticias periódicas que pueden ser consultadas en la web.

Otros programas del Trust

Premios para el Desarrollo

* Premios en metálico de entre 50 y 500 libras combinados con consejos y apoyo para permitir el acceso a la educación, el aprendizaje y el trabajo. Además, grupos de jóvenes pueden solicitar subvenciones de hasta más de 10.000 libras para presentar proyectos comunitarios.
* Más de 8.000 jóvenes han recibido estos premios hasta ahora.
* Más del 80% de los jóvenes consiguen trabajo.
* Un 60% obtienen más educación y aprendizaje.

Sonido en Vivo

Se trata de un curso de seis días en residencia que desarrolla los talentos musicales de las personas jóvenes. El curso proporciona la oportunidad de trabajar de cerca con músicos y tutores profesionales y también con otros jóvenes participantes. Se estudia la interpretación de nuevos estilos, la actuación en bandas y la financiación de especialistas en instrumentos. También ayuda a los participantes a desarrollar un objetivo para su carrera a través de planes de acción y cumplimiento de metas. El programa termina con una actuación en la que participan todos los jóvenes. Después del curso los participantes reciben durante seis meses más apoyo de seguimiento para ayudarles a que se mantengan en la cresta de la ola y a conseguir sus objetivos. Desde 1989 más de 4.000 jóvenes desempleados han asistido a este curso. El 13% de los participantes sin empleo consiguen trabajo, el 20% obtienen un trabajo a tiempo completo como miembros de bandas y el 30% acceden a más educación y aprendizaje.

Mentores para los que abandonan la tutela

Éste es un plan para proporcionar mentores personales que ayuden y aconsejen a los jóvenes que acaban de abandonar la tutela en el Reino Unido. Estos jóvenes son los más desaventajados y vulnerables de la sociedad. Es probable que se encuentren sin hogar o desempleados, y la mayoría abandona la escuela sin una titulación oficial. Los mentores ayudan a estos jóvenes a sacar el mayor provecho de sus posibilidades para proseguir con su educación y aprendizaje, y uno de cada diez jóvenes que abandonan tutela utilizan el Trust del Príncipe en la actualidad. Estos chicos pueden asimismo acceder a los cursos y los premios al desarrollo que ya se han mencionado. En 2003 se contrataron 500 mentores nuevos. También existen iniciativas para nuevos cursos piloto de desarro-

El príncipe radical

llo personal para jóvenes que estén aún cumpliendo condena como preparación para cuando salgan en libertad.

- Desde 1989 más de 1.400 jóvenes se han involucrado en una relación con un mentor personal.
- Existen 42 proyectos de asociaciones de mentores en el Reino Unido.
- A través de sus asociaciones el plan ha reunido y entrenado a más de 1.600 mentores.

Estudios y hojas informativas

El Trust publica y pone al día una serie de hojas informativas sobre los desafíos con los que tienen que enfrentarse los jóvenes: crimen, racismo, falta de hogar, desempleo, paternidad, cese de la tutela, discapacidad, educación y aprendizaje, drogas y alcohol. Estos informes esbozan los temas actuales, discuten las políticas y las iniciativas del gobierno y presentan datos cuantitativos. Esta investigación permite al Trust escuchar a los jóvenes y descubrir lo que piensan realmente. Como dice el príncipe, esto ayuda al Trust a estar un paso por delante en el juego y responder con mayor eficacia a las necesidades y preocupaciones de los jóvenes sin necesidad de ser complaciente o sentirse autosatisfecho: «Por muy difícil que sea el desafío, nuestro objetivo debe ser ayudar a aquellos que son más difíciles de alcanzar, ya sean jóvenes infractores, personas con problemas psicológicos o sujetos que carecen de las habilidades más básicas».

La ciudad de los oficios

El Trust del Príncipe está trabajando con *UK Skills* [Oficios del Reino Unido] en una empresa común para enseñar a promocionar los oficios entre los jóvenes. La primera exposición de oficios tuvo lugar en julio de 2000, y fue seguida por otra "Ciudad de los Oficios" en noviembre de 2002, inaugurada por el príncipe de Gales. Atrajo a 80.000 jóvenes, que quisieron examinar –y tal vez probar– más de cien oficios vocacionales en una sede construida a propósito en Salford Quays en Manchester. El príncipe dijo en esta ocasión:

> Muchas de nuestras industrias clave están bajo presión. A lo largo de los próximos cuatro años sólo la industria de la construcción necesitará emplear a 80.000 nuevos trabajadores cada año. Lo que más se necesitará serán obreros, fontaneros, electricistas, carpinteros y ensambladores. Y sin embargo más de dos tercios de los empleados de la industria de la construcción ya tienen dificultades para encontrar y entrenar a personas en estas especialidades.

El príncipe estaba convencido de que «gran parte de esta escasez de oficios está causada por el hecho de que ahora estamos alentando a demasiados jóvenes en el país a aspirar a trabajos de despacho y a carreras orientadas a la dirección de empresas. Al mismo tiempo –continuó– estamos animando a muy pocos a dedicarse a esas carreras vocacionales que se basan en artes y oficios prácticos, ya sean modernos (como la electrónica industrial) o tradicionales (como la cantería)». De ahí la falta de correspondencia entre los oficios y la demanda. Es irónico que según una encuesta citada por el príncipe, el 30% de los licenciados piensan que estan extracualificados para el trabajo que estan haciendo... y que, sin embargo, el gobierno pretende ampliar aún más las ofertas de las universidades».

La Ruta 14-25
Se trata de una nueva iniciativa diseñada para ofrecer un paquete de apoyo hecho a medida para los jóvenes. Ofrece un único punto de acceso que les permita encontrar la educación, el entrenamiento, la ayuda para empresas y el desarrollo per-

sonal apropiados para cada uno. El mayor socio en esta operación es el Royal Bank of Scotland, que invierte 3.700.000 libras durante tres años. Ya ha sido puesta en práctica en Escocia, el noroeste y el nordeste de Inglaterra, y se extenderá a otras áreas del Reino Unido en el año 2004.

Éstos son los principales hitos y logros del Trust del Príncipe, que resultan admirables bajo cualquier punto de vista. El Trust no sólo ha cambiado para mejor las vidas de decenas de miles de jóvenes, sino que también ha contribuido en no poca medida al progreso social y económico general del Reino Unido, como lo ha demostrado James Morton en su libro *Prince Charles, Breaking the Cycle.*

Ya hemos visto cómo el príncipe ha enfocado la reconstrucción de las comunidades con sus proyectos de planificación urbana y construcción de viviendas gestionados desde la Fundación del Príncipe. Ahora procederemos a ver cómo ha seguido un camino similar en relación con los negocios.

7. ACCIÓN RESPONSABLE. EL LIDERAZGO, LOS NEGOCIOS Y LA COMUNIDAD

> *Debemos convertirnos en el cambio que queremos ver en el mundo.*
>
> MAHATMA GHANDI

Hace mucho tiempo que el Trust del Príncipe ha estado apoyado por diversas compañías, de modo que era natural que el príncipe trabajase muy de cerca con empresas que le ayudaran a poner en práctica su pasión por la regeneración de la comunidad y la sostenibilidad del medio ambiente. Este capítulo describe su implicación con varias iniciativas relacionadas con el tema: Negocios en la Comunidad, El Foro Internacional de Líderes Empresariales del Príncipe de Gales y el Programa del Medio Ambiente. Al igual que el Trust del Príncipe y el programa de Regeneración a través del Patrimonio de la Fundación del Príncipe, estos proyectos tienen como objetivo alcanzar metas comunes y crean asociaciones con diferentes compañías, comunidades locales y el gobierno central.

Negocios en la Comunidad

> *En mis viajes por este país me he dado cuenta de que cuando las personas se sienten excluidas de su comunidad e incapaces de contribuir a ella, el entramado mismo de esas comunidades corre un grave peligro. Cuando la trama empieza a desintegrarse todos sufrimos, sea cual sea nuestra posición. En mi opinión, la mejor manera de empezar a enfrentarse con esos problemas es proporcionar ayuda práctica que estimule a la gente a hacer algo para recuperar su confianza en sí misma y sentirse de nuevo parte de su comunidad.*
>
> EL PRÍNCIPE DE GALES

Business in the Community [Negocios en la Comunidad] nació en 1982 ante un panorama de altos niveles de desempleo, industrias tradicionales colapsadas y graves revueltas urbanas. Mucha gente observó que, aunque las grandes compañías estaban empezando a tener un papel relevante y comenzaban a auspiciar eventos culturales y deportivos importantes, las empresas norteamericanas estaban mucho más involucradas en sus comunidades que las inglesas. Sir Alastair Pilkington, que previamente había organizado la pionera *Enterprise Agency* [Agencia de Empresa] en Saint Helens, fue elegido para presidir una nueva organización que promoviera la implicación de las empresas en la comunidad. Sir Alastair se convirtió así en el fundador de BITC, e insistió desde el principio en que ésta debía ser una asociación genuina entre las empresas, el gobierno, las autoridades locales y los gremios.

La implicación del príncipe de Gales con BITC se remonta a 1985, cuando recibió una carta de su director general, Stephen O'Brien. Tras un encuentro inicial, se organizó un evento extraordinario para reunir a un grupo de líderes empresariales con un número de representantes de comunidades industriales, que organizaron la agenda. El resultado del seminario de 24 horas llevó al príncipe a convertirse en presidente de BITC, un cargo que mantuvo hasta 2002. Una evidencia del compromiso del príncipe con su trabajo es que asistió a más de 450 eventos de BITC a lo largo de los doce años siguientes y colaboró activamente con este proyecto escribiendo cartas y celebrando reuniones privadas. Después de una visita del príncipe a la antigua ciudad industrial de Lowell, cerca de Boston, BITC inició un proyecto pionero en Halifax que se convirtió en un ejemplo de buenas prácticas con su plan para regenerar el medio ambiente y la disponibilidad de viviendas, así como para promover la confianza y el empleo. Esto involucraba en el proyecto a arquitectos de la comunidad y a toda la comunidad en su conjunto. Como señala Jonathan Dimbleby, la importancia que dió BITC a las asociaciones, con la colaboración del príncipe, llevó a un cambio fundamental en la actitud del gobierno: las palabras "comunidad" y "asociación" son hoy en día moneda corriente. Otro de los primeros proyectos auspiciados por el príncipe a través de BITC fue la creación de 60 "asociaciones sólidas" en barrios céntricos entre los empresarios y las escuelas locales, que no tardaron en convertirse en "asociaciones entre empresas y educación".

BITC es un movimiento único que cuenta con 700 compañías miembros (incluyendo tres cuartas partes de las cien FTSE), que se han comprometido a mejorar continuamente su impacto positivo en la sociedad. BITC es una organización liderada por empresas que cuenta con 189 compañías en equipos de liderazgo que desarrollan prácticas de negocios responsables. Es la organización nacional de su clase más grande del Reino Unido, con capacidad para transformar las políticas de las compañías en sus actuaciones locales y para conectar a sus miembros de diversas partes del mundo mediante una red de socios internacionales. BITC es una plataforma para el diálogo que desarrolla y comparte la práctica idónea y la acción de colaboración. Las compañías miembro de BITC emplean a más de 15.700.000 personas en más de 200 países en todo el mundo. En el Reino Unido sus miembros emplean a más de una de cada cinco personas en el sector privado, lo que los convierte en una voz poderosa cuando se trata de hablar de empresas responsables.

BITC opera teniendo en cuenta cinco principios que forman el núcleo de su estrategia y el compromiso concomitante con la acción que implica pertenecer a ella.

- Integridad.
- Inspiración.
- Integración.
- Innovación.
- Impacto.

En un artículo escrito para el *Financial Times* en 1997, el príncipe escribió que su experiencia con BITC le había enseñado tres principios para integrar los negocios a la comunidad: «El primero es la asociación. El poder de la asociación quedó demostrado por primera vez cuando, en 1985, el ejemplo de Halifax, West Yorkshire, les enseñó a los empresarios que cooperando con las autoridades locales podían volver a ofrecer oportunidades de empleo a una ciudad industrial en declive. Esa experiencia de persuadir a las empresas de que se impliquen en asociaciones sostenibles y a largo plazo sigue estando en el corazón del trabajo de BITC [...]. El segundo principio –continuó el príncipe– es la importancia de alentar a los empresarios para que comprueben por sí mismos los problemas, oportunidades y ejemplos de la práctica idónea sobre el terreno. Más de 800 (ahora más de 2.500) empresarios han tomado parte en mis giras "Ver para creer" en los últimos siete años. Los resultados prácticos han sido alentadores». «Ver para creer» es una parte fundamental de la política de BITC, y tuvo su origen en un plan propuesto por su junta para visitar Hackney y Tower Hamlets en 1990. El príncipe estaba convencido de que la experiencia práctica directa de los problemas de los barrios céntricos tendría un efecto galvanizador sobre los empresarios dedicados a buscar soluciones prácticas. En el prólogo de un libro publicado en 1997 el príncipe escribió que «la experiencia de"Ver para creer" cambia claramente el modo como los empresarios piensan y sienten acerca de toda una gama de asuntos comunitarios. Muchos confiesan haber ignorado por completo el alcance de los problemas sociales y económicos que afectan a grupos y comunidades en todo el Reino Unido, algunos de los cuales los tienen muy cerca». Después de una visita al nordeste de Londres, Tom Symes, de Nabarro Nathanson, «salió pensando que es una verdadera lástima tener una comunidad situada tan cerca de la ciudad de Londres, pero tan lejos de la prosperidad y las oportunidades de creación de empleo que existen en la ciudad».

Los grupos han visitado escuelas, urbanizaciones y proyectos comunitarios. Han sido invitados a informar directamente al príncipe acerca de sus impresiones y sus planes de acción. Los "resultados alentadores" adoptan muchas formas, por ejemplo la de proporcionar aprendizaje y trabajo a las zonas menos privilegiadas del país. Cincuenta de estos resultados pueden ser examinados en la página web de BITC, y en su artículo el príncipe cita ejemplos específicos:

> Bajo los auspicios de KPMG, la firma de contabilidad, 320 (ahora más de 4.000) empresarios han sido emparejados con profesores de todo el país en un "proyecto de tutoría" (*Partnership in Leadership*) [Asociación en el Liderazgo]. Se han formado asociaciones de regeneración en Great Yarmouth, Norfolk, después de una visita encabezada por Allen

Bridgewater, director general de Norwich Union, y en Thaner, después de una visita liderada por sir Martin Laing, presidente de John Laing, la empresa de construcción.

Roots and Wings [Raíces y Alas] es una iniciativa de tutoría para los jóvenes pertenecientes a grupos de riesgo que se creó después de una visita de Rudi Bogni del grupo bancario UBS a la Escuela de Depford Green, en el sudeste de Londres. Más de 2.500 voluntarios se han integrado ahora al programa.

En 1997, unas 45 comunidades en el Reino Unido fueron identificadas por BITC como lugares en los que las empresas necesitaban estar más involucradas en la regeneración de la comunidad, y éstas forman ahora las bases de las visitas «Ver para creer». El príncipe ha extendido «Ver para creer» a los problemas a los que se enfrentan las comunidades rurales, como hemos visto en el capítulo 2.

«El tercer principio –escribió el príncipe– es el valor impagable de ese héroe o heroína que constituye el empresario comunitario. Esas comunidades que, contra todos los pronósticos, han conseguido revertir la espiral de declive lo han hecho, según mi experiencia, gracias a personajes locales como Paddy Doherty de Londonderry, quien, en 1981, empezó a revitalizar el centro de la ciudad, destruido por los bombardeos. Los resultados son espectaculares.» El príncipe explicó que, «por muy inspirador que resulte el individuo, nuestra experiencia en BITC nos demuestra que detrás de cada empresario comunitario en ciernes casi siempre hace falta un entramado de apoyo financiero». Algunos líderes financieros de más edad como sir Bill Castell, de Amersha; Neville Simms, de Tarmac, y sir Neil Shaw, de Tate & Lyle, han trabajado activamente con empresarios comunitarios.

En 1986 el príncipe fue nombrado presidente de los Premios para las Empresas Comunitarias. En un discurso durante la presentación de los premios de 1985 dijo que «existen admirables grupos de personas en todo el país que trabajan de forma incansable y que están firmemente decididas a producir un auténtico cambio en sus comunidades. El objetivo de estos premios es reconocer a esos héroes y heroínas a los que nadie aplaude». Los ganadores de estos premios son los seguidores de aquellos que han sido los arquitectos de la regeneración llevada a cabo por la comunidad: Paddy Doherty, del Derry Inner City Trust; Tony McGann, de los Eldonians, y David Robinson, de Community Links. Como dijo Paddy Doherty: «Para tener éxito, el desarrollo de una comunidad requiere liderazgo, un liderazgo que nutra y que entusiasme». Además de reconocer y celebrar a los empresarios en la comunidad, el príncipe desarrolló el Fondo de Inversiones Locales para financiar empresas comunitarias viables. Más de 1.200.000 libras en préstamos han sido concedidos desde que se inició el fondo en 1992, y en la actualidad se está creando un fondo de inversión regional en Merseyside, con nuevos proyectos similares en vista en el Sudoeste, Yorkshire y Gales.

En 1992 el príncipe visitó Second Harvest, un programa de banco de alimentos en Canadá. Como resultado de esta experiencia alentó la creación de *Provision*, un instituto de distribución de alimentos, para que organizara una red nacional con el objeto de identificar provisiones de comida o de otros artículos y hacerlos disponibles para organizaciones benéficas que proporcionaran alimento a los desahuciados y a los indigentes. Esto llevó en 1996 a Gifts in Kind [Regalos en Especie], que fue organizado por BITC y el Trust del Príncipe para entregar artículos de excedentes a proyectos comunitarios. Artículos por valor de más de tres millones de libras, incluyendo ordenadores, juguetes, sanitarios y ropa, han sido entregados a organizaciones benéficas. Gifts in Kind es correspondido con regalos de tiempo, como explica el príncipe: «Las compañías que trabajan seriamente en su gestión de desarrollo utilizan encargos para la comunidad para ampliar las capacidades de sus jóvenes gerentes. Marks & Spencer, por ejemplo, coloca a 300 empleados al año en tareas de 10 horas y seguimiento a tiempo completo».

Como dijo el príncipe en 1997, «evidentemente aún queda mucho por hacer. Espero que BITC siga intentando elevar la calidad de las inversiones en las comunidades industriales. Debemos estimular a las compañías para que se involucren en las comunidades menos privilegiadas y en los temas más difíciles, y espero que el trabajo de BITC –cambiar las actitudes predominantes de las empresas e influir en cómo éstas reclutan, entrenan, venden, compran e invierten– prosiga».

En los últimos veinte años ha habido un cambio en las actitudes corporativas, que ahora se dirigen a temas más amplios y al desarrollo del concepto de responsabilidad social corporativa. BITC ha estado en la vanguardia de este desarrollo, que ha llevado a niveles de expectativa más altos en términos de transparencia y cuentas rendidas. Como observó sir Peter Davis en el informe de 2001 de BITC, el activismo de los consumidores, las manifestaciones, los temas medioambientales y el movimiento antiglobalización se han combinado para hacer que las empresas consideren con extrema atención sus responsabilidades. Esto significa que el éxito de las organizaciones ya no se evalúa sólo teniendo en cuenta los resultados económicos. Y con la aparición de nuevos índices –por ejemplo, el índice FTSE4Good de ética– están emergiendo nuevos tipos de metas y medidas. El trabajo pionero de BITC ha señalado el camino en esta dirección y su influencia continuará extendiéndose sin duda.

El Foro Internacional de Líderes Empresariales del Príncipe de Gales

> *Hace doce años, cuando fundé el Foro Internacional de Líderes Empresariales, había muchos escépticos que pensaban que nuestro trabajo jamás sería tomado en serio como parte del comportamiento que se esperaba de los líderes de empresa. Esto era la simple, aunque algo controvertida idea, de que, a menos que las empresas operaran de un modo responsable de cara a las oportunidades que les proporcionaba el nuevo mercado económico y se comprometieran en sociedades que fomentaran el desarrollo sostenible, esas empresas no lograrían obtener apoyo ni aceptación.*
>
> EL PRÍNCIPE DE GALES

Basándose en los principios y en su propia experiencia con BITC con respecto a las asociaciones entre empresa y comunidad en el Reino Unido a finales de la década de 1980, el príncipe inauguró el Foro Internacional de Líderes de Empresa en 1990. Éste fue el período que inmediatamente siguió al colapso del comunismo en Europa, lo que precipitó una nueva ampliación de economías de mercado. En relación con el medio ambiente los primeros años de la década de 1990 vieron una creciente conciencia medioambiental que se reflejó en la primera Cumbre de la Tierra en 1992, que a su vez empezó a centrar el debate en la naturaleza y las consecuencias del proceso de globalización. El Foro hace las veces de eje central para que las empresas de todo el mundo trabajen juntas en la promoción global y la implementación práctica de «prácticas de empresa socialmente responsables que beneficien a las organizaciones y a la sociedad, y que ayuden a alcanzar un desarrollo sostenible social, económico y medioambiental en las economías emergentes y de transición».

El príncipe de Gales creó el Foro en febrero de 1990 en un encuentro de dos días en Charleston (Carolina del Sur, Estados Unidos) con más de cien ejecutivos senior de los Estados Unidos, Europa, Japón y Australia. Desde entonces el príncipe ha presidido más de cuarenta reuniones en treinta países, a menudo durante visitas oficiales al extranjero. Además ha presidido visitas de proyectos y ha ayudado a reunir a la gente para que planificara acciones prácticas de cara al desarrollo sostenible de sus comunidades. Desde una base inicial de apoyo angloamericano afirmada en este primer encuentro, el Foro se convirtió en una organización multinacional independiente (registrada como obra benéfica educacional) respaldada por algunos de los líderes empresariales más relevantes de Europa, Norteamérica, Asia y el Oriente Próximo.

Al final de su primer año de operaciones, el Foro tenía cinco empleados, cinco compañías miembros, un pequeño despacho en un ático en la ciudad de Londres y una actividad económica de menos de 250.000 libras al año. Trece años después emplea a un equipo de cuarenta personas que trabajan en Londres y a unos veinte asociados más en otras partes del mundo. Tiene más de setenta compañías miembros internacionales y asociados corporativos, ocupa un despacho con sala de conferencias en Regent's Park, en Londres, y ha alcanzado un ritmo de actividad económica de unos tres millones de libras anuales.

El Foro trabaja ahora en más de cincuenta países. Tiene un particular interés en las economías emergentes y de transición en Europa central y del Este y en Rusia, en Oriente Próximo, Sudáfrica, Asia, América Latina y el Caribe. Las compañías internacionales que forman parte del Foro –de Europa, América y Asia– son: Diageo, SmithKline Beecham, Coca-Cola, Levi's, Price Waterhouse Cooper's, KPMG, Norsk Hydro, Río Tinto, BP-Amoco, BG, ABB, 3M y Shell. Entre las empresas asiáticas cabe mencionar: Mitsubishi,

Toyota y Honda del Japón. Ejecutivos en jefe, directores y directores ejecutivos de cincuenta de las más importantes compañías internacionales forman la junta y consejo del Foro y se ocupan de la gestión y recaudación de fondos.

Una de las primeras iniciativas del Foro fue un encuentro en Hungría para calibrar la relevancia de la responsabilidad social de las empresas en Europa del Este cuando ésta emergía de la privación de libertades que significó el régimen comunista durante cincuenta años. Enseguida se hizo evidente que las asociaciones entre sectores no serían suficientes, y que había una gran necesidad de aumentar la experiencia en el trabajo de las gentes. De esta necesidad surgió el proyecto Aprender de la Experiencia, en el que tomaron parte unas noventa personas procedentes de Europa central y Europa del Este. Más tarde esto llevó a un programa específico para Hungría, Polonia, la República Checa y Eslovaquia, donde se subvencionaron 22 proyectos en los que intervinieron 30 graduados del proyecto original. Algunos de esos proyectos son: la Fundación de la Asociación Medioambiental Polaca, el Programa de Líderes Empresariales Checos y el Grupo de Acción en pro del Aire Limpio Levego.

Desde el principio el Foro ha perseguido tres objetivos:

- Enfatizar el hecho de que en la nueva situación mundial las empresas tienen un *papel positivo que cumplir en los desafíos que presenta el desarrollo* llevando a cabo prácticas empresariales responsables e interactuando con la sociedad.

- Auspiciar *asociaciones entre los diferentes sectores y acciones colectivas* en la red de la sociedad, donde es esencial combinar capacidades y recursos comerciales con el apoyo a la comunidad y la transparencia pública.

- Demostrar que la exclusión económica sólo puede paliarse con la creación de "entornos favorables" en los que los gobiernos, las instituciones internacionales y los medios de comunicación desempeñen su papel.

Tal como se han desarrollado las actividades del Foro, éste ha llevado a cabo y mantenido sus pautas:

- Defensa de la responsabilidad social empresarial y de la asociación.
- Correduría de asociados.
- Incremento de las capacidades de los directores de entrenamiento y de los asociados para el liderazgo y la acción.
- Diseminación de ideas y buenas prácticas.

El Foro actúa como catalizador de proyectos elegidos para demostrar buenas prácticas empresariales, y trabaja de cerca con instituciones internacionales como el Banco Mundial, el Programa de Desarrollo de las Naciones Unidas, el Alto Comisionado de las Naciones Unidas para los Derechos Humanos, la Organización Mundial de la Salud, el Programa Mundial de la Salud, la Agencia UNAIDS y la Organización Internacional del Trabajo. Muchas de estas iniciativas conjuntas se dirigen al mejoramiento de las capacidades y las instituciones. El Foro ha editado publicaciones en el *Financial Times* y junto con Time/Fortune. Más de 11.000 líderes empresariales de todo el mundo han estado involucrados en las actividades del Foro, en gran parte a través de sus iniciativas en las sociedades de correduría –particularmente aquéllas entre el sector privado, el sector público y las organizaciones no-gubernamentales de la "sociedad civil"– para enfrentarse a los desafíos del desarrollo en los nuevos mercados emergentes.

El Foro ha evolucionado tan rápidamente como los temas que trata. A mediados de la década de 1990, por ejemplo, su concentración en asuntos de ética de negocios, desarrollo social y derechos humanos fue considerada bastante radical y mal enfocada. Sólo seis años más tarde estos mismos temas podían ser discutidos cómodamente en la mayoría de las juntas directivas. El Foro adopta el punto de vista de que la empresa responsable debe cuidar sus prácticas y sus niveles de calidad, y no solamente dedicarse a la filantropía y a la inversión en la comunidad. Representa un compromiso estratégico en toda decisión y operación financiera, y también en cada uno de los aspectos de la gestión empresarial: habilidades y capacidad logística y personal, además de dinero. Hoy en día el marco es el de "triple renglón final", que incluye metas sociales y ecológicas además de económicas.

El Foro dirige varios programas en diversas áreas:

- Modelos empresariales y dirección corporativa.
- Desarrollo de la educación y de los recursos humanos.
- Derechos humanos, modelos de trabajo y prevención de conflictos.
- Desarrollo económico y de empresas.
- Mejoramiento de la salud y niveles de calidad del lugar de trabajo y del medio ambiente.

En cada área de proyecto el foco se centra en tres factores clave: liderazgo en prácticas empresariales responsables, innovación en la asociación entre diferentes sectores y mejoramiento de las capacidades y las instituciones.

El Foro es uno de los socios del World Bank en los Programas de Aprendizaje a través de la Acción de Socios en el Desarrollo, que se centra en compartir las mejores prácticas y métodos de asociación en la conservación de los recursos naturales, el agua y los recursos sanitarios, las iniciativas de cara a la juventud y la seguridad en carretera. Trabaja junto con el Colegio de Personal de las Naciones Unidas en el programa *Socios en Acción* para reunir a miembros del personal de las

Naciones Unidas y empresas de todo el mundo. Una iniciativa relacionada es la cooperación del Foro con el despacho del secretario general de las Naciones Unidas para promover un "conglomerado global" que estimule nuevos vínculos y la cooperación entre las agencias internacionales, el sector privado y los grupos de ciudadanos.

La *International Hotels Environment Initiative* [Iniciativa en pro del Medio Ambiente de los Hoteles Internacionales] (IHEI ha sido gestionada dentro del Foro de Líderes Empresariales del Príncipe de Gales desde 1992. Las cadenas de hoteles internacionales, con dos millones de habitaciones, han estado involucradas en programas para implementar modelos medioambientales más altos en la industria a nivel global. El príncipe se ha tomado un vivo interés en el programa, que él mismo inició en Londres en mayo de 1993. Allí argumentó que «la mejora de los comportamientos medioambientales puede ir de la mano de una mejora del comportamiento económico, ya que los turistas escogen la opción "verde" cuando hacen sus reservas, y la sostenibilidad puede ahorrarle dinero a largo plazo a una empresa, ya que trabaja a favor y no en contra de la comunidad en la que se encuentra y el medio ambiente». Añadió que «la situación, el diseño y la construcción de hoteles medioambiental, social y estéticamente responsables son, en mi opinión, las bases a partir de las cuales la industria debería desarrollarse de una manera más sostenible». Esta iniciativa fue seguida en 1995 por el proyecto Hotelero Verde y por un paquete de medidas medioambientales para hoteles, y en el año 2000 por el programa de objetivos medioambientales para hoteles. En 2001 IHEI creó una herramienta para la marcación de objetivos a través de la red (www.benchmarkhotel.com) que permite a los hoteleros medir el consumo de energía, compararlo con el de sus competidores e identificar dónde pueden reducirse los costes y los impactos para el medio ambiente.

La *Iniciativa Youth Business International* (YBI, del inglés Youth Business International) [Iniciativa Internacional para las Empresas para jóvenes] es una red internacional de asociaciones dirigidas por el Foro en cooperación con el Trust del Príncipe. Su propósito es permitir a la comunidad empresarial ayudar a jóvenes a trabajar de forma autónoma proporcionándoles tutoría y acceso a subvenciones. El *Resource Centre or the Social Dimensions of Business Practice* [Centro de Recursos para las Dimensiones Sociales] está gestionado por un consorcio encabezado por el Foro y subvencionado por el Departamento del Gobierno para el Desarrollo Internacional. Ha sido creado para desarrollar las capacidades, los acercamientos y los recursos para aconsejar a las empresas, al sector público y a la sociedad civil sobre la eliminación de la pobreza.

En respuesta a la preocupación sobre la creciente "división digital", el Foro ha instaurado *Digital Partnership* como una sociedad internacional con clientes, proveedores, educadores y líderes de la comunidad que empleen tecnología internacional, para salvar las grandes diferencias entre los distintos niveles de capacidad en tecnologías de información y comunicaciones (TIC) que existen en la actualidad en muchos países en vías de desarrollo. Una iniciativa piloto se inició en Sudáfrica en enero de 2002 con ayuda del Banco Mundial y otras compañías multinacionales. El país tiene una escasez de expertos en TIC de unas 200.000 personas, de modo que el programa se ocupará de entrenar a 200 facilitadores de másters que a su vez entrenarán a otros 10.000 facilitadores.

Una de las particulares contribuciones del príncipe ha sido en lo referente a la concepción de programas internacionales INSIGHT que animen a líderes empresariales y de otros campos a empresas que son ejemplos de buenas prácticas. Estas visitas están en parte modeladas por «Ver para creer» que, según hemos visto, se han utilizado tan eficazmente en BITC.

No obstante, este programa es más extensivo, puesto que también implica experiencia e intercambios culturales, además de un papel fundamental en la creación de sociedades dentro de los diferentes países y entre ellos.

En el año 2000 el Foro de Líderes Empresariales del Príncipe de Gales celebró su décimo aniversario con una serie de eventos, y nuevas campañas para que los ejecutivos y los medios de comunicación de todo el mundo se comprometan a dar a conocer los modos de pensar responsables dentro del mundo de la empresa y a incorporar el "triple renglón final" de transparencia económica, social y medioambiental en todos los aspectos de la estrategia y las operaciones corporativas.

En su mensaje para la Revisión Anual 2001 del Foro, el príncipe dijo que aún quedaba mucho trabajo por hacer. Veía «escasa evidencia de que la globalización de las oportunidades de empresa sea igualada por una globalización equivalente de responsabilidad empresarial», y añadió: «Tampoco veo demasiadas pruebas de que los premios y los incentivos en la dirección de empresas se centren ni siquiera de lejos en las contribuciones de las compañías a la prosperidad a largo plazo en vez de en los beneficios a corto plazo. Éstos son temas críticos que es necesario tratar». Mirando hacia el futuro el príncipe dijo:

> Espero que revisando las buenas prácticas, visitando empresas que son buenos ejemplos de organizaciones saneadas actualmente en acción en el mundo, compartiendo la experiencia empresarial, comprometiéndonos a un continuo mejoramiento en las prácticas de las empresas y trabajando en iniciativas para aumentar los proyectos experimentales, todos aquéllos a quienes nos preocupa la prosperidad a largo plazo de nuestras comunidades podamos ejercer un mayor impacto en los modos de pensar y de actuar de los ejecutivos y líderes de empresa del futuro.

Los negocios y el medio ambiente

En 1993, tres años después de establecer el Foro Internacional de Líderes Empresariales y habiendo reconocido el
papel crucial que tienen las empresas a la hora de favorecer
el desarrollo sostenible, el príncipe de Gales procuró establecer un foro para ejecutivos *senior* en el que éstos pudieran
encontrar guía e inspiración para hacer su propia transición a la
sostenibilidad corporativa. El *Business and the Environment
Programme* (BEP) [Programa para los Negocios y el Medio
Ambiente], que desarrolla y dirige el Programa para la Industria de la Universidad de Cambridge, se creó en el Reino Unido en 1994. Más tarde se expandió a la Europa continental en
1997, a los Estados Unidos en 2001 y a Sudáfrica en 2003.

Este programa ha reunido a una gama excepcional de líderes de todo el mundo –empresarios, académicos, políticos–,
de ONG, del servicio público e institucionales. BEP ha generado una red tupida y continua de más de 650 participantes de
350 organizaciones en más de 20 países, con el potencial y la
energía para influenciar el debate a niveles corporativos, públicos y políticos. El programa, que reúne a personajes clave
en el debate por la sostenibilidad proporciona:

- Un foro internacional de líderes empresariales, funciona-
  rios y representantes de ONG para que encaren el desafío
  que el desarrollo sostenible representa para el mundo de
  los negocios.
- Una red de individuos semejantes que se enfrentan a desafíos similares y que comprenden no sólo las implicaciones
  económicas y medioambientales de desarrollo sostenible
  sino también las complejidades de una agenda social más
  amplia.
- Consejos prácticos por parte de líderes empresariales y
  expertos en la sostenibilidad que poseen la experiencia

necesaria, además de experiencia en la dirección, para ayudar a los participantes a encontrar metas para sus propias organizaciones compitiendo con líderes de industrias en su mismo ramo además de en otras.

Cada año se seleccionan 45 delegados para que se unan al Programa del Reino Unido en Madingley Hall, en Cambridge, a los programas europeos en Schloss Leopoldskron en Salzburgo y al programa norteamericano en una ciudad elegida en los Estados Unidos. A medida que el programa se expande, se proyectan nuevas "puertas" para América Latina, África y Asia. En la elección de los participantes se tiene en cuenta su autoridad de liderazgo en sus propias organizaciones para implementar cambios estratégicos. Ingresan en el programa a través de un seminario con residencia de cuatro días sobre el tema: «Sostenibilidad y beneficios: ¿Conflicto o convergencia?». Los seminarios los imparte una plantilla fija, dirigida por un ejecutivo *senior,* y cuentan con varios distinguidos académicos y especialistas en medio ambiente. Los ponentes son líderes empresariales, políticos, académicos, etc. de renombre internacional. El objetivo del seminario es proporcionar a los participantes una profunda e intensa experiencia dentro de un entorno constructivo que ayudará a modelar sus actitudes, sus valores y sus aspiraciones con respecto al desarrollo sostenible. El seminario hace las veces de introducción al resto del programa. Informes de los encuentros regulares se publican en la web al mismo tiempo que ejemplos de casos de estudio concretos y diversos tipos de material educativo.

Durante una conferencia en 2001 el príncipe citó dos ejemplos específicos del efecto que había generado el programa: «Un vicepresidente de una fábrica de automóviles multinacional dijo que como resultado de estos seminarios se ha sentido mucho más seguro de sí mismo al presentar asuntos referentes al desarrollo sostenible delante de la junta directiva de su empresa. Pudo hablar con convicción y descubrió que de hecho le escuchaban con atención. Como resultado, logró que su compañía tomara medidas importantes para paliar el recalentamiento de la tierra y también que estuviera más abierta al diálogo con las ONG». Otro director ejecutivo inglés de una compañía multinacional de gas y petróleo informó de que «el programa le había impactado y había generado en él un sentido de compromiso para imbuir la idea del desarrollo sostenible y de una transparencia externa cada vez mayor en la base de la estrategia económica a largo plazo de su empresa. Esto llevó a su organización a dar comienzo a un proceso abierto y transparente para decidir qué hacer con la acumulación de detritus debajo de las plataformas petrolíferas situadas en el mar».

El BEP refuerza así el trabajo del Foro de Líderes Empresariales con respecto a la responsabilidad del mundo empresarial con el medio ambiente, con su red de seguidores que constituyen un poderoso grupo de conexiones y apoyo mutuo. No obstante, los aspectos sociales y medioambientales y el papel del mundo empresarial en modelar el futuro, tema que tocaremos a continuación, figuran en el debate sobre la globalización. El siguiente apartado nos lleva, completando el círculo, a los asuntos tratados en el primer capítulo, donde hablamos de las perspectivas globales con respecto al medio ambiente.

La globalización y la responsabilidad corporativa

Sin una revolución global en la esfera de la conciencia humana, nada cambiará para mejor en nuestra condición de humanos, y la catástrofe a la que nuestro mundo se dirige será inevitable. Aún somos incapaces de comprender que la única férula genuina de nuestras acciones –si es que és-

> *tas son morales– es la responsabilidad: responsabilidad para con algo más alto que mi familia, mi país, mi empresa, mi éxito; responsabilidad para con el orden de ser en el que todas nuestras acciones quedan registradas de modo indeleble y donde –y sólo allí– serán juzgadas.*
>
> VACLAV HAVEL, discurso ante el Congreso
> de Estados Unidos en 1990.

Si nos preguntamos si nuestras actitudes colectivas cambiarán a tiempo para evitar un desastre ecológico, el príncipe es pesimista en cuanto a la respuesta, mientras que al mismo tiempo trabaja infatigablemente para asegurarse de que perviva un escenario más optimista. En una cena para BEP en marzo de 2001, y después del discurso «Gente sana, planeta sano» del doctor Gro Harlem Brundtland, dijo que, en su capacidad de disidente en la sociedad, quería decir algo que resultaría extremadamente provocativo e impopular:

> Hace mucho tiempo que me he suscrito a la catastrófica teoría de que la humanidad sólo se entera de lo que le está haciendo al medio ambiente cuando debe enfrentarse a una tragedia global. Por ejemplo, sólo tienen que considerar la manera en la que hemos estado abusando de nuestras reservas de peces. Las reservas de bacalao de la costa de Terranova se han malogrado gracias a una intensa sobrepesca, y aún no se han recuperado después de ocho años. Y sin embargo, todavía ahora estamos haciendo lo mismo con las reservas de pesca de Sudáfrica, del mar del Norte y de otras zonas del mundo, como si lo que ocurrió en Terranova no fuera con nosotros.
>
> De modo que me temo que no me queda más remedio que creer que veremos nuevas catástrofes, y sólo entonces la gente se dará cuenta de lo que ha estado haciendo para alterar el equilibrio crítico ecológico y social del que todos dependemos.

Y continuó:

> En éste, como en tantos otros temas, necesitamos sabiduría para comprender la importancia del equilibrio. Si se va más allá del punto en el que las cosas siguen guardando equilibrio, se creará inevitablemente una reacción igual y opuesta. Es una verdad desagradable, pero no deja de ser una verdad. En mi opinión, existe un riesgo desesperado de que las fuerzas de la globalización están ya peligrosamente desequilibradas, y os apuesto lo que sea que dentro de veinte años se verá que tengo razón.

En este discurso a líderes empresariales, el príncipe deja sentado que la empresa sostenible implica sociedades sostenibles, y no les da respiro:

> Por supuesto, no deberíamos sobreestimar la capacidad de hacer cambios de incluso las más grandes y poderosas compañías. Pero tampoco deberíamos *subestimar* lo que pueden hacer cuando se lo proponen. Estoy empezando a hartarme de escuchar a las empresas decir lo que *no* pueden hacer. Los riesgos, en lo que a mí respecta, son lo bastante serios como para que lo intenten con más empeño. ¡Porque si no construimos sociedades sostenibles no tendremos empresas sostenibles!

Así, el príncipe sugiere que las asociaciones –un acercamiento probado con éxito en otras muchas de sus actividades– son el camino que hay que seguir:

> A medida que las compañías multinacionales experimenten la exigencia, nacida del consumo, de fijar niveles de calidad más altos para todas sus operaciones, creo que descubrirán que trabajar en asociación con sus colaboradores tiene mucho que ofrecer, entre otras cosas la no poco importante necesidad de establecer modelos y verificar el rendimiento.

Construir y mantener esas asociaciones requiere un alto grado de flexibilidad, apertura y voluntad de hacerse responsable. Como señaló el doctor Brundtland, «las mejores asociaciones a menudo son aquellas forjadas entre entidades heterodoxas», y yo oigo hablar cada vez más de empresas con visión de futuro y ONG que trabajan juntas con éxito para enfrentarse a problemas comunes.

El príncipe no aduce que formar esas asociaciones sea fácil u obtenga necesariamente el beneplácito de los accionistas a los que les preocupan los beneficios a corto plazo:

> Hacer que esas asociaciones funcionen requiere un cierto grado de humildad, una dosis de apertura mental y, para volver a donde empecé, la sabiduría de ver más allá del corto plazo. Éstas son las clases de cualidades que intentamos fomentar en los seminarios dirigidos por mi Programa de Negocios y Medio Ambiente, además de una adecuada comprensión del significado de la sostenibilidad.

Un vez más el príncipe insiste en que la sabiduría es una cualidad crucial en los negocios como en otros terrenos, especialmente si va a haber una ruptura con la mentalidad de "los negocios, como siempre":

> Ser sabio fue una vez la cualidad personal definitiva y esencial para cualquiera que fuese responsable de una gran empresa, ya fuera ésta política, académica, militar o comercial. Hiciera alguien lo que hiciera, si sus decisiones afectaban a las vidas de otros, ser listos y buenos en su trabajo eran calificaciones importantes, pero no suficientes. La sabiduría sería también una parte no negociable de la descripción del trabajo. Pero me temo que últimamente la sabiduría se ha convertido en una cualidad bastante infravalorada.

Así que, pregunta el príncipe, ¿cómo debería comportarse una empresa sabia?

> Una empresa sabia será ciertamente inteligente y capaz. Pero también tendrá una visión más amplia y holística de lo que de verdad implica crear riqueza y valores a largo plazo. Haciéndolo, será más probable que cumpla con las expectativas en alza de un público cada vez más afluente, seguro de sí mismo y mejor educado.

Esto puede implicar adoptar una postura impopular:

> Incluso las medidas de las que podría pensarse que son totalmente positivas, como desarrollar células de combustible para los automóviles, construir granjas eólicas en el mar, buscar alternativas al uso de la turba en los jardines, desarrollar refrigerantes de hidrocarbono o incluso insistir en la práctica de la atención al medio ambiente por parte de los proveedores, pueden provocar una reacción negativa por parte los que piensan "los negocios, como siempre". Lo sé, porque he visto mucho de eso a lo largo de los años. Pero las empresas sabias reconocen que decidirse por lo que es correcto y fijar sus propios niveles de calidad es la única manera de acercarse a la sostenibilidad en un mundo obsesionado con el corto plazo.

Una de las principales ventajas, continuó el príncipe, es la creación y el mantenimiento de la confianza, además del concomitante impulso en dirección a un futuro más ético y sostenible:

> Uno de los beneficios clave del hecho de ponerse de parte de estos temas es que las compañías que lo hacen pueden construir y proteger un bien vital a largo plazo: la confianza. Todos sabemos en quiénes confiamos y en quiénes no, y eso puede aplicarse tanto a los individuos como a las empresas.

Pero hoy en día parece haber mucho escepticismo en cuanto a los motivos de las compañías o las instituciones.

El príncipe considera que las empresas están en la primera línea del progreso en dirección a la sostenibilidad, pero no subestima los problemas de las pequeñas compañías en cuanto a un acercamiento valiente en este aspecto. Un ejemplo de una iniciativa clarividente apoyada por BP es el Foro Internacional de los Futuros, que se ha estado reuniendo en Escocia para considerar maneras en las que podamos prever y potenciar un futuro sostenible.

El príncipe vuelve al final de su discurso a la naturaleza de la globalización, un tema que ha sido objeto de extensas discusiones dentro del Foro de Líderes Empresariales. El príncipe expresa sus reservas acerca del proceso:

> Sencillamente no me creo las afirmaciones de aquellos que nos dicen que las fuerzas que éste [el proceso de globalización] desate pueden ser frenadas dentro de un marco de regulaciones apropiadas. La globalización implica enormes problemas para los países en vías de desarrollo –y de hecho, para los países desarrollados–, sean cuales sean las oportunidades comerciales, y, en muchos casos, la falta de atención a la sostenibilidad amenazará la estabilidad y las perspectivas a largo plazo de las comunidades y países frágiles. A menos que podamos encontrar modos de alcanzar una aceptación mucho mayor del hecho de que el comportamiento corporativo responsable incluye la necesidad de afrontar estos temas de manera comprensiva, en asociación con gobiernos y la sociedad civil, me temo que el concepto entero de globalización puede resultar en última instancia tan profundamente defectuoso como para ser insostenible.

La preocupación del príncipe es que las empresas puedan separarse de las comunidades a las que sirven. Deja claro a través de su trabajo con el Foro de Líderes Empresariales que él «no se opone al concepto de la empresa global», pero le inquietan las carencias de la respuesta empresarial a la responsabilidad social y medioambiental. El debate acerca de la globalización se ha polarizado en los últimos dos años con el enfoque (sobre todo de arriba abajo) del Foro Económico Mundial, por un lado, y el enfoque (de abajo arriba, desde la raíz) del Foro Social Mundial, por el otro. Los críticos de la globalización corporativa sencillamente no se creen que la agenda actual de "los negocios, como siempre" sea sostenible, conduciendo como lo hace a desigualdades cada vez mayores dentro y entre los distintos países, y a una búsqueda de los entornos menos regulados en los cuales hacer negocios.

En todo caso, el modo de enfocar la cuestión del Foro de Líderes Empresariales implica enfrentarse a la reacción antiglobalización, «trabajando en asociación con organizaciones del sector público y la sociedad civil para desarrollar políticas prácticas con las que encarar los fracasos sociales, medioambientales y económicos del proceso de globalización». Esta acción ayudará a crear «un entorno favorable, proporcionando las condiciones para que estas asociaciones y prácticas florezcan». De modo que ésta no es una política de "los negocios, como siempre", pero aún queda por ver si estos ajustes pueden hacer que el sistema económico existente sea viable a largo plazo.

8. CONCLUSIONES: RAÍCES INTEMPORALES Y ACCIÓN RADICAL

Los principios del príncipe

> *A medida que me he ido haciendo mayor he ido constatando que toda mi vida hasta ahora ha estado motivada por un deseo de curar... Curar el paisaje desmembrado y el suelo envenenado; el paisaje urbano cruelmente destrozado, en el que la armonía ha sido remplazada por la cacofonía; curar las divisiones entre el pensamiento intuitivo y el pensamiento racional; entre la mente, el cuerpo y el alma, de modo que el templo de nuestra humanidad pueda volver a ser iluminado por una llama sagrada; nivelar la monstruosa barrera artificial erigida entre la tradición y la modernidad y, sobre todo, curar el alma mortalmente herida que, ella sola, puede advertirnos de la locura de jugar a ser Dios y de creer que el conocimiento por sí solo es un sustituto de la sabiduría.*
>
> EL PRÍNCIPE DE GALES

Esta declaración del príncipe de Gales sacada de un artículo recientemente publicado en *Temenos* expresa con la mayor claridad su motivación y aspiración básicas: que curar el alma y escuchar su voz intuitiva son requisitos para una curación más amplia de las divisiones y los daños colaterales motivados por una comprensión de la vida exclusivamente racional y mecanicista. No todos los lectores estarán de acuerdo con ese diagnóstico o esta agenda, pero la mayoría de ellos reconocerá que la vida moderna ha resultado en desequilibrios indeseables que requieren corrección o reequilibrio.

Todos los lectores de este libro tienen una filosofía de la vida, la expresen o no. Esto habrá sido ampliamente desafiado o apoyado por el contenido de este libro, dependiendo de nuestros puntos de partida, especialmente en relación con la primacía del punto de vista materialista, o con una actitud más espiritual, como queda resumido en las palabras del siguiente apartado. Nuestra filosofía personal está influida, formada y definida por muchos factores. Nacemos dentro de una cultura específica en una cierta época de la historia. Estamos por lo tanto inscritos en ciertas maneras de pensar y comprender el mundo, que a nuestra vez podemos aceptar, rechazar o intentar redefinir y modificar. Exhibimos distintos temperamentos que nos predisponen a adoptar puntos de vista particulares, afirmar ciertas posturas o rechazar otras. Discutimos los méritos de nuestras opiniones; algunos de nosotros en casa, otros en el bar, otros en seminarios académicos o en debates públicos. La posición prominente del príncipe de Gales significa que su filosofía queda expuesta a la discusión y el escrutinio públicos. Muchos de los temas que él debate son esenciales y despiertan fuertes pasiones de uno y otro lado; acerca de ellos, como hemos visto, el príncipe expresa opiniones muy definidas.

Nuestra filosofía en general implica una visión del mundo que, como se ha dicho a lo largo de este libro, se traduce en una opinión acerca de la naturaleza de la vida humana. La tesis de este libro, y la que sostiene el príncipe de Gales, es que el punto de vista materialista y mecanicista es limitado y anticuado, y que está siendo gradualmente sustituido por sistemas basados en principios espirituales, holísticos y ecológicos. El príncipe de Gales está en la primera línea de esta transición, articulando y representando con su filosofía y su trabajo una visión del mundo integrada que se corresponde con un movimiento creciente conocido como los "creativos culturales", y que abogan por un nuevo sistema mundial. La visión general del príncipe corresponde a los sistemas evolutivos que el teórico Ervin Laszlo, presidente del Club de Budapest, llama una civilización sostenible Holos, que va más allá de lo que fue su predecesora puramente racional, Logos. Mientras que los críticos del príncipe tienden abrumadoramente a presentar argumentos mecanicistas y materialistas, aquellos que le apoyan abrazan principios espirituales, holísticos y ecológicos similares. Esta lucha, o "guerra de los paradigmas", no debería ser reducida de modo simplista a una dicotomía entre la ciencia moderna y la religión tradicional. La transición hacia una nueva visión mundial está ocurriendo en los terrenos de la ciencia y la medicina además de en otras áreas como la psicología y la naturaleza misma de la espiritualidad, como hemos visto en capítulos precedentes.

Estos principios establecen puntos de partida que son esenciales para comprender la filosofía del príncipe de Gales: la importancia vital de lo sagrado, de la sabiduría y de una visión espiritual; el significado de una tradición viviente y la aplicación práctica de intuiciones espirituales a la vida.

Sagrado, sabiduría, verdad

La filosofía del príncipe y la expresión de ésta en su trabajo están fundamentadas en su sentido de la naturaleza sagrada de la vida y la creación. La representación espiritual tradicional de lo sagrado es el sabio, cuyo ser mismo como presencia viva emana sabiduría y verdad. Estas cualidades, junto con el amor y la compasión, irradian en todos los fundadores de las grandes fes y en una gran cantidad de santos y místicos, conocidos y desconocidos. El conocimiento del sabio no se limita sólo a información acerca de hechos, sino que es una comprensión interior intuitiva de los principios de la vida. Es la manera como los sabios representan el amor y la sabiduría lo que atrae naturalmente a los demás hacia ellos.

Espíritu, alma, corazón

El compromiso con la prioridad del espíritu, el alma y el corazón sigue naturalmente a lo expresado en el párrafo anterior. Estas tres cosas representan la relativamente descuidada pero vital dimensión interior del ser humano. El sabio es alguien en quien "el ojo del corazón" está abierto.

Tradición

Las tradiciones son transmitidas a través del conocimiento y el ejemplo, como en la relación entre sabio y discípulo, maestro y alumno. Las tradiciones vivas representan una continuidad entre el pasado y el presente y están también representadas por las instituciones. Las tradiciones sólo pueden mantenerse vivas a través de la renovación constante en la cual el agua del espíritu –o inspiración– continúa fluyendo entre las orillas de la "forma".

Valores, educación

El príncipe hace una conexión explícita entre las tradiciones espirituales y la transmisión de valores civilizados. De hecho, sin esos valores no podemos decir que somos civilizados. Estos valores nos son transmitidos a través del ejemplo, la crianza y la educación. La educación es un concepto clave porque brinda a la gente la oportunidad de obtener acceso a su herencia cultural y cumplir sus potenciales.

Herencia, cultura, raíces

Todos nacemos y (si tenemos suerte) somos educados dentro de una herencia cultural en particular, que constituye una gran parte de nuestra identidad humana. Nuestras raíces están inscritas en lugares y personas que modelan nuestro crecimiento. Nuestra herencia es literaria y artística, espiritual y secular, económica y ecológica. Es nuestro derecho por nacimiento, e incluye el campo, la vida silvestre, el arte y la arquitectura, la literatura y la filosofía, los valores y los ideales. Al príncipe le preocupa preservar nuestro acceso a nuestra herencia y, cuando sea necesario, asegurar su permanencia.

Servicio, conservación, posteridad

La obligación al servicio deriva lógicamente de las opiniones del príncipe sobre la herencia y la tradición. Somos guardianes y servidores de nuestro entorno y nuestra cultura, responsables de transmitirlos a las generaciones futuras. Tal vez el mejor ejemplo de esto en el caso del príncipe sea su servicio al Ducado de Cornwall que, como heredero del trono, él es responsable de transmitir en buen estado a su hijo, el príncipe Guillermo.

Equilibrio

Muchos de nosotros percibimos que hay un desequilibrio en nuestras vidas, especialmente entre el trabajo y la vida en general. En opinión del príncipe, en Occidente existe un desequilibrio básico entre los aspectos interiores y exteriores de la vida, entre lo espiritual y lo material, lo intuitivo y lo racional, lo antiguo o tradicional y lo nuevo o moderno. En cada caso lo último se enfatiza a costa de lo primero. El príncipe no aboga por uno a costa del otro, como a menudo expresan sus críticos, sino por el establecimiento de un nuevo equilibrio, de un punto de vista inclusivo en vez de una controversia entre uno y otro.

Integración

La integración deriva directamente de la defensa del príncipe del punto de vista inclusivo. Se aplica al individuo y a la comunidad en general además de, más específicamente, a la medicina ortodoxa y complementaria, a los principios tradicionales y la tecnología moderna.

Armonía

La armonía resulta naturalmente en la belleza, a la que respondemos intuitivamente. En su mensaje a *Temenos* el príncipe vincula la tradición a la belleza, y frecuentemente ha criticado la arquitectura modernista por alejarse de estos principios y promover en cambio una fealdad desprovista de alma. El resultado es desmoralizador en el sentido más amplio de la palabra, dado que el entorno en el que vivimos nos afecta íntimamente. Nuestra sensibilidad se ve realzada e inspirada por la belleza y, del mismo modo, deprimida y afectada por la fealdad.

Bondad, potencial, desarrollo, oportunidad

Estas palabras van juntas porque el príncipe da muestras de una actitud básica de confianza en la bondad de la gente, especialmente la gente joven, y cuida de darles todas las oportunidades para desarrollar sus plenos potenciales y contribuir a la comunidad. Ésta constituye la orientación política básica del Trust del Príncipe.

Servicio, comunidad, consenso, asociación

El lema del príncipe de Gales –y totalmente apropiado a la naturaleza de su trabajo– es *Ich Dien*, que significa "Yo sirvo". El príncipe entiende el servicio en su sentido más amplio, incluyendo los deberes que le impone su posición. El mero número de sus patronazgos de beneficencia –más de 380– da fe de su sentido del servicio. En el centro de su trabajo orientado a la sociedad se encuentra la importancia de la comunidad. Y esto a su vez está relacionado con la creación de asociaciones y la búsqueda de consenso dentro de las comunidades y entre ellas. El trabajo del príncipe se centra en capacitar a las comunidades para que se ayuden a sí mismas.

Responsabilidad

La autoayuda es un paso importante hacia un sentido de responsabilidad, que a su vez está relacionado con el aumento del respeto y la estima por uno mismo que nace de cumplir con los propios potenciales y hacer una contribución a la sociedad.

Naturaleza, biodiversidad, sostenibilidad, sentido de la precaución

La actitud del príncipe hacia el mundo natural está imbuida de un sentido de lo sagrado. Esto impulsa no sólo su trabajo en la agricultura y la jardinería orgánica sino también sus intereses en los temas ecológicos. Ha pronunciado muchos discursos en apoyo de la conservación, la biodiversidad, la sostenibilidad y la aplicación juiciosa del principio de la precaución en lo referente a temas del cambio climático.

Curación

El interés del príncipe en la curación queda claramente expresado en su trabajo en la Fundación del Príncipe para la Salud Integrada. No obstante, profundiza y va mucho más allá de esto. Él considera que el daño provocado por una actitud mecanicista y desalmada de la agricultura (en el paisaje) y especialmente en arquitectura (en la comunidad) también requiere curación.

El futuro

La posición constitucional del príncipe implica continuidad. Le proporciona a la vez unas raíces en el pasado y un interés en el futuro. Critica los excesos del modernismo, pero no siempre aboga por un retorno a un idílico pasado, sino por la conservación de lo mejor del pasado y el presente de modo que las generaciones futuras no queden culturalmente desheredadas. Esto nos lleva de nuevo a la importancia de una tradición viva, una tradición que no esté anquilosada en formas anticuadas sino que inspire formas contemporáneas de expresión. Como dijo Albert Schweitzer: «Igual que el árbol da la misma fruta año tras año, todas las ideas valiosas deben nacer de nuevo en el pensamiento de la humanidad, de generación en generación».

La monarquía, la filantropía y los valores

> *El modo inglés del progreso ha sido siempre el de conservar las buenas cualidades y aplicarlas a los nuevos sistemas.*
>
> ISABEL, LA REINA MADRE

> *El propósito de la realeza es encabezar la filantropía, como guía y aliento de un esfuerzo múltiple que hace que nuestra era vaya en dirección a una vida más pura y más alta.*
>
> PRÍNCIPE ALBERTO

Es un hecho poco conocido que el patronazgo colectivo de la familia real británica se extienda a casi 3.550 organizaciones de voluntarios. Frank Prochaska, autor de *Royal Bounty*, describe el alcance de sus actividades voluntarias a "una escala única, mundial". Añade que estas actividades deberían ser consideradas «contra el trasfondo de la disminución del poder político de la Corona y la eliminación de aquellas anticuadas ideas de nobleza que no daban preponderancia al servicio social. A medida que las tradiciones político-bélicas de la Corona daban paso a patronazgos y beneficencia activa, los reyes y los príncipes, bastante renuentemente, se quitaron sus uniformes y vistieron ropas de clase media para inaugurar bazares y visitar hospitales». En otra sección, Prochaska cita al vizconde Esher, un consejero de Eduardo VII, que dijo que la Corona había intercambiado "autoridad" por "influencia" a lo largo del siglo XIX.

Prochaska hace remontar los orígenes de la implicación en temas benéficos de la familia real al rey Jorge III y la reina Carlota. Alrededor de 1789 –un año dramático para la monarquía europea– Jorge III estaba distribuyendo 14.000 libras al año a entidades benéficas, lo que representaba una cuarta parte de sus rentas provenientes de los Fondos Privados. Los instintos caritativos de la reina Victoria le fueron instilados por su madre, la duquesa de Kent, que tenía obras de caridad propias además de las más de 50 que adoptó después de la muerte del duque en 1820. Prochaska estima que la reina Victoria donó alrededor de 650.000 libras a obras de caridad a lo largo de su reinado. Las motivaciones de la filantropía victoriana eran una mezcla de observancia religiosa, deberes civiles y avance social. Era moralmente laudable y socialmente respetable dedicarse a obras benéficas, pero también era un medio de convertir el privilegio en virtud, como dice Prochaska, y, en última instancia, una manera de obtener honores concedidos por el soberano, una práctica que ha continuado desde entonces.

La cita del príncipe Alberto que encabeza este apartado demuestra que intuía que el papel de la monarquía estaba cambiando. Uno de los libros más influyentes de su tiempo fue *Self Help*, de Samuel Smiles, y Prochaska describe al príncipe Alberto como un «Samuel Smiles con acento alemán». Smiles ejemplificaba la ética de voluntariado de la era victoriana: la de que las gentes tenían el deber personal de ser caritativas y que las obras de caridad debían estar diseñadas para ayudar a las gentes a ayudarse a sí mismas. Esta actitud está reflejada exactamente en el trabajo del Trust del Príncipe. Como Eduardo VII y Eduardo VIII, cuando éste fue príncipe de Gales, además de como el propio príncipe Carlos, el príncipe Alberto tuvo que hacerse un lugar por sí mismo. Hizo esto con energía y entusiasmo, involucrándose en una variedad de actividades filantrópicas en las que apoyaba las actuaciones de personas voluntarias y los proyectos locales, considerando que eran la mejor respuesta a los problemas de entonces. En particular, buscó trabajar con las clases obreras y mejorar su educación y sus condiciones de vida. Otra comparación interesante con el príncipe de Gales es la promoción por parte de Alberto de viviendas modelo para la Sociedad en pro del Mejoramiento de las Condiciones de la Clase Obrera. Alberto compró un par de estas viviendas para que fueran exhibidas en la Gran Exposición de 1851, con la idea de convencer a los constructores y fabricantes de que «tradujeran sus ideas a ladrillos y mampostería». También es interesante recordar que el príncipe Alberto fue un activo *Lord Warden of the Stannaries* [Guardián de las Minas de Estaño] del ducado de Cornwall.

Tanto Eduardo VII como Eduardo VIII pasaron largos períodos de sus vidas como príncipes de Gales, un título que el príncipe Carlos ostenta desde hace ya 35 años. La reputación de Eduardo VII como *playboy* ignora la considerable cantidad de trabajo benéfico que llevó a cabo junto con la reina Alexandra. Después de que Eduardo se recuperase de las fiebres tifoideas en 1872, el primer ministro, Gladstone, empezó a considerar seriamente el papel que podría tener el príncipe. Resulta interesante que Gladstone argumentase que la filantropía no le daría «un objetivo y propósito central que pueda, sin absorber todo su tiempo, moldear gradualmente su mente y dar color a su vida». No obstante, Eduardo sí desarrolló su papel benéfico y, para la década de 1890, cumplía con 45 actos benéficos al año. Un logro notable fue el establecimiento del Fondo del Rey, que empezó como el Fondo del Hospital del Príncipe de Gales en Londres para conmemorar el Jubileo de Diamantes de la reina Victoria en 1897. El Fondo del Rey sigue cumpliendo hoy en día un papel importante en lo referente a la salud, y el príncipe de Gales es su actual presidente. Con sus propios intereses personales en la salud, el príncipe se adhiere a una larga tradición familiar de interés en los hospitales. Durante su reinado, Eduardo VII fue patrono de unas 250 obras benéficas y contribuyó con dinero a otras 250 causas al año.

Eduardo VIII fue príncipe de Gales durante los desastres de la primera guerra mundial, la huelga general de la década de 1920 y la depresión de principios de la de 1930. Acerca de su papel como príncipe de Gales escribió que «el trabajo [...], como yo intenté interpretarlo, era, primero, llevar a cabo asociaciones con causas dignas fuera de la política e investirlas con el prestigio de la alta posición del príncipe y, segundo, llevar a la monarquía, en respuesta a las nuevas condiciones, aún más cerca del pueblo». La política, escribe, ha de ser evitada, y su preocupación era identificarse con los intereses de la gente, lo que a su vez engendra lealtad. Las implicaciones de este contrato, el de prestar servicios a cambio de lealtad, se hizo notar en relación con el príncipe Alberto a finales de la década de 1840, cuando unos socialistas radicales dijeron que sus actividades filantrópicas ¡podrían desbaratar sus planes! Eduardo VIII apoyó proyectos para las gentes sin hogar y los desempleados a través del Ducado de Cornwall, pero dejó más su impronta a través de giras de buena voluntad que empezaron en el sur de Gales en 1919. También tuvo un importante papel abogando por el Jubileo de Plata del rey Jorge V en 1935, como medio de «promover el bienestar de la generación más joven», lo que ha sido una preocupación esencial para el príncipe Carlos.

Un tema importante que sale a relucir una y otra vez en el libro de Prochaska es la tensión entre el voluntariado individual y colectivo y el dinero proporcionado por el Estado para la seguridad y el bienestar social. El proyecto victoriano se había concentrado en actividades voluntarias, pero sus muy considerables esfuerzos no habían conseguido eliminar los problemas sociales. El advenimiento del partido laborista proporcionó un foco parlamentario para el colectivismo social que había estado ganando popularidad desde la década de 1830, pero aún tenía que ser aplicado a gran escala, como visualizaron Marx y Engels. Richard Crossman, un secretario de Estado para la Salud laborista de la década de 1960, expresó el punto de vista colectivista de la filantropía como «una odiosa expresión de oligarquía social y actitudes clericales burguesas. Detestábamos los hospitales de voluntarios mantenidos a base de colectas». Irónicamente, más tarde confesó su asombro ante el alcance de las contribuciones voluntarias que se siguen haciendo a los hospitales del NHS. Había más de mil hospitales de éstos, de los cuales más de setenta fueron bombardeados durante la segunda guerra mundial. La mentalidad de planificación de subvenciones estatales alcanzó su punto álgido en Inglaterra durante las décadas de 1960 y 1970, y fue desafiado directamente por las opiniones y las políticas de sir Keith Joseph y Margaret Thatcher a partir de la década de 1970. El péndulo volvió otra vez hacia el voluntariado y la autoayuda, pero en un nuevo contexto, en el que los derechos predominan sobre las responsabilidades. Gran parte del trabajo del príncipe en pro del bienestar público sí que refleja los principios del voluntariado, pero la diferencia importante es que la autoayuda se promueve ahora en asociación con el gobierno. Como señala Prochaska, el Estado centralizado también ha perdido su plausibilidad como panacea para los males sociales, del mismo modo que la caridad voluntaria la había perdido en el siglo XIX, de modo que ahora el camino está abierto para justamente la clase de asociación que el príncipe promueve.

La publicidad generada por las opiniones del príncipe sobre la agricultura, el campo y la caza durante el otoño de 2002 revivieron el debate acerca de su papel y la relación de éste con la política, una cuerda floja sobre la cual él ya se ha acostumbrado a caminar. Parte del debate se centraba en su costumbre de escribir regularmente cartas a ministros, considerada por algunos comentadores como interferencia indebida, y el resultado de que el príncipe no tuviera "un trabajo adecuado". Otros defendían su derecho a expresar sus opiniones y las de las numerosas personas con las que entra en contacto. El comisario europeo Chris Patten dijo que «considerar una carta del príncipe de Gales como interferencia inconstitucional en los asuntos públicos es completamente disparatado», mientras que el ex secretario conservador para el medio ambiente John Gummer declaró que «una de las grandes ventajas de la monarquía es que la reina y la familia real han tenido una experiencia más larga en temas políticos que cualquier ministro». Después de todo, el príncipe de Gales tiene acceso a los documentos del gobierno.

En este contexto, el palacio de Saint James declaró: «Parte del papel de la familia real es destacar la excelencia, expresar conmiseración y llamar la atención sobre ciertos temas en nombre de todos nosotros. El príncipe de Gales se toma un interés activo en todos los aspectos de la vida de los ingleses y cree que, además de celebrar los éxitos, parte de su papel es resaltar los problemas y representar opiniones que corran el peligro de no ser oídas». Pero, añadió, «este papel sólo puede cumplirse adecuadamente si se mantiene dentro de un carácter absolutamente confidencial». Lo que el príncipe ha hecho en el terreno público, como hemos visto, es estimular el debate en toda la ciudadanía al expresar opiniones vehementes dentro de una variada gama de asuntos, lo que en su posición actual tiene todo el derecho de hacer. Los precedentes sugieren que esta situación cambiará radicalmente cuando el príncipe se convierta en rey, ya que como monarca constitucional será menos libre de expresar sus opiniones. No obstante, es probable que el papel de la monarquía misma continúe evolucionando de acuerdo con las circunstancias cambiantes.

Como la propia reina dijo en las semanas siguientes a la muerte en 1977 de Diana, princesa de Gales, la monarquía «existe sólo con el apoyo y el consenso del pueblo». Este apoyo fue especialmente evidente durante las celebraciones del Jubileo de Oro, pero debe ganarse día a día. Ningún miembro de la familia real puede dormirse en los laureles del pasado, sobre todo cuando están sujetos a un escrutinio sin precedentes por parte de los medios de comunicación: el apoyo y el consenso del pueblo significa en efecto el amplio apoyo y consenso de los medios de comunicación. Esto resulta problemático cuando ciertos elementos de la prensa están basados en tendencias republicanas. Desde la casi abolición de los miembros hereditarios de la Cámara de los Lores, la monarquía permanece como la única parte de la constitución basada en los principios hereditarios y, correspondientemente, es vulnerable.

Además, como señala en su libro el teólogo Ian Bradley al hablar de la dimensión espiritual de la monarquía, la disminución del respeto, la deferencia y la lealtad ha afectado a todas nuestras instituciones, y en parte se debe –irónicamente– a los factores mismos que critica el príncipe de Gales: el culto a la novedad del futuro y un correspondiente desprecio de la tradición y la historia. Al menos desde finales de la década de 1960 ha prevalecido en los medios de comunicación una mentalidad cínica y desmitificadora. Esta actitud ayuda a engendrar lo que Onora O'Neill llamó, en sus Conferencias Reith de 2002 acerca de la confianza, «una cultura de la sospecha». Se asume que los motivos ocultos de la gente son viles y egoístas, de modo que aquellos que están bajo escrutinio público llevan una existencia precaria mientras los medios de comunicación están al acecho para delatar sus debilidades. La implicación positiva de esta exhibición, sin embargo, es una mayor exigencia de integridad en la vida pública, que ha sido reforzada por un buen número de comisiones, notablemente la encabezada por lord Nolan. Sin embargo, la creación de confianza también exige que se mantenga la discreción.

Una de las mayores fuerzas de la monarquía es que constituye una vocación, mientras que el hecho de convertirse en presidente es un logro personal. Y como observa Kathleen Raine: «Sólo porque la fundación de la monarquía *no* es política, ésta salvaguarda esas libertades y valores que son los signos de la verdadera civilización». La coronación es un acontecimiento sagrado y el monarca responde en última instancia sólo ante Dios. Además de ser jefe de Estado, Isabel II es también gobernadora suprema de la Iglesia de Inglaterra y defensora de la fe. Así, el papel de la reina combina funciones sagradas y seculares. Últimamente ha habido algunas voces que han abogado por secularizar la monarquía para que ésta refleje "el espíritu de la época", pero, como se ha dicho anteriormente, lo que preocupa al príncipe de Gales es que podemos estar viviendo en una "época sin espíritu". Ian Bradley nos brinda un análisis diferente cuando propone que, «como institución esencialmente sagrada, la monarquía está particularmente bien situada para liderar la recuperación de nuestra perdida imaginación metafísica y la resacralización de nuestra sociedad secularizada». El lector ya se habrá dado cuenta de que esta resacralización de las formas de cultura constituye una parte esencial del trabajo del príncipe. Bradley considera al príncipe como «el exponente supremo de una perspectiva esencialmente religiosa de la vida en el clima imperante de racionalismo científico y secular».

La reina y el príncipe de Gales comparten una profunda fe personal. Como dijo la reina en su mensaje de Navidad de 2000: «Creamos o no en Dios, pienso que la mayoría de nosotros poseemos un sentido de lo espiritual, ese reconocimiento de un propósito y de un sentido más profundo en nuestras vidas, y creo que este sentimiento florece a pesar de las presiones de nuestro mundo». Es posible que el príncipe de Gales desee ser conocido como defensor de fe antes que como defensor de la fe (incidentalmente ésta es la traducción correcta del latín), pero no cabe duda de que él aspira a la sabiduría tradicionalmente asociada con los reyes, y de que ha promovido ideas acerca de un renacimiento espiritual basadas en una restauración del equilibrio, el orden y la armonía. Resulta interesante que un antiguo concepto de lo que significa ser rey consideraba a éste como guardián del orden cósmico. Hoy en día el rey no es –felizmente– sacrificado por su pueblo, pero su papel exige de forma inherente servicio, lealtad, sentido del deber y responsabilidad.

El monarca –y en menor medida otros miembros de la familia real– representa esos valores a la vez personal y simbólicamente. Aquí, argumenta Bradley, se encuentra la mayor fuerza de la monarquía. Pero también sugiere que la monarquía está empezando a representar otro sistema de valores: el de «la curación, la totalidad, la apertura, la tolerancia y la vulnerabilidad». Puede discutirse que la vulnerabilidad no constituye de hecho un valor tanto como un estado de las cosas, mientras que la apertura (que le hace a uno vulnerable) ciertamente sí lo es. Es evidente que el príncipe de Gales representa verdaderamente los valores de la curación y la totalidad en su visión y su trabajo, y asimismo es evidente que el futuro requiere justamente esos valores a la vez que las exigencias tradicionales de servicio, lealtad y sentido del deber.

Por delante de su tiempo

> *En el mundo en el que nos encontramos el progreso tecnológico es rápido. Pero sin progreso en la caridad, el progreso tecnológico es inútil. De hecho, es peor que inútil. El progreso tecnológico sencillamente nos ha proporcionado un medio más eficaz de ir hacia atrás.*
>
> ALDOUS HUXLEY

Los críticos a menudo acusan al príncipe de Gales de anhelar románticamente un pasado que ha desaparecido, dando a entender que sus ideas son anticuadas. Como hemos visto, el príncipe no sólo repudia tales acusaciones sino que demuestra su preocupación por el futuro a través de su trabajo. En la introducción a este libro citamos un pasaje en el que él declara de forma explícita que no está interesado en volver al pasado, pero que sí cree apasionadamente que «deberíamos aprender del pasado, aceptar que existen cosas tales como principios intemporales, trabajar a escala humana, pensar siempre a largo plazo, respetar las condiciones y las tradiciones locales y ser profundamente escépticos con aquellos que sugieren que lo nuevo es sin duda lo mejor». En un artículo reciente volvió a referirse a esta acusación de «vivir en el pasado, o de querer volver a la clase de pasado que sólo se encuentra en la imaginación», como resultado de lo cual se le ha tachado de «tradicionalista, como si la tradición fuera una especie de enfermedad que debiera fumigarse en los aeropuertos». Se le dice que parece querer ir hacia atrás en el siglo XXI, «no, como a algunos de nosotros nos gustaría, confiando ciegamente en la utopía tecnológica de los sumos sacerdotes del racionalismo científico, sino anclado en el lodo de la superstición y la espiritualidad irrelevante».

Parte de esta confusión surge de la insistencia del príncipe en los principios intemporales, que algunos equivocadamente identifican con el pasado. Sin embargo, lo intemporal no está en el pasado, es una fuente perenne, lo que significa que es relevante en todas las épocas. Lo que necesitamos son nuevas formas apropiadas a nuestra época. En la visión platónica por la que aboga el príncipe, la esencia o el principio espiritual nunca cambia –el amor, la sabiduría, lo bueno, lo bello y lo verdadero–, pero las formas que éstos tomen cambiarán con las generaciones.

El príncipe desaprueba de la unilateralidad del racionalismo, con su énfasis en lo exterior, lo cuantificable, lo mensurable y su descuido de la dimensión interior de la vida. Lo racional, insiste, es un aspecto –por otra parte esencial– de nuestra naturaleza, pero los seres humanos tienen una naturaleza dual. El príncipe cree que el ser humano es «un microcosmos de lo que yace en el corazón del universo», y que «la existencia en la que nos encontramos, como parte de este mundo y, a su vez, del universo, consiste en una gigantesca paradoja. Así, todo en la vida tiene otra cara opuesta; el bien y el mal, la luz y la oscuridad... Por ello nos vemos permanentemente enfrentados a pares de opuestos [y] uno de los secretos de la existencia civilizada es invariablemente la reconciliación de los opuestos, o la búsqueda de equilibrio y armonía». Refiriéndose a aquellos que proponen nuestra sabiduría heredada, el príncipe observó que ellos «querrían que nos diéramos cuenta de que la verdadera y duradera paz en el mundo sólo viene de la paz interior, que todos nosotros podemos alcanzar a través de la eterna lucha para reconciliar los opuestos en nuestras vidas».

Nuestro impulso occidental en dirección al poder y el progreso nos ha puesto cara a cara con nosotros mismos, con la naturaleza de la vida y con la conciencia misma. Pero el poder no es un principio que ha de ser perseguido por sí mismo, sino más bien un medio para un fin... de modo que tenemos que decidir qué hacer con él. ¿Perseguimos nuestro propio interés o el interés de nuestra nación, o buscamos el ideal más alto del bienestar de todo el planeta y sus habitantes? En un discurso ante la Academia de Ciencias Morales y Políticas en 1992, el príncipe señaló:

> En mi opinión, nos encontramos en un momento crucial de la historia de la humanidad. Como especie en evolución de la majestad de la creación, poseemos ahora dos habilidades únicas. Tenemos el poder de transformar la vida misma de la Tierra, y la sabiduría de reconocer y reflexionar sobre ese poder. Y sin embargo, precisamente en el momento en que el espíritu humano debería abrirse para abrazar los espectaculares cambios que están teniendo lugar en los entornos científicos, intelectuales y sociológicos de nuestras vidas, la vida sigue casi exactamente como antes. De hecho, nuestra sabiduría innata y heredada nos dice que hay una especie de dislocación entre lo que conocemos y la manera en que estamos respondiendo a ese conocimiento.

Es a este sentido de la dislocación a lo que el príncipe ha intentado referirse en sus discursos y sus proyectos prácticos. Existe un movimiento creciente en el mundo por parte de personas a las que les gustaría ver un futuro basado en la armonía y la cooperación antes que en el poder y la dominación militar. Esta visión representa nuestra aspiración más alta, un sistema mundial basado menos en el control, la sospecha, la manipulación y el miedo, y más en la participación, la confianza y, si nos atrevemos a decirlo, el amor. Tal vez sea una utopía, pero si nuestros medios prácticos son más coherentes con nuestros fines, existe una mayor esperanza de crear un mundo nuevo.

¿Cuál es el precio de nuestra búsqueda unilateral de poder y progreso? Según el príncipe, es «la pérdida de equilibrio y armonía, y la introducción de una visión brutal y mecanicista del mundo y de la humanidad en la que todo queda reducido a la suma de sus partes y nos encontramos, cada vez más, como cobayas en una serie de experimentos muy inciertos llevados a cabo en el laboratorio de la naturaleza».

Como vimos en el primer capítulo, existe una nueva ciencia emergente, una ciencia de la totalidad y la interdependencia, de la que el propio príncipe es consciente: «La ciencia contemporánea está revelándonos un mundo basado en la interconexión antes que en la separación, en la relación antes que en las diferentes entidades atomistas que favorecen los racionalistas». En el mismo discurso hace la pregunta: «¿Alguien se ha dedicado seriamente a pensar en las implicaciones políticas de dejar atrás la visión atomista de las relaciones humanas que ha prevalecido a lo largo de la era industrial? Si los individuos van a ser considerados como partes únicas pero integrantes del todo, muchas de las premisas económicas y sociales en las que se basan hoy en día nuestros modelos de progreso ¿no son seriamente defectuosas? De hecho, nuestros sistemas económicos y sociales todavía siguen basados en una antigua metáfora científica, como deja claro Fritjof Capra en su libro *Las conexiones ocultas*. Nos encontramos ahora en un momento de transición en el que el antiguo sistema se está volviendo inviable, pero el nuevo no está del todo formado todavía. Y la nueva forma emergerá de las raíces antes que de una burocracia de gobierno centralizado. Se alineará con las visiones fundamentales de la nueva ciencia que implican la totalidad antes que la separación, la relación antes que el aislamiento, el proceso antes que la estructura y la comunidad antes que el estado monolítico o el individuo autocontenido. La ciencia de la interconexión se reflejará en la política de la interdependencia.

El príncipe ha apoyado el principio de la sostenibilidad desde sus orígenes a mediados de la década de 1980, y se ha dedicado a promoverlo activamente desde entonces. Ha aplicado la sostenibilidad a sus propias posesiones en el ducado de Cornwall y ha hablado de los principios que hay que seguir en lo referente a los bosques lluviosos, los bosques madereros y las pesquerías. También ha puesto la sostenibilidad en el centro de su trabajo con líderes de empresa, primero con su Foro Internacional de Líderes Empresariales y después, de modo más específico, con su programa sobre los Negocios y el Medio Ambiente.

El príncipe fue ridiculizado a principios de la década de 1980 por su insistencia en la importancia de los cuidados medioambientales prácticos (¿recuerdan el primer contenedor para vidrio y cristal en el palacio de Buckhingham en 1980?) y de la agricultura orgánica. Sin amedrentarse, convirtió la finca y los jardines de Highgrove a la producción orgánica, y demostró las posibilidades de este tipo de agricultura dando ejemplo con su propio trabajo. Veinte años más tarde el consenso es que el futuro de la agricultura debe ser sostenible en todos los casos, y que los métodos orgánicos tienen un papel muy importante que representar. Existe una conciencia general de que los costes medioambientales de los métodos agroindustriales actuales son demasiado altos y deben ser aliviados, ya sea través de innovaciones agroecológicas a pequeña escala y/o a través de alimentos genéticamente modificados que de hecho requieren menos aplicaciones de productos químicos. El príncipe adopta la firme actitud de que los alimentos genéticamente manipulados son totalmente inaceptables bajo cualquier forma, pero el futuro bien puede ir más allá de las severas disyuntivas actuales. No obstante, no debería olvidarse aquí el trasfondo económico y político por el cual un pequeño número de gigantescas compañías están intentando asegurarse su propio control futuro de la producción de alimentos de formas absolutamente incoherentes con el sistema agroecológico, autosuficiente y a pequeña escala. No cabe duda de que los métodos agroecológicos y orgánicos son parte del futuro –y no solamente del pasado– de la agricultura.

Poca gente había oído hablar de la medicina holística hace veinte años, y el término "medicina integrada" aún no se había inventado. El príncipe recuerda cómo le rogó a la Asociación Médica Británica que «adoptara una actitud más holística, equilibrada y menos mecanicista de cara a la curación de los enfermos; que reintrodujera elementos de la antigua sabiduría y las terapias tradicionales que habían sido entusiásticamente arrojados al basurero de la historia médica y que, una vez más, descubriera la trinidad esencial de cuerpo-mente-espíritu». El príncipe confiesa que no se quedó del todo sorprendido cuando «todo el peso del industrializado *establishment* médico cayó sobre mí y, una vez más, descubrí lo fácil que resulta ser mal entendido y mal interpretado». Sin embargo, «sin arredrarme he continuado desde entonces trabajando en modos de establecer un acercamiento integrado a los cuidados sanitarios, en los que lo mejor de la medicina clínica ortodoxa puede trabajar a la par con lo mejor de las terapias tradicionales "irracionales"». Llevó más de quince años conseguir esta transformación de actitud, pero el príncipe ha estado, y sigue estando, en la primera línea en el movimiento en pro de una salud integrada.

En la misma época de su discurso ante la Asociación Médica Británica el príncipe se enfrentó con otro grupo de expertos "mecánicos industriales": los arquitectos del Instituto Real de Arquitectos Británicos. «Nuestra competencia tecnológica –escribió– es verdaderamente admirable, pero cometemos un tremendo error si igualamos nuestra naturaleza con esa tecnología o, de hecho, con nuestros edificios. La tecnología domina ya todos los aspectos de nuestra vida. No necesitaos vivir en edificios que reflejen esa misma tecnología y que, inevitablemente, nos deshumanizan por su escala misma y por su falta de referencia con las proporciones humanas.»

Lo que el príncipe se ha propuesto es hacer de la tradición arquitectónica una cosa viva, por medio de la cual podamos «experimentar un sentido de pertenencia y significado dentro de un mundo rápidamente cambiante». En este sentido el Príncipe ha estado muy activo en todo lo referente a la planificación urbana y la regeneración de las comunidades, y en la educación artistica y arquitectónica a través de la Fundación del príncipe. También ha empezado a materializar su visión directamente a través de las actividades del ducado de Cornwall y de Poundbury. Una vez más sus críticos han quedado sorprendidos por los esfuerzos del príncipe, y el proyecto de Poundbury se considera ahora un modelo digno de ser emulado en otras partes.

«Si se menciona el hecho de que pueden existir unos cuantos principios intemporales, principios bien demostrados que yacen en el corazón de todo el sistema educacional, sea cual sea la época en que se vive, a uno se le acusa instantáneamente de ser un tradicionalista peligroso y altamente reaccionario». La educación ha sido otra de las preocupaciones centrales del príncipe, que ha argumentado en contra de las ideologías progresistas que repudian el pasado e introducen en todo el edificio educacional «un corrosivo cáncer de relativismo moral». La contribución del príncipe en este campo ha sido menos extensiva que en lo referente a la arquitectura, la medicina o la agricultura, y se ha centrado más en el mantenimiento de valores educativos tradicionales que en nuevas iniciativas. No obstante, ha instituido escuelas de verano para la enseñanza de historia e inglés, y especialmente de Shakespeare. El Trust del Príncipe también ha establecido clubs xl para estudiantes, que les capacitan para descubrir un nuevo sentido de su propia motivación y el rumbo que deben seguir.

El valor del trabajo del Trust del Príncipe ha sido universalmente reconocido por todos aquellos que lo conocen. Tiene un historial firmemente establecido en la ayuda a decenas de miles de jóvenes desaventajados cada año. Auspició un acercamiento a los jóvenes en el que se corrían ciertos riesgos mientras hablaba de participación, comunidad y asociación mucho antes de que estos conceptos se pusieran de moda. Otra medida de su éxito es el hecho de que el gobierno se ha hecho cargo de muchos de sus programas. En sí mismo, el Trust del Príncipe ha hecho una importante contribución que también ha sido cuantificada por James Morton, aunque su valor real está en los cambios positivos que sus programas han aportado a las vidas de muchos jóvenes.

Finalmente, el príncipe ha ayudado a concretar la relación entre las empresas y la sociedad, además del desarrollo del triple renglón final económico, social y ecológico a través de su trabajo con Negocios en la Comunidad, los Negocios y el Medio Ambiente y su Foro Internacional de Líderes Empresariales. Este trabajo se ha fundido con el del Trust del Príncipe y con Regeneración a través del Patrimonio, ayudando a reconstruir y a regenerar comunidades dándoles un nuevo sentido de identidad además de unas saneadas bases económicas para el futuro.

No hay nada inherente al papel constitucional del príncipe de Gales que haga que este trabajo sea para él inevitable. Como hizo notar un joven: «No tenía por qué hacerlo». Pero hay en el príncipe un impulso interior que le ha inspirado a iniciar un programa polifacético basado en su deseo de restaurar el equilibrio entre lo exterior y lo interior, lo intuitivo y lo racional, lo tradicional y lo moderno. Al hacer esto, el príncipe ha sido fiel a sí mismo y a sus ideales de un modo por el que abogó el doctor Albert Schweitzer en su discurso de aceptación del Premio Nobel en 1954:

> La gente mayor se reconcilia demasiado fácilmente con el supuesto deber de preparar a los jóvenes para un tiempo en que ellos van a considerar como una ilusión, lo que para

ellos es ahora una inspiración de la mente y el corazón. Sin embargo, una mayor experiencia de la vida aconseja a su inexperiencia de modo diferente. Les insta a aferrarse, en sus vidas, a los pensamientos que les inspiran. Es a través del idealismo de la juventud como el hombre atisba la verdad, y en ese idealismo posee una fortuna que no debe cambiar por ninguna otra cosa en el mundo.

Schweitzer continúa: «Todos debemos estar preparados para descubrir que la vida intenta arrebatarnos nuestra fe en lo bueno y lo verdadero, así como nuestro entusiasmo por ello, pero no es necesario que renunciemos a esa fe». El príncipe no ha renunciado a la fortuna de sus ideales, para utilizar la frase de Schweitzer, sino que sigue intentando alcanzarlos de distintas maneras. Aunque se dedica a muchas otras obras benéficas, no se ha contentado con las formas ya existentes, sino que ha creado tres importantes entidades –el Trust del Príncipe, la Fundación del Príncipe y la Fundación del Príncipe para la Salud Integrada– dentro de las cuales se inscribe una gran variedad de proyectos. De hecho, son diecisiete el total de obras benéficas a las que el príncipe se dedica en la actualidad, y sir Tom Shebbeare acaba de ser nombrado director de Obras Benéficas para que el príncipe trabaje más de cerca en ellas. El propio príncipe representa el equilibrio en las cualidades por las que él mismo aboga y que caracterizan su trabajo: es el idealista práctico, el tradicionalista radical, el hombre contemplativo y el hombre de acción. Es un hombre enraizado en principios intemporales y tradiciones vivas, cuyas acciones están dirigidas a los problemas del presente y apuntan a un futuro más sostenible y humano en el que tal vez podamos vivir en armonía y más íntimamente con la naturaleza y los unos con los otros.

FECHAS NOTABLES EN LAS ACTIVIDADES PÚBLICAS DEL PRÍNCIPE DE GALES

El príncipe de Gales es patrono o presidente de unas 380 organizaciones, algunas de las cuales se citan a continuación:

Medio ambiente

1970   Pronuncia su primer discurso sobre el medio ambiente.

1981   Instituye el banco de botellas del palacio de Buckingham.

1983   Es nombrado patrono del Trust del Salmón del Atlántico.

1987   Apoya el establecimiento de la Comisión Brundtland, que acuña la expresión "desarrollo sostenible". Pronuncia importantes discursos ante la Comisión en 1992 y ante Local Agenda 21 en 1995.

1987   Discurso sobre los vertidos tóxicos y los peligros de la sobreexplotación pesquera en la Conferencia de los Mares del Norte.

1990   Discurso sobre la sostenibilidad, los bosques lluviosos y los bosques madereros en Kew Gardens.

1990   Discurso sobre el uso sostenible del agua ante el Instituto para el Agua y la Gestión del Medio Ambiente.

1993   Conferencia sobre el principio de precaución y la seguridad global en la Universidad de Cambridge.

1994	Discurso ante la World Wildlife Fund sobre los bosques madereros.
1995	La Asociación del Suelo certifica que los bosques del ducado de Cornwall cerca de Liskeard son sostenibles.
2000	Conferencia Reith sobre la sosteniblidad.
2001	Primera de dos conferencias sobre el peligro de extinción de los albatros por culpa de la pesca con sedal largo.
2002	Recibe el Premio Euronatur en Alemania.
2003-4	Apoya el trabajo del Consejo de Servicios de la Marina al hablar de temas relacionados con la pesca y reitera su defensa del albatros.

Agricultura y jardinería

1980	El ducado de Cornwall compra Highgrove, que se convierte en la Granja del Ducado en 1985.
1982	Es nombrado presidente del Real Colegio de Agricultura.
1986	Es nombrado patrono de la Asociación de Investigaciones Henry Doubleday (HDRA), que se ocupa de semillas raras.
1990	Se toma la decisión de convertir Highgrove a la producción orgánica, proceso que fue completado en 1997.
1991	Pronuncia la Conferencia Anual de la Real Sociedad de Agricultura sobre el futuro de la agricultura.
1996	Interviene en la Conferencia en Conmemoración de lady Eve Balfour ante la Asociación del Suelo, de la que se convierte en patrono real en 1999.
1998	Interviene en el debate sobre los organismos genéticamente manipulados y establece un foro en su página web.
1999	Se establece la Iniciativa para el Reavivamiento Rural.
2001	Se inicia el Programa de Acción Rural a través de Negocios en la Comunidad. Dona 500.000 libras a los granjeros afectados por la peste de fiebre aftosa.
2002	Votado «Personaje del Año en Agricultura» por *Farmer's Weekly*.

Duchy Originals

1990	Introducción de la Hogaza de Highgrove.
1992	Se lanza la marca *Duchy Originals* con la galleta de avena.
2002	Duchy Originals celebra su décimo aniversario.
2003	Se lanza *Duchy Selections*, una gama de alimentos fabricada con elementos sostenibles y sin restricciones, aunque no-orgánicos.

2003   Se crea una gama de muebles de jardín fabricados con maderas duras nativas procedentes de bosques sostenibles bajo la marca *Duchy Collections*.

2004   La compañía alcanza la cifra de un millón de libras en beneficios. Hasta hoy, *Duchy Originals* ha donado más de tres millones y medio de libras en beneficios a la Fundación Príncipe de Gales.

Salud integrada

1982   Discurso sobre medicina complementaria ante la Asociación Médica Británica.

1983   Se establece el Consejo de Investigación para la Medicina Complementaria y la Asociación de Medicina Holística Británica. El príncipe inaugura el Centro de Cáncer de Bristol. La Asociación de Medicina Británica instaura un grupo de trabajo sobre terapias alternativas a instigación del príncipe, que produce un informe altamente crítico en 1986.

1984   Sir James Watts hace planes para una serie de coloquios sobre medicina complementaria en el Real Colegio de Medicina.

1987   Es nombrado patrono del Centro de Salud Marylebone e inaugura la Clínica Hale.

1991   Pronuncia un discurso presidencial sobre espiritualidad y psiquiatría ante el Real Colegio de Psiquiatras. El colegio instaura un grupo de estudio especial en este campo en 1998.

1996   Inaugura la Fundación para la Medicina Integrada (FIM), que en 2003 se convierte en la Fundación del Príncipe para la Medicina Integrada.

1997   Publicación del informe FIM sobre cuidados de salud integrados, revisado en 2003.

1998   Inaugura el Policlínico de la Universidad de Westminster.

2000   Planta hierbas medicinales en Highgrove.

2001   Pronuncia un discurso sobre diseño de hospitales en la Conferencia de Propiedades del NHS, a la que asiste el secretario de Estado para la Salud, Alan Milburn. Esto lleva a una colaboración entre la Fundación del Príncipe y el NHS.

Arte y arquitectura

1976   Se establece la organización benéfica Artes y Empresas, de la que el príncipe ha sido presidente desde 1988. La suma recaudada aumentó de 60.000 libras en 1976 a 100 millones en 2002.

1984	Discurso ante el Real Instituto de Arquitectos Británicos.
1987	Discurso ante planificadores en la City de Londres.
1987	Empieza el trabajo de planificación de Poundbury, la extensión a Dorchester.
1988	Hace un programa de televisión, *A Vision of Britain*.
1990	Primera escuela de verano de arquitectura en Italia.
1990	Importante discurso ante el Instituto Norteamericano de Arquitectura.
1991	Primera escuela de verano sobre arquitectura civil.
1992	Se crea el Instituto de Arquitectura Príncipe de Gales.
1998	Hace coincidir sus intereses en arquitectura, diseño de edificios y regeneración urbana bajo una organización única, la Fundación del Príncipe para el Entorno Construido.
2000	La Fundación del Príncipe se traslada a su nueva sede en Shoreditch, al este de Londres. Se inaugura el Estudio de Dibujo del Príncipe de Gales.
2000	Es nombrado presidente de las Artes y la Empresa.
2002	Crea la Fundación del Arte y los Niños.
2002	Se funda el Plan de Becas para Artes y Oficios.

Regeneración urbana y obras del Patrimonio

1992	Se instaura la Fundación del Príncipe para el Entorno Construido. Se inaugura la Red Urbana.
1996	Se crea la Regeneración a través del Patrimonio.
1997	Se instaura el *Phoenix Trust* del Príncipe de Gales en Stanley Mills, en Perthshire.
2001	Se inicia «Construyendo un entorno mejor para el paciente».
2003	Es nombrado patrono del Trust Nacional y del Trust Nacional de Escocia, y de la Sociedad para la Protección de Edificios Antiguos.

Religión y espiritualidad

1993	Da una conferencia pública sobre el islam y Occidente como patrono del Centro de Oxford para los Estudios Islámicos.
1996	Pronuncia el discurso «Un sentido de lo sagrado: construyendo puentes entre el islam y Occidente».
1997	Pronuncia un discurso para la Sociedad de la Plegaria Común.
1999	Construye un santuario en Highgrove.
2002	Se instaura la iniciativa «Respeto por las fes».

Los jóvenes y la educación

1976   Funda el Trust del Príncipe.
1982   Se inicia el programa para crear nuevas empresas.
1986   Se instaura el Trust Escocés de Jóvenes Empresarios.
1988   El Trust del Príncipe recauda 40 millones de libras.
1990   Se lanza el Programa de Voluntarios del Trust del Príncipe.
1991   Es nombrado patrono de la Royal Shakespeare Company. Pronuncia un importante discurso sobre Shakespeare y la educación. Publica su propia selección de Shakespeare en 1996.
1993   Se establece la Escuela de Shakespeare del Príncipe de Gales.
1994   Se crea «Sonido en Vivo», un programa para estudiar música con residencia.
1996   Se convierte en Patrono del Trust Worsdworth.
1999   El Trust del Príncipe recibe una Carta Real.

Los negocios, la comunidad y el entorno

1985   Es nombrado presidente de Negocios en la Comunidad.
1986   Es nombrado presidente de los Premios para las Empresas en la Comunidad.
1990   Instaura las jornadas «Ver para creer» para ejecutivos de empresa *senior.*
1990   Inaugura el Foro Internacional de Líderes Empresariales (IBLF).
1992   IBLF se hace cargo de la Iniciativa para Hoteles Internacionales y el Medio Ambiente.
1994   Se establece en Cambridge el Programa Empresas y Medio Ambiente.
2002   IBLF establece su Sociedad Digital.

RECURSOS

Página web del príncipe de Gales
www.princeofwales.gov.uk

FUNDACIÓN PRÍNCIPE DE GALES
PARA LA SALUD INTEGRADA
12 Chillingworth Road,
Londres N7 8QJ.
Tel.: 0044(0)20 76196146
Fax: 020 77008434
E-mail: enquiries@fihealth.org.uk
Web: www.fihealth.org.uk

FORO INTERNACIONAL
DE LÍDERES EMPRESARIALES
15-16 Cornwall Terrace
Regent's Park
Londres NW1 4QP
Tel.: 0044(0)20 74673600
Fax: 020 74673610
E-mail: info@iblf.org
Web: www.iblf.org

DUCADO DE CORNWALL
10 Buckingham Gate
Londres SW1E 6LA

Tel.: 0044(0)20 78347346
Fax: 020 79319541

LA FUNDACIÓN DEL PRÍNCIPE
19-22 Charlotte Road
Londres EC2A 3SG
Tel.: 0044(0)20 76138500
Fax: 020 76138599
E-mail: rsuzuki@princes-foundation.org
Web: www.princes-foundation.org

NEGOCIOS EN LA COMUNIDAD
Web: www.bitc.org.uk

EL TRUST DEL PRÍNCIPE
18 Park Square East
Londres NW1 4HL
Tel.: 0044(0)20 75431234
Fax: 020 754331200
Web: www.princes-trust.org

343

Recursos

PROGRAMA DE EMPRESAS
Y EL MEDIO AMBIENTE
Cambridge Programme
for Industry
1 Trumpington Street
Cambridge Cb2 1QA
Tel.: 0044(0)1223 332772
Fax: 01223 301122
E-mail: bep@cpi.cam.ac.uk
Web: cpi.cam/ac/uk/bep

ASOCIACIÓN DEL SUELO
Bristol House
40-56 Victoria Street
Bristol BS1 6BY
Tel.: 0044(0)117 9290661
Fax: 0117 9252504
E-mail: info@soilassociation.org
Web: www.soilassociation.org

LA RED CIENTÍFICA
Y MÉDICA
P.O. Box 11
Moreton-in-Marsh
Glos. GL56 OZF
Tel.: 0044(0)1608 652000
Fax: 01608 652001
E-mail: info@scimednet.org
Web: www.scimednet.org
       www.davidlorimer.net

BIBLIOGRAFÍA

Aeschliman, Michael D., *The Restitution of Man*, Wm. Eerdmans, Cambridge, 1998.

Alexander, Denis, *Rebuilding the Matrix*, Lion, Londres, 2001.

Allitt, John S. y otros, *Monarchy*, Temenos, Londres 2002.

Anderson, William, *The Rise of the Gothic*, Hutchinson, Londres, 1985.

—, *The Face of Glory*, Bloomsbury, Londres, 1996.

Ashman, Keith M., y Baringer, Philip S. (eds.), *Science Wars*, Routledge, Londres, 2001.

Balfour, E.B., *The Living Soil,* Faber, Londres, 1975.

Bamford, Christopher (ed.) *Rediscovering Sacred Science*, Floris Books, Edimburgo, 1994.

Barbour, Ian G., *Religion and Science*, SCM, Londres, 1998. [Versión en castellano: *Religión y ciencia*. Madrid: Trotta, 2004].

—, *When Science Meets Religion*, SPCK, Londres, 2000. [Versión en castellano: *El encuentro entre ciencia y religión*. Santander: Sal Terrae, 2004].

Beloff, John, *The Existence of Mind*, McKibben &Kee, Londres, 1962.

—, *The Relentless Question*, McFarland, Nueva York, 1990.

—, *Parapsychology, a Concise History,* Athlone, Londres, 1993.

Berman, Morris, *The Re-enchantment of the World,* Bantam, Londres, 1984. [Versión en castellano: *El reencantamiento del mundo*. Santiago de Chile: Cuatro Vientos, 1989].

Berry, Wendell, *What Are People For?*, Rider, Londres, 1990.

—, *Standing on Earth*, Golgonooza Press, Cambridge, 1991.

—, *Life is a Miracle*, Counterpoint, Washington, 2001.

Beveridge, W.I.B., *The Art of Scientific Investigation*, Scientific Book Club, Londres, 1955. [Versión en castellano: *Arte de la investigación científica*. Caracas: Universidad Central de Venezuela, 1982].

345

Bibliografía

Bloom, Allan, *The Closing of the American Mind*, Penguin, Londres, 1987. [Versión en castellano: *El cierre de la mente humana*. Barcelona: Plaza y Janés, 1989].

Bortoft, Henry, *Goethe's Way of Science*, Floris Books, Edimburgo, 1996.

Bradley, Ian, *God Save the Queen*, Darton, Longman and Todd, Londres, 2002.

Braudel, Fernand, *A History of Civilisations*, Penguin, Londres, 1994.

Bremner, Moyra, *GE and You*, Harper Collins, Londres, 1999.

British Medical Association, *Complementary Medicine*, Oxford, 1995.

Broughton, Richard, *Parapsychology, the Controversial Science*, Rider, Londres, 1991.

Brown, James Robert, *Who Rules in Science*, Harvard, 2001.

Brown, Lester, *Eco-Economy*, Norton, Nueva York, 2001. [Versión en castellano: *Eco-economía: para una economía a la medida de la tierra*. Barcelona: Hacer, 2004].

—, *The Earth Policy Reader*, Norton, Nueva York, 2002.

Brown, Warren S., Murphy, Nancy y Malony, H. Newton, *Whatever Happened to the Soul*, Fortress Press, Minneapolis, 1998.

Buhler, William, y otros, *Science, Agriculture and Research: A Compromised Participation?* Earthscan, Londres, 2002.

Bulloch, John, y Darwish, Adel, *Water Wars,* Gollancz, Londres, 1993.

Burckhardt, Titus, *Mirror of the Intellect*, Quinta Essentia, Cambridge, 1987. [Versión en castellano: *Espejo del intelecto*. Palma de Mallorca: Olañeta, 1999].

—, *Chartres and the Birth of a Cathedral*, Golgonooza, Ipswich, 1995. [Versión en castellano: *Chartres y el nacimiento de la catedral*. Palma de Mallorca: Olañeta, 1999].

Burnett, David, *A Royal Duchy*, Dovecote Press, Dorset, 1996.

Burrt, E.A., *The Metaphysical Foundations of Modern Physical Science*, Routledge y Kegan Paul, Nueva York,, 1924. [Versión en castellano: *Los fundamentos metafísicos de la ciencia moderna*. Buenos Aires: Sudamericana, 1960].

Bynum, W.F., y Porter, Roy, *Companion Encyclopedia of the History of Medicine*, 2 vol., Routledge, Londres, 1993.

Cadman, David (ed.) *A Sacred Trust*. Temenos and the Prince's Foundation, Londres, 2002.

Capra, Fritjof, *The Web of Life*, Harper Collins, Londres, 1997. [Versión en castellano: *La red de la vida*. Barcelona: Anagrama, 1998].

—, *The Hidden Connections*, Harper Collins, Londres, 2002. [Versión en castellano: *Las conexiones ocultas: implicaciones sociales, medioambientales, económicas y biológicas de una nueva visión del mundo*. Barcelona: Anagrama, 2003].

Churton, Tobias, *The Gnostics*, Weidenfeld & Nicolson, Londres, 1987.

Clunies-Ross, Tracey y Hildyard, Nicholas, *The Politics of Industrial Agriculture,* Earthscan, Londres, 1992.

Collins, Cecil, *The Vision of the Fool and Other Writings*, Golgonooza, Ipswich, 2002.

Colquhoun, Alan, *Modernity and the Classical Tradition*, MIT, Boston, 1999. [Versión en castellano: *Modernidad y tradición clásica.* Gijón: Júcar, 1991].

Commission on Global Governance, *Our Global Neighbourhood,* Oxford University Press, 1995.

Conford, Philip, *The Organic Tradition*, Green Books, Devon, 1988.

—, *The Origins of the Organic Movement*, Floris Books, Edimburgo, 2001.

Coomaraswamy, Ananda K., *What is Civilisation?*, Golgonooza, Ipswich, 1989.

Cornwell, John (ed.), *Nature's Imagination*, Oxford, 1995.

Cousins, Norman, *Anatomy of an Illness*, Norton, Nueva York, 2001. [Versión en castellano: *Anatomía de una enfermedad.* Barcelona: Kairós, 1982].

Devall, Bill, y Sessions, George, *Deep Ecology*, Gibbs &Smith, Utah, 1985.

Dimbleby, Jonathan, *The Prince of Wales*, Little Brown, Londres, 1994.

Dossey, Larry, *Space, Time and Medicine,* Shambhala, Boston, 1982. [Versión en castellano: *Tiempo, espacio y medicina.* Barcelona: Kairós, 1986].

—, *Beyond Illness*; Shambhala, Boston, 1984.

—, *Recovering the Soul,* Bantam, Nueva York, 1989.

—, *Meaning and Medicine,* Bantam, Nueva York, 1991.

—, *Healing Words,* Harper, San Francisco, 1993. [Versión en castellano: *Palabras que curan: el poder de la plegaria y la práctica de la medicina.* Barcelona: Obelisco, 1997].

—, *Be Careful What you Pray for*, Harper, San Francisco, 1997.

—, *Reinventing Medicine*, Harper, San Francisco, 1999.

—, *Healing Beyond the Body*, Shambhala, Boston, 2001. [Versión en castellano: *El poder curativo de la mente.* Madrid: Punto de Lectura, 2005].

Downie, R.S., (ed.), *The Healing Arts*, Oxford, 1994.

Dubos, René, *Mirage of Health*, Allen & Unwin, Londres, 1960. [Versión en castellano: *El espejismo de la salud: utopías, progreso y cambio biológico.* México D.F.: Fondo de Cultura Económica, 1975].

Dupré, Louis, *Passage to Modernity*, Yale University Press, 1993.

Eccles, Sir John C., *How the Self Controls its Brain*, Springer, Berlin, 1994.

—, y Popper, Sir Karl R., *The Self and its Brain*, Routledge, Londres, 1977. [Versión en castellano: *El yo y su cerebro.* Barcelona: Labor, 1985].

Bibliografía

Edimburgo, S.A.R. el Duque de, *A Question of Balance*, Michael Russell, Salisbury, 1982.

Ehrlich, Paul, y Ehrlich, Anne, *The Population Explosion*, Hutchinson, Londres, 1990. [Versión en castellano: *La explosión demográfica*. Barcelona: Salvat, 1993].

Fernando, Ranjit (ed.), *The Unanimous Tradition*, Sri Lanka Institute of Traditional Studies, Colombo, 1991.

Filoramo, Giovanni, *A History of Gnosticism,* Blackwell, Oxford, 1990.

Foss, Lawrence, y Rothenberg, Kenneth, *The Second Medical Revolution,* Shambhala, Boston, 1988.

—, *The End of Modern Medicine*, SUNY Press, Nueva York, 2001.

Frankl, Viktor, *Man's Search for Meaning*, Hodder & Stoughton, Londres, 1959. [Versión en castellano: *El hombre en busca de sentido*. Barcelona: Herder, 1979].

Fraser, Romy, y Hill, Sandra, *Roots of Health*, Green Books, Devon, 2002.

Gales, S.A.R. el príncipe de, y Clover, Charles, *Highgrove: Portrait of an Estate*, Weidenfeld and Nicolson, Londres, 1993.

—, *The Princes's Choice*, Hodder & Stoughton, Londres, 1995.

—, y Lycett-Green, Candida, *The Garden at Highgrove*, Weidenfeld and Nicolson, Londres, 2000.

Gerber, Richard, *Vibrational Medicine*, Bear, Santa Fe, 1988, 1996.

Glyn-Jones, Ann, *Holding up a Mirror*, Imprint Academic, Devon, 2002.

Glynn, Ian, *An Anatomy of Thought*, Weidenfeld and Nicolson, Londres, 1999.

Goodwin, Brian, *How the Leopard Changed its Spots*, Weindefeld and Nicolson, Londres, 1994. [Versión en castellano: *Las manchas del leopardo: la evolución de la complejidad*. Barcelona: Tusquets, 1998].

Gore, Al, *Earth in the Balance*, Earthscan, Londres, 1992. [Versión en castellano: *La tierra en juego*. Barcelona: Emecé, 1993].

Goswami, Amit, *The Self-Aware Universe*, Simon & Schuster, Londres, 1993.

—, *The Visionary Window*, Quest Books, Illinois, 2000.

Graham, Gordon, *Universities: the Recovery of an Idea*, Imprint Academic, Exeter, 2002.

Graham-Smith, sir Francis (ed.) *Population, the Complex Reality*, Royal Society, Londres, 1994.

Griffiths, Bede, *Return to the Centre*, Collins, Londres, 1976.

—, *The Marriage of East and West*, Collins, Londres, 1982. [Versión en castellano: *El matrimonio de Oriente y Occidente*. Madrid: San Pablo, 1985].

Guénon, René, *Crisis of the Modern World*, Luzac, Londres, 1975. [Versión en castellano: *La crisis del mundo moderno*. Barcelona: Paidós Ibérica, 2001].

—, *Fundamental Symbols*, Quinta Essentia, Cambridge, 1995. [Versión en castellano: *Símbolos fundamentales de la ciencia sagrada.* Barcelona: Paidós Ibérica, 1995].

Guiton, Jacques (ed.), *The Ideas of Le Corbusier in Architecture and Urban Planning,* George Braziller, Nueva York, 1981.

Hagger, Nicholas, *The Fire and the Stones,* Element, Shaftesbury, 1991.

Harremoes, Paul, y otros (eds.), *The Precautionary Principle in the 20th. Century,* Earthscan, Londres, 2002.

Harman, Willis W., *A Re-examination of the Metaphysical Foundations of Modern Science,* Institute of Noetic Sciencies, San Francisco, 1992.

—, y Clark, Jane, (eds.), *New Metaphysical Foundations of Modern Science,* Institute of Noetic Sciences, San Francisco, 1994.

Harvey, Graham, *The Killing of the Countryside,* Vintage, Londres, 1997.

Henry, John, *Knowledge is Power,* Icon Books, Londres, 2002.

Hoey, Brian, *Majesty,* Harper Collins, Londres, 2001.

Holgate, sir Martin, *From Care to Action,* Earthscan, Londres, 1996.

—, *The Green Web,* Earthscan, Londres, 1999.

Holton, Gerald, *Science and Anti-science,* Harvard, 1993. [Versión en castellano: *Ciencia y anticiencia.* Madrid: Nivola Libros, 2003].

Huxley, Aldous, *Ends and Means,* Chatto & Windus, Londres, 1941. [Versión en castellano: *El fin y los medios.* México D.F.: Hermes, 1955].

—, *The Perennial Philosophy,* Chatto & Windus, Londres, 1946. [Versión en castellano: *La filosofía perenne.* Barcelona: Edhasa, 1977].

Inge, W.R., *The Philosophy of Plotinus,* Longmans Green, Londres, 1929.

Jahn, Robert G., y Dunne, Brenda J., *Margins of Reality,* Harcourt, Brace, Jovanovich, Nueva York, 1987.

Jencks, Charles, *Modern Movements in Architecture,* Penguin, Londres, 1971. [Versión en castellano: *Movimientos modernos en arquitectura.* Madrid: Hermann Blume, 1983].

King, Alexander, y Schneider, Bertrand, *The First Global Revolution,* Simon & Schuster, Londres, 1991. [Versión en castellano: *La primera revolución global.* Barcelona: Plaza y Janés, 1992].

Kuhn, Thomas S., *The Structures of Scientific Revolutions,* University of Chicago Press, (2ª edición), 1970. [Versión en castellano: *La estructura de las revoluciones científicas.* México D.F.: Fondo de Cultura Económica, 1971].

Laszlo, Ervin, *Macroshift,* Berret Koehler, San Francisco, 2001.

Lawlor, Robert, *Sacred Geometry,* Thames and Hudson, Londres, 1982. [Versión en castellano: *Sagrada geometría: filosofía y práctica.* Barcelona: Debate, 1994].

LeShan, Lawrence, *Holistic Health,* Turnstone, Northampton, 1982.

Bibliografía

Lewis, C.S., *The Abolition of Man*, Harper Collins, 1978. [Versión en castellano: *La abolición del hombre*. Madrid: Encuentro, 1994].

Logan, Alastair H.B., *Gnostic Truth and Christian Heresy*, T&T Clark, Edimburgo, 1996.

Lomborg, Bjorn, *The Skeptical Environmentalist*, Cambridge University Press, 2001. [Versión en castellano: *El ecologista escéptico*. Madrid: Espasa-Calpe, 2003].

Lorimer, David, *Survival? Body, Mind and Death in the Light of Psychic Experience*, Routledge and Kegan Paul, Londres, 1984.

—, *Whole in One –The Near-Death Experience and the Ethic of Interconnectedness*, Arkana, Londres, 1990.

—, (ed.) *Prophet of Our Times, the Life and Teaching of Peter Deunov*, Element, Shaftesbury, 1991.

—, (ed.) *The Spirit of Science*, Floris Books, Edimburgo, 2001. [Versión en castellano: *El espíritu de la ciencia*. Barcelona: Kairós, 2000].

—, (ed.) *Thinking Beyond the Brain*, Floris Books, Edimburgo, 2001. [Versión en castellano: *Más allá del cerebro. La expansión de la conciencia*. Barcelona: Kairós, 2003].

Lovelock, James, *Gaia: a New Look at Life on Earth*, Oxford University Press, 1979. [Versión en castellano: *Gaia. Una nueva visión de la vida sobre la tierra*. Madrid: Hermann Blume, 1983].

—, *The Ages of Gaia*, Oxford University Press, 1988. [Versión en castellano: *Las edades de Gaia*. Barcelona: Tusquets, 1993].

—, *Gaia: the Practical Science of Planetary Medicine*, Gaia Books, Londres, 1991. [Versión en castellano: *Gaia. Una ciencia para curar el planeta*. Barcelona: Integral, 1992].

—, *Homage to Gaia*, Oxford University Press, 2000. [Versión en castellano: *Homenaje a Gaia*. Pamplona: Laetoli, 2005].

Loye, David, *The Evolutionary Outrider*, Adamantine, Londres, 1998.

Margenau, Henry, *The Miracle of Existence*, Shambhala, Londres, 1987.

Margulis, Lynn, *The Symbiotic Planet*, Weidenfeld and Nicolson, Londres, 1998. [Versión en castellano: *Planeta simbiótico. Un nuevo punto de vista sobre la evolución*. Madrid: Debate, 2002].

Maskell, Duke, y Robinson, Ian, *The New Idea of a University*, Imprint Academic, Exeter, 2002.

Merchant, Carolyn, *The Death of Nature*, Harper and Row, San Francisco, 1980.

Midgley, Mary, *Science and Poetry*, Routledge, Londres, 2001.

Morton, James, *Prince Charles –Breaking the Cycle*, Ebury Press, Londres, 1998.

Mumford, Lewis, *The Highway and the City*, Secker and Warburg, Nueva

York, 1953. [Versión en castellano: *La carretera y la ciudad*. Buenos Aires: Emecé, 1963].

Myers, Norman, *Ultimate Security*, Norton, Nueva York, 1995.

—, *Managing the Planet*, Earthscan, Londres, 2000.

Nasr, Seyyed Hossein, *Man and Nature*, Allen and Unwin, Londres, 1967. [Versión en castellano: *Hombre y naturaleza*. Buenos Aires: Kier, 1982].

—, *The Essential Writings of Frithjof Schuon*, Amity House, Nueva York, 1986.

—, *Knowledge and the Sacred*, SUNY Press, Nueva York, 1989.

—, *The Need for a Sacred Science*, SUNY Press, Nueva York, 1993.

—, *Religion and the Order of Nature*, Oxford University Press, Nueva York, 1996.

—, *The Spiritual and Religious Dimensions of the Environmental Crisis*, Temenos Academy, Londres, 1999.

Naydler, Jeremy (ed.) *Goethe on Science*, Floris Books, Edimburgo, 1996. [Versión en castellano: *Goethe y la ciencia*. Madrid: Siruela, 2002].

Needleman, Jacob, *The Sword of Gnosis*, Arkana, Londres, 1986.

—, *The Way of the Physician*, Arkana, Londres, 1992.

Nuttgens, Patrick, *Understanding Modern Architecture*, Londres, Unwin, 1988.

Odent, Michel, *The Farmer and the Obstetrician*, Free Association Books, Londres, 2002.

Oldmeadow, Kenneth, *Traditionalism*, Sri Lanka Institute of Traditional Studies, Colombo, 2000.

O'Neill, Onora, *A Question of Trust*, Cambridge University Press, 2002.

Palumbi, Stephen R., *The Evolution Explosion*, Norton, Nueva York, 2001.

Pelletier, Kenneth, *Sound Mind, Sound Body*, Simon & Schuster, Nueva York, 1994.

Pert, Candace B., *Molecules of Emotion*, Simon & Schuster, Nueva York, 1997.

Perry, Whitall N., *A Treasure of Traditional Wisdom*, Allen and Unwin, Londres, 1971. [Versión en castellano: *Tesoro de sabiduría tradicional*. Palma de Mallorca: Olañeta, 2000].

—, *The Widening Breach*, Quinta Essentia, Cambridge, 1995.

Pfeiffer, E., *Soil Fertility,* Lanthorn Press, Sussex, 1983.

—, *The Earth's Face*, Lanthorn Press, Sussex, 1988.

Pietroni, Patrick, *Holistic Living*, J.M. Dent, Londres, 1986.

Porritt, Jonathon, *Playing Safe, Science and the Environment*, Thames and Hudson, Londres, 2000. [Versión en castellano: *Actuar con prudencia: ciencia y medioambiente*. Barcelona: Naturart, 2003].

Bibliografía

Porter, Roy, *The Greatest Benefit to Mankind – A Medical History of Humanity from Antiquity to the Present*, Fontana Press, Londres, 1999.

Pretty, Jules, *The Living Land*, Earthscan, Londres, 1998.

—, «Can sustainable agriculture feed Africa? New evidence on progress, processes and impacts», en *Environment, Development and Sustainability*, 1: 253-274, 1999.

—, y Hine, Rachel, «The promising spread of sustainable agriculture», en *Asia, Natural Resources Forum* 24 (2000), 107-121.

—, y otros, «An assessment of the total external cost of UK agriculture», *Agricultural Systems* 65 (2000), 113-136.

—, *Agri-culture*, Earthscan, Londres, 2002.

Prickett, Stephen, y Erskine-Hill, Patricia, *Education! Education! Education!*, Imprint Academic, Exeter, 2002.

Prins, Gwyn (ed.), *Threats without Enemies*, Earthscan, Londres, 1993.

Prochaska, Frank, *Royal Bounty*, Yale University Press, Londres, 1995.

Radhakrishnan, sir Sarvepalli, *Eastern Religions and Western Thought*, Oxford, 1939.

—, *Religion and Society*, Allen and Unwin, Londres, 1947. [Versión en castellano: *Religión y sociedad*. Buenos Aires: Sudamericana, 1955].

—, *Fellowship of the Spirit*, Harvard University Press, 1961.

—, *Religion in a Changing World*, Allen and Unwin, Londres, 1967.

Ravindra, Ravi, *Science and the Sacred*, Theosophical Society, Adyar, 2000.

Ray, Paul H., y Anderson, Sherry Ruth, *The Cultural Creatives*, Harmony Books, Nueva York, 2000.

Reeves, Marjorie, *The Crisis in Higher Education*, Open University Press, Milton Keynes, 1988.

Remen, Rachel Naomi, *Kitchen Table Wisdom*, Pan, Londres, 1996. [Versión en castellano: *Sabiduría de sobremesa*. Bogotá: Norma, 1997].

—, *My Grandfather's Blessings*, Riverhead, Nueva York, 2000.

Rose, Steven, *Lifelines,* Allen Lane, Londres, 1997. [Versión en castellano: *Trayectorias de vida*. Barcelona: Granica, 2001].

Rudolf, Kurt, *Gnosis*, T&T Clark, Edimburgo, 1993.

Russell, Bertrand, *On Education*, Unwin, Londres, 1926. [Versión en castellano: *Sobre la educación*. Madrid: Espasa-Calpe, 1967].

—, *Education and the Social Order*, Unwin, Londres, 1932. [Versión en castellano: *La educación y el orden social*. Barcelona: Edhasa, 1988].

Sahtouris, Elisabet, y Harman, Willis, *Biology Revisioned*, North Atlantic Books, Berkeley, 1998.

Schumacher, Fritz, *Small is Beautiful*, Jonathan Cape, Londres, 1973. [Versión en castellano: *Lo pequeño es hermoso*. Madrid: Hermann Blume, 1978].

—, *Guide for the Perplexed*, Jonathan Cape, Londres, 1977. [Versión en castellano: *Guía para los perplejos*. Barcelona: Debate, 1986].

—, *Good Work*, Jonathan Cape, Londres, 1979. [Versión en castellano: *El buen trabajo*. Barcelona: Debate, 1990].

Schweitzer, Albert, *My Childhood and Youth*, Unwin, Londres, 1924.

—, *The Teaching of Reverence for Life*, Peter Owen, Londres, 1965.

Seamon, David, y Zajonc, Arthur (eds.), *Goethe's Way of Science*, SUNY Press, Nueva York, 1998.

Sharma, Ursula, *Complementary Medicine Today*, Routledge, Londres, 1992.

Shealy, C. Norman, *Miracles Do Happen,* Element, Shaftesbury, 1995.

Sheldrake, Rupert, *The Rebirth of Nature*, Century, Londres, 1990. [Versión en castellano: *El renacimiento de la naturaleza*. Barcelona: Paidós, 1994].

Sherrard, Philip, *The Rape of Man and Nature*, Golgonooza, Ipswich, 1987.

—, *The Sacred in Life and Art*, Golgonooza, Ipswich, 1990.

—, *Human Image, World Image*, Golgonooza, Ipswich, 1992.

Skolimowski, Henryk, *Eco-Philosophy*, Marion Boyars, Londres, 1981.

—, *Living Philosophy*, Arkana, Londres, 1992.

—, *The Participatory Mind*, Arkana, Londres, 1994.

Smith, Huston, *Forgotten Truth*, Harper, Nueva York, 1976. [Versión en castellano: *La verdad olvidada*. Barcelona: Kairós, 2001].

—, *Why Religion Matters*, Harper, San Francisco, 2001. [Versión en castellano: *La importancia de la religión, en la era de la increencia*. Barcelona: Kairós, 2002].

Sorokin, Pitirim, *The Crisis of Our Age*, OneWorld, Oxford, 1992. [Versión en castellano: *La crisis de nuestra era*. Buenos Aires: Espasa-Calpe Argentina, 1948].

Spengler, Oswald, *The Decline of the West*, Allen & Unwin, Londres, 1934. [Versión en castellano: *La decadencia de Occidente*. Madrid: Espasa-Calpe, 2 vols., 1966].

Sperry, Roger, *Science and Moral Priority*, Blackwell, Oxford, 1983.

Sterling, Stephen, *Sustainable Education*, Green Books, Dartington, 2002.

Stevens, Curl, James, *The Oxford Dictionary of Architecture*, Oxford, 1999.

Tarnas, Richard, *The Passion of the Western Mind*, Ballantine, Nueva York, 1991. [Versión en castellano: *La pasión del pensamiento occidental*. Barcelona: Prensa Ibérica, 1997].

Temenos Academy Review 5, Otoño 2002.

Thomas, sir Keith, *Religion and the Decline of Magic*, Weidenfeld & Nicolson, Londres, 1971.

—, *Man and the Natural World*, Penguin, Londres, 1983.

Bibliografía

Tompkins, Peter, y Bird, Christopher, *Secrets of the Soil*, Arkana, Londres, 1989.

Toynbee, Arnold, *A Study of History*, Oxford University Press, 1934-1961. [Versión en castellano: *Estudio de la historia*. Madrid: Alianza, 3 vols., 1970].

—, *Civilisation on Trial*, Oxford University Press, 1948. [Versión en castellano: *La civilización puesta a prueba*. Buenos Aires: Sudamericana, 1961].

—, *An Historian Approach to Religion*, Oxford University Press, 1956. [Versión en castellano: *El historiador y la religión*. Buenos Aires: Emecé, 1959].

—, *Experiences,* Oxford University Press, 1969.

—, y Urban, G.R., *Toynbee on Toynbee*, Oxford University Press, 1974.

—, *Mankind and Mother Earth*, Oxford University Press, 1976.

—, e Ikeda, Daisaku, *Choose Life*, Oxford University Press, 1976. [Versión en castellano: *Escoge la vida*. Buenos Aires: Emecé, 1980].

Trapnell, Judson B., Bede Griffiths, *A Life in Dialogue*, SUNY Press, Nueva York, 2001.

UNEP, *Global Environmental Outlook* 3, Earthscan, Londres, 2002.

Uphoff, Norman, *Agroecological Innovations*, Earthscan, Londres, 2002.

Velmans, Max (ed.), *The Science of Consciousness*, Routledge, 1999.

—, *Understanding Consciousness*, Routledge, 2000.

Wallace, B. Alan, *The Taboo of Subjectivity*, Oxford, Nueva York, 2000.

Walton, John, Barondess, Jeremiah A., Lock, Stephen, *The Oxford Medical Companion*, Oxford University Press, 1994.

Watt, sir James (ed.) *Talking Health*, Royal Society of Medicine, Londres, 1988.

Watson, James B., *A Passion for DNA*, Oxford University Press, 2000. [Versión en castellano: *Pasión por el ADN: genes, genomas y sociedad*. Barcelona: Crítica, 2002].

Welburn, Andrew, *The Beginning of Christianity*, Floris Books, Edimburgo, 1991.

—, *Gnosis, the Mysteries and Christianity*, Floris Books, Edimburgo, 1994.

Wentworth Thompson, sir D'Arcy, *On Growth and Form*, Cambridge University Press, 1917. [Versión en castellano: *Sobre el crecimiento y la forma*. Madrid: Hermann Blume, 1980].

Westlake, Aubrey T., *The Pattern of Health*, Element Books, Shaftesbury, 1985.

Whitehead, Alfred North, *Process and Reality*, Macmillan, Londres, 1978. (1929). [Versión en castellano: *Proceso y realidad*. Buenos Aires: Losada, 1947].

354

—, *The Aims of Education*, Ernest Benn, Londres, 1962 ((1949). [Versión en castellano: *Los fines de la educación*. Buenos Aires: Paidós, 1957].

Wilber, Ken, *Eye to Eye,* Shambhala, Boston, 1990. [Versión en castellano: *Los tres ojos del conocimiento. La búsqueda de un nuevo paradigma.* Barcelona: Kairós, 1991].

—, *The Marriage of Sense and Soul*, Gill & Macmillan, Dublín, 1998. [Versión en castellano: *Ciencia y religión. El matrimonio entre el alma y los sentidos.* Barcelona: Kairós, 1999].

—, *The Eye of Spirit*, Shambhala, Boston, 1997. [Versión en castellano: *El ojo del espíritu. Una visión transpersonal para un mundo que está enloqueciendo poco a poco.* Barcelona: Kairós,1998].

—, *Boomeritis*, Shambhala, Boston, 2002. [Versión en castellano: *Boomeritis: un camino hacia la liberación.* Barcelona: Kairós, 2004].

Williamson, G. Scott y Pearse, Innes, *Science, Synthesis and Sanity*, Scottish Academic Press, Edimburgo, 1980.

Wilson, E.O., *Consilience*, Little Brown, Londres, 1998. [Versión en castellano: *Consilience: la unidad del conocimiento.* Barcelona: Galaxia Gutenberg, 1999].

Woodham, Anne, y Peters, doctor David, *Encyclopedia of Complementary Medicine*, Dorling Kindersley, Londres, 1997.

Woodhead, Chris, *Class War*, Little Brown, Londres, 2002.

Woodhouse, Mark, *Paradigm Wars*, Frog, Berkeley, 1996.

Worldwatch Institute, *State of the World 2002*, Earthscan, Londres, 2002 (también años anteriores por el mismo editor.) [Versión en castellano: *La situación del mundo, 2002.* Barcelona: Icaria, 2002].

ÍNDICE